I0355156

www.ingramcontent.com/pod-product-compliance
Lightning Source LLC
Chambersburg PA
CBHW070050080526
44586CB00013B/999
* 9 7 8 1 5 9 5 8 4 7 2 2 5 *

حافظ ناشنیده پند

ایرج پزشک‌زاد

Ketab.com

کتاب حافظ ناشنیده پند (کتاب حاضر) با اجازه آقای ایرج پزشک‌زاد (نویسنده کتاب) و نشر قطره (ناشر نخستین کتاب در تهران) توسط شرکت کتاب برای یک بار چاپ با تیراژ یکصد جلد به مناسبت شب یلدا ۱۳۹۸ (۲۰۱۹) در لس آنجلس چاپ و منتشر شده است.
حقوق نویسنده و ناشر اصلی محفوظ و پا برجاست.

Hafez: Words Unheeded
Subject: Hafez, shams al-din Mohammad
Author: Iraj Pezeshkzad
Published by: Ketab Corporation
Copyright© 2025 Ketab Corporation
All right reserved.
3rd Edition by: Ketab Corporation

حافظ ناشنیده پند
نویسنده: ایرج پزشک زاد
موضوع: حافظ، شمس الدین محمد، ۷۹۲ ق - سرگذشت نامه
ناشر: شرکت کتاب
چاپ سوم شرکت کتاب: ۲۰۲۵ میلادی - ۱۴۰۴ خورشیدی - ۲۵۸۴ ایرانی خورشیدی

No part of this book may be reproduced in any manner without the express written
consent of the publisher,
except in the case of brief excerpts in critical reviews or articles.
For information about permission to reproduce selections from this book, write to
Permissions@Ketab.com

The Library of Congress Cataloging-in-publishing Data is available upon request.

ISBN:978-1-59584-722-5
Ketab Corporation:
12701 Van Nuys Blvd., Suite H,
Pacoima, CA, 91331, USA

3 2 3 4 5 6 7 8 25

این آخرین روزهای بهار سال ۷۵۵ هجری، در زندگی من، محمد گلندام، روزهائی به‌یاد ماندنی است. بعد از هفته‌ها تشویش و اضطرابِ مداوم، می‌توانم نفسی به‌راحتی بکشم. زیرا خطری که در پی پیشامدی، جان عزیزترین دوست و خویشاوندم، شمس‌الدین محمد، را تهدید می‌کرد، موقتاً از وجود گرامی او دور شده است. هرچند در این ایام، وضع فارس ما تیره‌تر و بی‌ثبات‌تر از آن است که بتوان به‌تأمینی درازمدت امید بست، همین رفع خطر آنی را غنیمت می‌شمارم و به‌درگاه قادر متعال شکر می‌گزارم.

من، از مدت‌ها پیش، در این اندیشه بوده‌ام که شرح احوال شمس‌الدین محمد حافظ را ـ که به‌نظرم نه تنها بزرگ‌ترین شاعر، که انسانِ برگزیدهٔ تمام قرون و اعصار تا این زمان است و خداوند سعادت نزدیکی و دوستی او را به‌من عطا فرموده ـ بنویسم. ولی مشکلات و موانع گوناگون از این کار بازم داشته است. اکنون به‌مناسبت این پیشامد، تصمیم گرفتم که حکایت پرحادثهٔ آن را مستقلاً، به‌عنوان بخشی از حوادث زندگی او برصفحهٔ کاغذ ثبت کنم،

تا بعد، اگر عمری ماند و دوران آرامشی پدید آمد، در تألیفی شایسته به‌شرح کامل احوال این شاعر بزرگ بپردازم.

اما پیش از هرچیز، باید در سطری چند تصویری از حال و هوای شیراز امروزمان به‌دست بدهم.

شیراز و وضع بی‌مثالش

چند ماهی است که فرمانروای تازه‌ای برفارس ما حکومت می‌کند. امیر مبارزالدین محمد مظفر، شیراز را بعد از محاصره‌ای طولانی، در ماه شوال گذشته فتح کرده و سلطان سابق، شیخ ابواسحق اینجو را از شهر فراری داده است.

با سلطهٔ امیرمبارز برشهر ما، دوران ناامنِ بی‌ثباتی آغاز شده که در آن هیچ‌کس به‌فردای خود اطمینان ندارد. بعد از قتل و غارت مرسوم لشکریان فاتح، جستجو و تعقیب همکاران و همدستان سلطان فراری، همراه با طغیان کینه‌های دیرین مردم، موجب تسویه حساب‌های خونینی شده است. البته این آشفتگی برای ما اهالی فارس زیاد تازگی ندارد. از آغاز قرن حاضر، به‌خصوص پس از درگذشت ابوسعید، آخرین پادشاه ایلخانی، که در هرشهری، حاکمی علم استقلال و سلطنت بلند کرده، شیراز ما بارها و غالباً با همین کشت و کشتار، دست به‌دست گشته است. من، که امروز بیست و سه سال عمر دارم ـ تا آنجا که حافظه‌ام یاری می‌کند ـ امیرمبارز پنجمین سلطانی است که براریکه سلطنت فارس می‌بینم.

اما، این بار مشکل تازه‌ای برمصیبت‌های معمول کشورگشائی

افزوده شده است: امیرمبارز که اکنون برفارس و یزد و کرمان حکم می‌راند، چون داعیهٔ سلطنت تمام ایران وسیع ایلخانی را دارد، برای نیل به‌مقصود، تدابیری اندیشیده است. اولاً، با خلیفه عباسی مصر، المعتضد بالله المستعصمی بیعت کرده، به‌نام خلیفهٔ عباسی سکه زده و خطبه می‌خواند و خود را نایب خلیفه می‌نامد. بیعتی که اگر به‌زور و تهدید او، به‌تأیید بعضی بزرگان و علمای فارس رسیده، مخالفت و خشم جمعی دیگر را برانگیخته است. زیرا همه می‌دانند که خلفای عباسی مصر، بعد از انقراض عباسیان اصلی، وضعی و قدرتی ندارند و زیر دست امرای ترک و عرب، خلافتی اسمی دارند.

ثانیاً، از آنجا که بعد از عمری فسق و فجور و آلودگی در دوران حکومت یزد، دو سال پیش برای دومین بار ظاهراً توبه کرده، برای اینکه برسابقهٔ بسیار زشت و توبه‌شکنی گذشته پردهٔ فراموشی بکشد، با تظاهر شدید به‌دین‌داری، به‌عنوان مبارزه با محرمات، تعلیم و تعلم طب و فلسفه و هیئت و هندسه را ممنوع و مدرسین صاحب‌شأن آنها را پراکنده کرده است. ضمن آنکه به‌شستن و سوزاندن کتاب‌های مربوط به‌این مباحث، به‌عنوان محرمةالانتفاع، فرمان داده است، که به‌علت بی‌تمیزی مأموران نادانش کتاب‌های نفیس منحصر به‌فردی از میان رفته است. عمل زشت تأثرانگیزی که ـ به‌قول شمس‌الدین ـ جنایتی در حق بشریت است.

از طرف دیگر برای خوش‌آمد خلیفهٔ عباسی، در چند ماههٔ تسلط برشیراز، ده‌ها نفر یهودی و مسیحی و زرتشتی و مسلمان شیعه را به‌بهانه‌های سخیف به‌اتهام بددینی، به‌دست خود گردن زده است.

یک بار، من و شمس‌الدین، در میان جمعیت به‌تماشای عبور او که برای تظاهر به‌تقوی، با پای پیاده به‌مسجد می‌رفت، ایستادیم و او را که از میان دو صف جانداران شمشیر کشیده‌اش می‌گذشت، دیدیم. مردی قوی‌هیکل و زورمند است. چهره‌ای پرآبله و قیافه‌ای ترسناک ـ به‌قول شمس‌الدین اهریمنی ـ دارد. می‌گویند بسیار بدزبان و فحّاش است. وقتی خشمگین می‌شود، دشنام‌هائی برزبان می‌آورد که حتی استربانان از گفتن آنها شرم می‌کنند.

به‌علت تظاهرات ریاکارانهٔ سلطان و حال و هوای تازه، رجال و بزرگان شهر هم، که در گذشته به‌پیروی از پادشاه سبکسر عیاش، از هیچ فسق و فجوری روگردان نبودند، به‌تقلید سلطان و برای خوشایند او و حفظ منافع مادی خود، از امروز به‌فردا به‌ظاهر چنان مؤمن و متّقی شده‌اند که شناخته نمی‌شوند. از طرفی، در حالی که تا دیروز، اینجا و آنجا در دعا و ثنای مکارم و فضایل شاه شیخ ابواسحق حلقوم می‌دریدند، امروز ضمن طعن و لعن او، امیرمبارزالدین جدیدالتقوی را به‌عنوان سلطان اتقیاء می‌ستایند.

به‌دنبال بزرگان و ثروتمندان، مردم عادی نیز، که بر اثر توالی جنگ‌ها و قتل و غارت‌ها، در نهایت تنگدستی زندگی را از امروز به‌فردا می‌برند، برای ادامه حیات، فارغ از قید و بند اخلاقی به‌هرکاری دست می‌زنند. درنتیجه، نوعی فضای بی‌ثباتی و ناامنی برشیراز ما حاکم شده که با آن «بهشت روی زمین» که شیخ سعدی می‌فرمود: «بار ایمنی آرد نه جور قحط و نیاز»، بسیار فاصله دارد.

در چنین حال و هوای ناامنی، شمس‌الدین نه تنها توصیه‌های

بعضی از آشنایانش، دائر بـرسر بـرآستان سلطان جـدید سائیدن به‌خاطر حفظ موقعیت، را به‌چیزی نگرفته و از دربار او سخت دوری می‌کند، که اینجا و آنجا، بی‌توجه به گوش مراقب دشمنان سخن‌چین، به‌توبهٔ مصلحتی و زهد ریائی بزرگان گوشه‌های مهلکی می‌زند که درواقع بیش از همه به‌خود امیرمبارز برمی‌خورد.

این جوان، که اکنون مثل من بیست و سه سال عمر را پشت سر گذاشته، با همهٔ گنجینهٔ ادب و هنر و دانش، گاه به‌سادگی و بی‌آلایشی یک طفل مکتبی می‌اندیشد و قضاوت می‌کند. آرزوهـای خـود را واقعیت می‌پندارد. در یک دنیای آرمانی زندگی می‌کند که این زمان هیچ نشانی از آن نیست. و در این راه گاه آن قدر پا می‌فشارد تا سرش به‌سنگ بخورد. و بدبختانه اکنون در دورانی زندگی می‌کنیم که غالباً سر به‌سنگ خوردن با سر به‌باد دادن مقارن است.

از همان یک سال و چندی پیش که به‌وسیلهٔ مولانا عبید زاکانی به‌دربار و مجلس شاه شیخ ابواسحق راه پیدا کرد، آن چنان حسادت و بغض شاعران درباری را تحریک کـرده کـه هـمگی بـه‌خونش تشنه شده‌اند. امروز همان شاعران بـه‌بارگاه سلطان جدید نقل مکان کرده‌اند. و با اینکه شمس‌الدین با پرهیز مطلق از نزدیک شدن به‌دربار تازه، عرصه را برای جلوه‌گـری آنها آزاد گـذاشته، بـاز نگران آوازهٔ شعرش و احتمال راه یافتن ناخواسته‌اش به‌محضر پادشاه هستند و به‌قرائن بسیار، هرلحظه انتظار فرصتی را می‌کشند که با کمک دیگر زخم‌خوردگان زبان او، برای همیشه از سر راه خود برش دارند.

در این اوضاع و احوال بود که پیشامدی غیرمنتظره، به کمک فتنه و

فساد دشمنان، او را در خطری شدید، تا سرحدّ مرگ زیر تیغ حاکم خونریز، یا به‌دست اوباش تحریک شده از سوی دشمنانش، قرار داد. خطری که امروز با ترک شیراز، از او کمی فاصله گرفته ولی به کلی رفع نشده است.

همهٔ گرفتاری‌ها از شب مهمانی کلو فخرالدین شروع شد. به‌این علت ناگزیرم حکایت این مهمانی شیرین بدعاقبت را، که جزئیاتش در خاطرم حک شده، نقل کنم.

کلو فخرالدین، کلو یا کلانترِ محلهٔ دروازه کازرون، یکی از رجال متمول و بنام شهر است. ثروتش و جلال و شکوه پذیرائی‌هایش زبانزد خاص و عام شیراز است. از زمان شاه محمود اینجو، پدر شاه شیخ، در زمرهٔ خدمتگزاران خاندان اینجو بوده است. نسبتی هم با این خاندان دارد. به‌این مناسبت شاه شیخ همیشه به‌او کمال توجه و علاقه را نشان داده تا آنجا که عمو فخرالدین خطابش می‌کرده است. در حوادث اخیر به‌رغم این نزدیکی، نه تنها شاه شیخ را در فرار تنها گذاشته و در شیراز ماندگار شده، که هنگام ورود امیرمبارزالدین تا جلوی دروازه به‌استقبال او رفته است. درنتیجه، از سوی سلطان فاتح مورد عفو و طرف احترام قرارگرفته است. از خصوصیات او این است که هیچ کس را از خود نمی‌رنجاند. با نظر همه، از سیاه تا سفید موافق است. با شعار همیشگی‌اش: «ما همه فرزندان این آب و خاکیم» به‌هردو طرف: به‌آنکه معتقد است شب است و آنکه ادعا می‌کند روز است، حق می‌دهد.

روزی که شمس‌الدین گفت که دعوت مهمانی کلو فخرالدین را از

طرف خودش و من قبول کرده، فریاد اعتراضم به‌آسمان رفت. آن روز برای کمک به‌او، در رونویسی یکی از مثنوی‌های حکیم سنائی، به‌خانه‌اش رفته بودم. شمس‌الدین این مثنوی را به‌سفارش کلو فخرالدین ـ که تازگی کششی به‌سوی صوفیگری پیدا کرده ـ از روی نسخهٔ دارالکتب سلطانی، که از قضا پیششِ مانده، رونویسی می‌کند. برای تسریع کار من می‌خوانم و او می‌نویسد. اگر شمس‌الدین این مثنوی را از پیش می‌شناسد، برای من تازگی دارد و از آن بهره می‌برم. البته در صورتی که مزاحمت گربه بگذارد.

ولی مشکل این است که شمس‌الدین بچه گربه‌ای را در خرابه‌ای پیدا کرده و به‌جانشینی گربهٔ مأنوس خانه، یادگار گوهر، زن عزیز جوانمرگش، که از چندی پیش مفقودالاثر شده، به‌خانه آورده است. چون مادر شمس‌الدین، به‌اتفاق دخترش که همسر من است، برای دیدار بستگان به‌کازرون رفته، و او به‌گربه‌دوستیِ بی‌بی خاور ـ که در غیاب مادرش همه‌کارهٔ خانه است ـ اعتمادی ندارد، خودش هرروزه برای حیوان شیر و غذا فراهم می‌کند. این بچه گربه که به‌یاد آن یکی، به‌اسم سوسن ملقب شده، با آنکه از زیبایی معروف گربه‌های براق شیرازی هیچ بهره‌ای ندارد، به‌چشم شمس‌الدین آیت جمال است. بی‌بی خاور، به‌علت جثهٔ نحیف و پوزهٔ دراز و دُم نازک حیوان، او را کلپاسو لقب داده که در لهجهٔ محلی، به‌معنی مارمولک پشه‌خوار خانگی است. و از غرایب روزگار اینکه این بچه گربه طوری به‌شمس‌الدین مأنوس شده که وقتی صدایش می‌زند متوجه می‌شود مثل سگ دنبال او می‌دود.

سوسن، با همهٔ عزّتی که نزد شمس‌الدین دارد، به‌چشم من مزاحم‌ترین موجود دنیاست. حین خواندن و نوشتن، کافی است که آستین پیراهن یا بندی از جامهٔ یکی از ما تکان بخورد، تا سوسن برای بازی روی آن بجهد و کارمان را تا وقتی بخواهد متوقف کند. تنها بی‌بی خاور است که جرأت می‌کند از خرابکاری‌های سوسن انتقاد کند. حتی گاهی تهدید می‌کند که نصف شبی او را در کیسه می‌برد بیرون دروازهٔ سعادت‌آباد می‌اندازد که شمس‌الدین با خنده می‌گوید که او هم به‌گزمه‌های حکومت خواهد رساند که بی‌بی، خلیفه عباسی المعتضد را المعتزل، یعنی خاک برسر نامیده، تا مزه شلاق گزمه‌های امیرمبارز را بچشد.

آن روز، زیر درخت نارنج، کنار باغچهٔ خانه مشغول کار بودیم که به‌دنبال حرکت پر در دست شمس‌الدین، سوسن روی آن پرید و مشغول بازی شد. شمس‌الدین به‌او تشر عاشقانه‌ای زد:

ـ نازنین سوسن! با این کارشکنی‌های تو درکار حکیم سنائی، گمان نکنم رساله تا روز جمعه تمام بشود.

با تعجب پرسیدم:

ـ مگر قرار بود تا جمعه حاضر بشود؟

ـ نه، ولی چون جمعه پیش کلو فخرالدین مهمانیم، فکرکردم شاید بتوانیم تحویلش بدهیم.

کتاب هنوز خیلی کار داشت و ممکن نبود تا جمعه تمام بشود. اما ـ شمس‌الدین راهی پیدا کرده بود که مطلبی را غیرمستقیم به‌من برساند. بعد توضیح داد که چطور کلو فخرالدین او و مرا به‌ضیافتی

دعوت کرده است. چون در آن اوضاع و احوال شهر رفتن به چنین مهمانی را هیچ مصلحت نمی‌دیدم، برای اینکه پای او را هم در این راه سست کنم، با لحن خشک و قاطعی گفتم که من به این مهمانی نخواهم رفت. شمس‌الدین سری تکان داد و با ملایمت گفت که در این صورت او هم نخواهد رفت. و انگار برای قطع این بحث بود که ناگهان از جا جست:

ـ ای داد! سوسن، گل را می‌شکنی!

و به‌دنبال گربه دوید.

در گذشته، این مهمانی‌های بزرگان از اهل شعر و ادب بسیار رایج بود. آنها به‌تقلید شاه شیخ که جمعی از شاعران را به‌دربار خود جلب کرده بود، حتی اگر از شعر و ادب چیزی نمی‌فهمیدند، می‌کوشیدند با دعوت از شاعران به مهمانی‌هاشان، چهرهٔ ادب‌پروری به‌خود بگیرند. و از این بابت به یکدیگر فخر می‌فروختند.

اما در چنین ایام آشفته، دعوت از من و شمس‌الدین چه معنی داشت؟ البته دعوت از من نه به‌عنوان شاعر، که به‌خاطر و به‌احترام شمس‌الدین بود. من اگر شعر می‌گویم، اشعارم از محوطهٔ بستهٔ دوستانم آن طرف‌تر نرفته است. ولی کلو فخرالدین هم، مثل خیلی‌ها می‌داند که من نزدیک‌ترین دوست شمس‌الدین هستم. این واقعیتی است. من و او از طفولیت، همسایه، همبازی و همدرس بوده‌ایم و حالا با هم خویشی هم داریم. خواهرش همسر من است. البته این را بگویم که از نظر ادب و دانش، معترفم که من در برابر او ذرّه‌ای بیش نیستم و از نظر شاعری، شعر من در مقابل شعر او، خرمهره‌ای در برابر

گوهر است. اما، در امور روزمرّه زندگی، اوست که به‌هدایت و کمک من نیازمند است.

زبان آتشین

وقتی شمس‌الدین از مهمانی کلو فخرالدین گفت، به‌آنی صحنهٔ مجلس و گفتگوها و زبان‌درازی‌های خطرناک او را، که سابقه داشتم و می‌دانستم به‌چه نحوی و به‌چه سرعتی در شهر منتشر می‌شود، در نظر آوردم و وحشت کردم. در آن حال و هوای اختناق و سوءظن و رواج جاسوسی و خبرچینی، شرکت شمس‌الدین در این مهمانی به‌هیچ وجه به‌صلاح نبود. علی‌الخصوص که قرائنی از شروع مهاجمهٔ تازهٔ شاعران دربار جدید علیه او در دست داشتم. از جمله اینکه یک بیت خطرناک و فراموش شدهٔ او دوباره اینجا و آنجا شنیده شده بود. بیتی که چند ماه پیش به‌زحمت رفع و رجوعش کرده بودیم.

از اوایل سلطهٔ امیرمبارزالدین برفارس، شیرازی‌ها به‌انتقام سختگیری‌های خونبارش، به‌او لقب محتسب دادند. و شمس‌الدین برای گشودن عقدهٔ دل از علم‌ستیزی او، با استفاده از این لقب، در نهایت بی‌احتیاطی توبهٔ بعد از فسق و فجورش را در غزلی عنوان کرد:

محتسب شیخ شد و فسق خود را ز یاد ببرد
قصهٔ ماست که در هرسر بازار بماند

روزی که برای اولین بار این غزل را در جمع خوانده بود، من از قضا در شهر نبودم. فردای آن روز وقتی برگشتم از یکی از شاعران جوان شنیدم که شمس‌الدین در دکان شاه عاشق شاعر، آن را خوانده و

غـالب حـاضران بـه‌خصوص ایـن بیـت را بـه‌خاطر سپـرده و تکـرار کرده‌اند.

اما باید به‌این دکان و وضع آن اشاره‌ای بکـنم. شاه عـاشق کـه روبه‌روی مسجد عـتیق دکان قـنادی دارد و بـه‌زبان شـیرازی شـعر می‌گوید، به‌برکت یکی از خودنمائی‌های شاه شیخ به‌نوائی رسیده است. سلطان فراری نه تنها با ساختن قصر بزرگی به‌شکل طاق‌کسری و گرد آوردن شاعران در دربار به‌تقلید سلطان محمود غزنوی، قصد پهلو زدن با شاهان گذشته را داشت، که می‌خواست با بخشش‌ها و بزرگواری‌های پرسر و صدا، شهرت گذشتگان را از رونق بیندازد. از جمله تظاهرات او در این باب، که مدت‌ها نقل مجالس بود، واقعه‌ای بود که چند سال پیش اتفاق افتاد: یک روز بـعد از بـیرون آمـدن از مسجد عتیق، وقتی از برابر دکان قنادی مـی‌گذشت، شـاه عـاشق از دکان بیرون دوید، جلوی موکب او را گرفت و یک دوبیتی بـه‌زبان شیرازی، که در مدح وی ساخته بود، برایش خواند. شاه شیخ پیاده شد. قدم به‌دکان او گذاشت و خطاب به‌همراهان گفت: مـن امـروز دکاندار شاه عاشقم. بیائید از من نـقل بـخرید. دربـاریان و امـیران و سرداران همراه، برای خوشایند او، از کـمر و شـمشیر و خـنجرهای مرصع زرکار و نقدینه، هرچه داشتند می‌دادند و شاه شیخ در مقابل قدری نقل و نبات به‌آنها می‌داد. گفته شد که به‌اندازهٔ صد هزار دینار فروش آن روز بود. وقتی شاه شیخ سـوار شـد و رفت شاه عـاشق، خطاب به‌مردم که جمع شده بودند گفت پادشاه به‌من لطف کرد. من هم هرچه جنس در دکان دارم به‌صدقه سر پادشاه به‌مردم می‌بخشم.

بیائید دکان مرا غارت کنید.

این مرد، بعد از آن به‌برکت ثروتی که به‌دست آورده بود، دکان را دو برابر بزرگتر کرد و در یک گوشهٔ آن برای نشستن دوستان تخت و صفه‌ای گذاشت. از آن زمان دکان او نوعی پاتوغ شاعران جوان، از جمله شمس‌الدین، شده است.

باری، من و دیگر دوستانِ نزدیکِ شمس‌الدین، که از این بی‌احتیاطی او سخت نگران شده بودیم، ملامتش کردیم. می‌گفت من نظری به‌شخص امیرمبارز نداشته‌ام. مقصودم همه محتسب‌هائی است که آلودگی‌های گذشته‌شان را یکجا فراموش کرده‌اند. گفتیم که این لقب محتسب به‌قصد امیرمبارز را، مردم آن قدر گفته‌اند و تکرار کرده‌اند که در این ایام دیگر جز او به‌کسی اطلاق نمی‌شود. ولی هرچه گفتیم به‌گوشش فرو نرفت. ناچار دست توسل به‌دامن مولانا عبید زدیم که شمس‌الدین از او حرف شنوائی دارد. عبید به‌صراحت به‌او گفت که اگر این بیت به‌گوش سلطان قهار برسد، رفتن گردنش زیر تیغ خونریز او حتمی است. و در نهایت این کلام سعدی را به‌گوشش خواند:

خرد نام آن کس به‌خاک افکند که خود را خود اندر هلاک افکند

تا شمس‌الدین راضی شد که آن بیت غزل را به‌این صورت اصلاح کند:

خرقه‌پوشان دگر مست گذشتند و گذشت

قصهٔ ماست که در هرسر بازار بماند

و ما، از روز بعد، آن قدر این غزل را به‌صورت اصلاح شده اینجا و

آنجا خواندیم تا یاد «فسق محتسب» را از ذهن مردم ـ لااقل در آن غزل ـ زدودیم.

هنوز چیزی نگذشته بود که ماجرای گردنزدن خدمتکار خاصهٔ امیرمبارز، که اربابش را در حال مستی دیده و زبانش را نگه نداشته بود، پیش آمد که سینه به‌سینه در تمام شهر انتشار یافت. و چند روز بعد ناگهان بیتی از یک غزل شمس‌الدین ـ که معلوم شد بی‌خبر دوستان، در دکهٔ شاه عاشق قنّاد برای جمعی از جوانان خوانده بود ـ برسر زبان‌ها افتاد:

ای دل طریق رندی از محتسب بیاموز

مست است و در حق او کس این گمان ندارد

که آن را هم به‌خواهش و تمنای دوستان خیرخواه و براثر فشار مولانا عبید از غزل حذف کرد.

تازه شدن این ابیات فراموش شده، بی‌تردید حاصل دست به‌کار شدن دشمنان شمس‌الدین بود. هرچند ما می‌توانستیم انتساب آنها را تکذیب کنیم. ولی به‌هرحال زمینه را برای فتنه و فساد آینده آماده می‌ساخت.

از طرف دیگر نگران انتشار غزل دیگری بودم که شمس‌الدین فقط برای من و دو تن از دوستان نزدیکمان خوانده است. ولی با بی‌احتیاطی او، که در برابر خواهش جوانان دوستدار شعرش تاب ایستادگی ندارد، می‌ترسیدم به‌زودی سر از مجالس و محافل شهر درآورد.

آنچه بیش از سفاکی و خونریزی سلطان جدید برشمس‌الدین گران

آمده ریاکاری اوست، که به‌چشمش پست‌ترین رذایل اخلاقی و اوج فرومایگی و ناکسی است. و از آنجاکه امیرمبارز ـ که به‌شهادت بعضی از محارمش، به‌رغم توبهٔ ظاهری هنوز مجالس میگساری پنهانی دارد ـ ریاکارانه، برحکم بستن میخانه‌ها تکیه می‌کند و آن را مهم‌ترین اقدام خود برای تصفیه و تنزیه جامعه معرفی می‌کند، شمس‌الدین به‌قصد افشای تزویر و ریای او، در بیتی از این غزل، به‌خصوص بسته شدن میخانه‌ها را بهانه کرده است:

درِ میخانه ببستند خدایا مپسند که درِ خانهٔ تزویر و ریا بگشایند

این غزل گذشته از خطر خونریز سلطان، این خطر اضافی را هم دارد که لفظ میخانه و بستن درِ آن، که بهانهٔ ظاهری برای افشاء و ملامت گشودن درِ خانهٔ تزویر و ریاست، مفهوم بعضی کسان که فهمشان در حدّ درک و تشخیص این نوع تعریض و استعاره نیست، نشود و اگر بشود، وسیلهٔ اعمال اغراض خصوصی قرار گیرد و گرفتاری تازه‌ای به‌بار بیاورد.

البته اولین بار نیست که شمس‌الدین در غزل‌هایش از می و میخانه می‌گوید. ولی همهٔ اهل معنی می‌دانند که در زبان او غالباً الفاظ می و باده و باده‌پیمائی وسیلهٔ تعریضی به‌بی‌اخلاقی‌های حاکم برجامعه است. ولی اکنون، در دوران سلطانی به‌شدت متظاهر به‌اخلاق، که بار سنگین بدنامی فسق و فجور گذشته را بردوش دارد، چنین ظریف‌کاری‌هائی مجاز نیست. درگذشته، که دوران پادشاهی اهل عیش و نوش و انواع مناهی بود، اگر غزلی به‌این علت سر و صدائی بلند می‌کرد، به‌مقابله برمی‌خاستیم و یادآوری می‌کردیم که اشارات

به‌می و میخانه مجاز و استعاره است و اگر لازم می‌شد، لفظی یا عبارتی را به‌تحریف مغرضین نسبت می‌دادیم. شمس‌الدین این عیب یا حسن را دارد که از غزل‌های خود نسخه‌ای به‌دست غریبه نمی‌دهد. زیراکه شعر خود را هیچ گاه تمام شده و کامل شده ـ یا به‌قول خودش آراسته و پیراسته ـ نمی‌داند. درنتیجه امکان چون و چرا و ادعای تحریف از سوی دشمنان، باقی می‌ماند. و در این باب از کمک و حمایت بعضی علمای روشن‌ضمیر ادب‌دوست برخوردار بودیم.

ولی در این دوران تازه وضع دیگری است. شحنهٔ جدید شهر، کلو ناصرالدین عمر، برای خوشایند امیرمبارز، شدیدترین سختگیری را در این موارد اعمال می‌کند. این ناصرالدین عمر، که کلو، یا به‌عبارت دیگر، کلانتر محلهٔ موردستان و بزرگ کلویان شهر است، کسی است که از توطئهٔ ناجوانمردانهٔ شاه شیخ جان به‌در برده است. به‌این تفصیل، که شاه شیخ در دوران محاصرهٔ شیراز به‌وسیلهٔ امیرمبارز، دچار عارضهٔ سوءظن توطئه علیه جان خود شده بود. یک روز که به‌کلو ناصرالدین عمر ظنِ همدستی با دشمن برد، او را به‌بهانه‌ای به‌دربار احضار کرد و به‌جانداران خود سپرد که وقتی آمد، به‌فلان اشاره، او را بگیرند و سر از تنش جدا کنند. ولی کلو عمر هنگام باریابی متوجه اشارهٔ شاه شیخ شد و، به‌محض حملهٔ جانداران، از تالار شاهانه بیرون جست و خود را به‌مرکبش رساند و فرار کرد. بعد، به‌انتقام این توطئهٔ شاه، دروازهٔ موردستان را به‌روی امیرمبارز باز کرد. و روز ورود امیرمبارز به‌شیراز، جان او را از سوء قصد یکی از کلوهای

متعصب طرفدار شاه شیخ، نجات داد. از آن جا، به‌اتفاق، به‌مزار شیخ ابوشجاع منصور رفتند و سوگند یاد کردند که نسبت به‌یکدیگر وفادار بمانند. درنتیجه، اکنون کلو عمر که به‌احتساب و شحنگی شهر منصوب شده، یکی از نزدیک‌ترین کسان به‌امیرمبارز است. و در اجرای منویات سلطان جدید کوچک‌ترین اهمالی و گذشتی نمی‌کند. در این اوضاع و احوال راهی برای رفع و رجوع زیاده‌گوئی‌ها نمی‌ماند.

خطر دیگری، که در کنار این خطرها، بالای سر شمس‌الدین در آسمان دور می‌زند، از جانب همسایهٔ دیوار به‌دیوارش، دبّاغ جعفرآبادی است. این شخص که فردی عامی ولی به‌نهایت زیرک و مکّار است، به‌برکت جنگ‌های مکرّر و بی‌حاصل شاه شیخ، از طریق تأمین کفش و ساز و برگ لشکریان او به‌ثروتی رسیده و حرفهٔ خود را که ابتدا پینه‌دوزی بوده، به‌کفاشی و بعد به‌دبّاغی و در نهایت به‌تجارت چرم و پوست بدل کرده است. اکنون دکان بزرگ چند دهنه‌ای در بازار دارد. لقبش هم که از پینه‌دوز به‌کفاش تغییر کرده بود، در عنوان حاجی دبّاغ جعفرآبادی تثبیت شده است.

این حضرت دبّاغ جعفرآبادی مدت‌هاست که می‌خواهد خانهٔ موروثی شمس‌الدین را که تقریباً آخرین بازماندهٔ ثروت پدری اوست، از چنگش به‌در آورد و به‌خانهٔ بزرگ خود برای جا دادن زنان متعددش، ضمیمه کند. و چون شمس‌الدین رضایت نمی‌دهد، برای نیل به‌منظور، به‌ترفندهای گوناگونی متوسل شده و همچنان می‌شود.

دبّاغ جعفرآبادی هم اکنون به‌مناسبت اوضاع و احوال جدید اقتدار تازه‌ای به‌دست آورده است. زیرا هنگام محاصرهٔ شیراز از سوی

امیرمبارزالدین، مثل خیلی از کسبه، پنهانی به‌تأمین ما یحتاج قشون او کمک کرده است. در نتیجه امروز برای اعمال نظرش می‌تواند به‌پشتیبانی قوای حکومتی امیدوار باشد. از طرف دیگر برادرزادهٔ قمه‌بندی دارد، به‌نام سیف سگزی که سردستهٔ اوباش شهر است. به‌اعتبار این برادرزاده، اهالی محلهٔ دروازه کازرون را مرعوب ساخته و کارهای نشدنی را شدنی کرده است.

شمس‌الدین، بعد از مدتی جست و خیز بچگانه به‌دنبال سوسن به‌دور حیاط، به‌طرف من برگشت و بی‌مقدمه گفت:

ـ اما، گلندام، باید زودتر خبرش کنیم که بی‌جهت تدارک نبیند.

گفتم:

ـ در مهمانی‌های کلو فخرالدین چند نفر کم یا زیاد اثری ندارد.

گفت:

ـ دِ گوش نکردی، کاکو گلندام! درست است که مهمانی شعر و ادب است. ولی خیلی خصوصی است. می‌گفت معدود کسانی را دعوت کرده است.

این، از عادت‌های همیشگی اوست، که از آن زمان که با هم به‌مکتب‌خانه می‌رفتیم تا امروز، هروقت می‌خواهد مطلبی را نوکند یا دلیل تازه‌ای برگفته‌اش بیاورد، کلامش را با «دِ گوش نکردی»، یا «دِ نگفتی» یا «دِ نفهمیدی» و یا به‌اختصار «دِ نه، کاکو» شروع می‌کند. از طرفی، بیشتر دوست دارد که وقتی تنها هستیم مرا، به‌جای محمد، گلندام خطاب کند.

و بلافاصله افزود:

ـ مولانا عبید هم دعوت دارد.

لحن او از اشتیاق بـه‌شرکت در ایـن مـهمانی حکـایت داشت. و اشتیاقی قابل فهم بود. زیرا به‌عبید زاکانی علاقه و احترامی فوق‌العاده دارد. رابطهٔ آنها نوعی رابطهٔ پدر و فرزندی است. شمس‌الدین از عبید به‌عنوان استاد و پیشوای خود اسم می‌برد. عبید هم او را، که شاعر شیرین شکربار لقب داده، مثل فرزندی دوست دارد و قدر می‌گذارد. همو بود که سال پیش وقتی پای شمس‌الدین را به‌دربار شـاه شـیخ گشود، به‌پادشاه تلقین کرد که دبیری دارالکـتب جـدیدالتأسـیس را به‌عهدهٔ شمس‌الدین بگذارد. شمس‌الدین از این سمت بسیار راضی و خوشبخت بود. زیرا برای درس طب و هیئت و هندسه که همچنان نزد استادان دنبال می‌کرد، درکـتب مـوجود مـایهٔ تـحقیق و تـعمیق اضافی می‌یافت. از این گذشته، علاقهٔ شمس‌الدین به‌عبید بـه‌خاطر نوعی تفاهم و همفکری و هـمدلی است کـه بـا ایـن شـاعر ظـریف نکته‌بین دارد. از طرفی عبید یکی از آنهائی است که شعر شمس‌الدین را واقعاً می‌فهمد و ارج می‌گذارد. شمس‌الدین وقتی لطیفه‌های او را که درگنجینهٔ حافظه خارق‌العاده‌اش کلمه به‌کلمه حفظ کرده، برای من حکایت می‌کند، از خنده دوتا می‌شود. عاقبت تأسف خود را بیشتر علنی کرد.

ـ حیف شد. چون خیلی دلم می‌خواست بعد از این مدت مولانا را می‌دیدم.

و به‌شیوهٔ همیشگی‌اش، برای اینکه فرصت جواب فـوری بـه‌من ندهد، باز با یک «دِ نشنیدی، کاکو»، یکی از لطیفه‌هائی راکه از عبید

شنیده و پیشتر برای من حکایت کرده بود، نقل کرد: «قزوینی پیش طبیب رفت و گفت موی ریشم درد می‌کند. پرسید که چه خورده‌ای؟ گفت نان و یخ. گفت برو بمیر که نه دردت به‌درد آدمی می‌ماند نه خوراکت» این را گفت و آن چنان قهقهه خنده‌ای سر داد که گره از پیشانی تلخ‌ترین آدمیان باز می‌کرد. ولی من همچنان با لحن جدی گفتم:

ـ تو اگر مایلی برو به‌این مهمانی، ولی من نمی‌آیم.

باز، به‌راه دیگری زد:

ـ دِ نگفتی، کاکو! چطور است که مولانا عبید، که خودش قزوینی است این قدر قزوینی‌ها را دم تیر می‌گذارد؟

ـ به‌خودش و همشهری‌هایش می‌تازد که بتواند حرفش را بزند. همان کاری که خودت هم می‌کنی. وقتی می‌گوئی نیست امید صلاحی ز فساد حافظ، چه کسی را نشانه می‌گیری؟

از تعقیب هدفش دست‌بردار نبود. موضوع را به‌نحو دیگری دنبال کرد:

ـ راستی، گلندام، یادت هست که چند وقت است مولانا عبید را ندیده‌ایم؟

گفتم:

ـ عبید مدتی است که کم پیداست. در این اواخر غالباً پیش دوستی در بیرون شهر به‌سر برده و کمتر کسی او را دیده است. حتی پسرش، اسحق ـ که تصادفاً دیدمش، می‌گفت که او را کمتر می‌بیند. اما این طور که می‌بینم خیلی اشتیاق رفتن به‌این مهمانی را داری. اگر

می‌خواهی...
کلامم را برید:
ـ دِ نه، کاکو! مهمانی را فراموش کن. گفتیم که نمی‌رویم. اما من، اگر می‌رفتم به‌شوق دیدار مولانا عبید بود وگرنه دیدن سرهنگ سلطان چه لطفی دارد؟
صدای فریادم بلند شد:
ـ پس سرهنگ سلطان هم هست؟ سرهنگ سلطان رئیس جانداران شاه شیخ؟ شاید کلو فخرالدین می‌خواهد همهٔ نزدیکان شاه شیخ را یکجا جمع کند که میرغضب‌های امیرمبارز دنبال آنها این طرف و آن طرف وقت تلف نکنند.

مجلس شعر و ادب

سرهنگ سلطان، رئیس جانداران، یعنی سربازان مخصوص محافظت جان شاه شیخ ابواسحق، مردی فوق‌العاده تنومند و فربه است. به‌قدری که اسب‌های معمولی طاقت تحمل وزن او را ندارند. در دوران خدمتش برای او، از دوردست اسب مخصوصی آورده بودند. این شخص از نزدیک‌ترین و محرم‌ترین افراد به‌شاه شیخ بود. در حالیکه روزی چند بار سوگند وفاداری یاد کرده بود که تا آخرین قطرهٔ خون خود را فدای سلامت شاه شیخ کند، موقع سقوط شهر و فرار شاه شیخ حاضر نشده بود او را همراهی کند. و بعد از فرار سلطان، اصرار داشت. سرهنگِ سلطان خطابش کنند تا همه بدانند که بستگی خاصی با شاه شیخ نداشته و خدمتگزار سلطان وقت است.

صفت بارز این شخص، که مایهٔ خنده و تمسخر محافل و مجالس است، شکم‌بارگی و پرخوری افسانه‌ای اوست.

شمس‌الدین در برابر اعتراض من خندید و گفت:

ـ دِ نه، کاکو! کلو فخرالدین آدمی نیست که بی‌حساب کار کند و ما را به‌خطر بیندازد. سرهنگ سلطان را امیرمبارز عفو کرده و حالا دنبال این است که دل شحنه را هم به‌دست بیاورد و باز شغل و مقامی بگیرد.

با لحن پرخاش گفتم:

ـ اصلاً سرهنگ سلطان چه مناسبتی با مجلس شعر و ادب دارد؟ این آدم که می‌گویند بارها گفته که اگر دستش برسد، می‌دهد شاعر و قوالّ و نقالّ را توی رودخانهٔ کُر غرق کنند، چه سنخیتی با عبید زاکانی و شمس‌الدین حافظ دارد؟ تو می‌خواهی با سرهنگ سلطان مشاعره و مناظره کنی؟

برآشفتگی من بی‌سبب نبود. خطر به‌کنار، حضور سرهنگ سلطان در مجلس شعر و ادب با هیچ معیاری نمی‌خواند. این شخص از آنهائی است که از شعر و هنر نه تنها هیچ نمی‌فهمند، که آنها را عبث و حتی مایهٔ فساد می‌دانند. دقیقاً مصداق کسانی است که شمس قیس رازی در «المعجم» دربارهٔ آنها می‌گوید «مرده دلانی که میان لحن موسیقار و نهیق حمار فرق نکنند». البته این مشکل اختصاصی سرهنگ سلطان نیست. بسیاری از بزرگان و اعیان و درباریان این دوران، جز معدودی، سخندانی و خوشخوانی را نمی‌فهمند و به‌چیزی نمی‌گیرند. و اگر شاعر و ادیبی را به‌خود راه می‌دهند، برای

زینت مجالس و محافلشان است.

شمس‌الدین با خنده جواب داد:

ـ نه، کاکو! اما وقتی عبید و سرهنگ در مهمانی باشند، می‌دانی مجلس چه بهشتی می‌شود؟ دفعهٔ آخر یادت نیست از شوخی و مزاح مولانا با سرهنگ چقدر خندیدیم؟ وانگهی، غیر از او دوستان ما هم هستند. سرهنگ با دوستان خودش، ما با دوستان خودمان. فرمود:

سعدیا هر دمت که دست دهد   به‌سر زلف دوستان آویز

دشمنان را به‌حال خود بگذار   تا قیامت کنند و رستاخیز

این هم عادت شمس‌الدین است که برای توجیه نظریاتش از سعدی و فردوسی، که هردو را عاشقانه دوست دارد و حافظهٔ خارق‌العاده‌اش گنجینهٔ اشعار آنهاست ـ شاهد مثال می‌آورد.

گفتم:

ـ بله، به‌سر زلف دوستانِ دکّهٔ شاه عاشق قنّاد، که در مجلس مهمانی مثل معمول سرشان گرم بشود و تو را تشویق کنند که شعر تند و تیز بخوانی تا آنها دق دلشان را از شاه و وزیر و محتسب و قاضی خالی کنند.

شمس‌الدین در حالیکه دور حیاط به‌دنبال سوسن می‌دوید، گفت:

ـ اولاً مهمان‌های کلو فخرالدین معمولاً آدم‌های معنون جا سنگینی هستند و مشتری‌های دکّهٔ شاه عاشق آنجا محلی ندارند. ثانیاً من مدت‌هاست این دوستان دکّهٔ قناد را ندیده‌ام.

ـ پس شاه عاشق که چند روز پیش ضمن صحبت می‌گفت به‌قول حافظ «توبه‌فرمایان چرا خود توبه کمتر می‌کنند»، این را از کجا آورده

بود؟ مگر از غزل تو نیست؟
- چرا، از غزل من است ولی...
- پس قناد این غزل تازه را از کی شنیده است؟
- از هرکس شنیده، از خود من نبوده.
گفتم:
- لابد از شیخ سعدی شنیده! اصلاً مگر قرار نبود که این غزل کذائی که به‌خصوص می‌تواند به‌توبۀ امیرمبارز بچسبد، از میان ما دو سه نفر بیرون نرود؟

در این موقع صدای فریاد بی‌بی خاور که جارو به‌دست، دنبال سوسن می‌دوید، کلام او را قطع کرد:
- ذلیل بمیری حیوان، که رختِ شسته را کثیف کردی!
شمس‌الدین بچه گربه را که از نهیب بی‌بی به او پناه برد به‌بغل گرفت و گفت:
- بیا، سوسن بیچاره! من و تو، دو تنها و دو سرگردان دو بی‌کس، یک سرنوشت داریم. به‌من دوست قدیم و ندیم و خویشم بی‌رحمانه بهتان می‌زند. تو بیچاره هم گرفتار مادرخواندۀ بی‌رحمت بی‌بی هستی که با جارو به‌جانت افتاده!
بی‌بی خاور جارو را به‌کناری انداخت و گفت:
- بگذار این بچه امروز که مهمان مادرخوانده است هرکار دلش می‌خواهد بکند. چون فردا مادرخوانده توی یک کیسه می‌بردش بیرون دروازۀ سعادت‌آباد تحویل پدرخوانده‌اش می‌دهد.
شمس‌الدین قیافۀ محزونی به‌خود گرفت:

ـ می‌بینی، سوسن؟ گلندام نه تنها مرا به‌خاطر جرم نکرده مجازات می‌کند که از تو حیوان بی‌گناه در معرض تبعید ناحق و ناروای یک ستمگر دفاعی نمی‌کند.

ولی ناگهان از جا جست و با خنده گفت:

ـ دِ نفهمیدی، کاکو! رفیقت، منوچهری دامغانی هم هست. به‌او دیگر نمی‌توانی نسبت شعرناشناسی بدهی!

این لقبی است که شمس‌الدین بین خودمان به‌غانم شیرازی شاعر داده است. علت این نامگذاری، علاقه و اعتقاد بی‌حد و حسابی است که غانم به‌منوچهری دامغانی دارد. منوچهری را شاعر بی‌همتای تمام دوران‌ها، البته تا ظهور خودش، می‌داند. برای تمام مسائل زندگی از اشعار او شاهد مثال می‌آورد. به‌عقیدهٔ او شعر با منوچهری شروع و به‌غانم شیرازی ختم شده است. تا آنجا که چندی پیش، در مجلسی در حضور مولانا عبید، منوچهری را از سعدی شاعرتر و برتر شمرده بود و عبید بی‌تأمل با عصایش به‌سر او کوبیده بود. غانم اگر شعر دیگری را قبول داشته باشد، مسلماً به‌خاطر توقع خدمت یا انعامی است که از شاعر یا از هواخواه او دارد. صفت مشخص این مرد که از شعرای دربار شاه شیخ ابواسحق بوده، سخاوتش در بذل تملق است. از آن شاعرانی است که نردبان تملق را بی‌مهابا تا پلهٔ آخر بالا می‌رود. برای او، به‌عقیدهٔ من، تملق فقط وسیلهٔ نان خوردن نیست. بلکه یک نیاز روحی و یک فلسفهٔ زندگی است. هرکس را از بزرگ و کوچک، وضیع و شریف، به‌فراخور حال مشمول تملق قرار می‌دهد.. مشارکت او در این مجلس امری عادی بود. زیرا کلو فخرالدین با همهٔ ادعای تصوف، مثل غالب رجال این دوران، عاشق تملق شنیدن است و به‌این جهت، غانم مهمان ثابت

ضیافت‌های اوست.

ولی حضور غانم در مهمانی از نگرانی من نمی‌کاست. حتی بر آن می‌افزود. زیرا این شاعر، اگر اهل بحث و جدل دربارهٔ اوضاع ملک و ملت نیست و از این بابت خطری ندارد، ولی وسیلهٔ اشاعهٔ هرحرفی و هرخبری در اسرع اوقات در سراسر شهر است.

شمس‌الدین وقتی مرا همچنان گره برابرو دید، آخرین تیر ترکش را رها کرد:

ـ یک مهمان دیگر هم هست که کلو فخرالدین تأکید کرده بود که من پیش از مهمانی به کسی نگویم. ولی حالا که نمی‌رویم می‌توانـم به تو بگویم. جهان خاتون هم هست.

شاهزاده جهان ملک خاتون، دختر مسعود شاه اینجو برادر بزرگ شاه شیخ، همسر سابق خواجه امین‌الدین جهرمی، وزیر و ندیم شاه شیخ ـ شاعره‌ای تواناست. این زن جوان صاحب جمال، در میان زنان عهد ما یک استثناست. پیش از آن که به‌امر شاه شیخ، به‌اجبار به‌همسری امین‌الدین درآید، بدون توجه به‌ملامت دیگران، در مجالس شعر و ادب دربار شاه شیخ شرکت می‌کرده و از پشت پرده با شاعران و ادیبان دربار به‌مشاعره و مناظره می‌پرداخته است. بعد از ازدواج، شوهرش او را از این کار منع کرده است. اما اکنون دیگر در قید زوجیت او نیست. امین‌الدین که همراه شاه شیخ از شیراز فرار کرده، طلاق‌نامهٔ او را با قاصد برایش فرستاده است. و سلطان تازه که بعضی از بستگان خاندان اینجو را از دم تیغ گذرانده یا زندانی کرده، برای این برادرزادهٔ شاه شیخ ـ ظاهراً به‌شفاعت و وساطت یکی از نزدیکان خود ـ مزاحمتی فراهم نکرده است.

پرسیدم:

ـ دعوت از جهان ملک خاتون دیگر چه صیغه‌ای است؟

خندید و گفت:

ـ می‌دانی که جهان خاتون هم شاعر است. کلو فخرالدین می‌گفت که اظهار اشتیاق کرده که مرا ببیند. ولی خیال می‌کنم خود پیرمرد بیشتر شوق دیدن جهان خاتون را دارد تا جهان خاتون میل دیدن مرا. به‌هرحال ما که نمی‌رویم مصاحبت او نوش جان خودش و مهمانانش.

روشن بود که این «نوش جان» را از سر زبان و نه از ته دل می‌گفت. زیرا وصف جمال، و نیز صدای این شاعره را یک بار از پشت پردهٔ مجلس شاه شیخ شنیده بود و می‌دانستم که سخت آرزوی دیدارش را داشت. دیگر مقاومت من راه او را سد نمی‌کرد. به‌خاطر همنشینی و هم‌صحبتی با شاعری زیبا و نازک‌طبع اگر لازم باشد زیر تیغ جلاد هم می‌رود. اگر من نمی‌رفتم، او به‌هزار بهانه خود را به‌این مجلس مهمانی می‌رساند. فکر کردم نباید در چنین محفلی که خطر عنان‌گسیختگی زبانش در میان است، تنهایش بگذارم. گفتم:

ـ اگر جهان ملک خاتون هست، ما هم می‌رویم. صدای ته دلت را می‌شنوم که می‌خواند:

روا مدار خدایا که در حریم وصال

رقیب محرم و حرمان نصیب من باشد

شمس‌الدین جستی زد و گربه را بغل کرد:

ـ وای! می‌بینی، سوسن؟ می‌بینی چه رفیقان فداکاری در دنیا پیدا می‌شوند؟ گلندام عیالوار پرهیزگار، که هیچ شوقی به‌دیدن جهان خاتون زیبا رو ندارد، تنها به‌خاطر دوستی شمس‌الدین نظرباز فداکاری می‌کند!

گفتم:

ـ طعنه و تسخر را برای خودت نگه دار! من هم از مصاحبت زیبارویان لذت می‌برم. اما نه مثل تو، که با دیدن روی زیبا دنیا و مافیها و خودم را از یاد ببرم و بگویم:

نه آنچنان به‌تو مشغولم ای بهشتی روی
که یاد خویشتنم در ضمیر می‌آید

خندید و گفت:
ـ این را من نگفته‌ام، شیخ اجل فرموده است.
گفتم:
ـ خودت هم کم از این نگفته‌ای:

چنان پر شد فضای سینه از دوست   که فکر خویش گم شد از ضمیرم

گربه را روی دست‌ها بلند کرد و گفت:
ـ سوسن، بگو به‌عمو گلندام که می‌دانم نگرانی‌اش از چه بابت است. می‌ترسد از آن حرف‌ها که نباید زد، بزنم. بگو قول می‌دهد که از اوضاع و احوال ملک و مصلحت مملکت چیزی نگوید و پا را از بحث شعر و ادب آن طرف‌تر نگذارد.

مهر پدری

عاقبت روز معهود مهمانی رسید. تا باغ و سرای کلو فخرالدین فاصله زیاد بود. در راه صحبتمان به‌شایعات شهر دربارهٔ شاه شیخ و مقصد او کشید. بعضی عقیده داشتند که عازم لرستان شده است. بعضی می‌گفتند به‌توصیه و در معیت مشاور مورد اعتمادش، خواجه امین‌الدین جهرمی، که اموالی در اصفهان دارد، به‌آن شهر رفته است.
گفتم:
ـ شاه شیخ که گمان می‌کرد از اسباب بزرگی همه چیز دارد، از آنچه

نداشت، یعنی مشاوران دانای دلسوز، سخت غافل بود. در روز بلا نه حاجی قوام بود و نه وزیران باتجربه‌ای مثل عمیدالملک و کمال‌الدین بودند که راهنمائیش کنند. در نهایت تنها مشاورش همین خواجه امین‌الدین بود و بس.

شمس‌الدین گفت:

ـ کار خودخواهی‌اش به‌جائی کشیده بود که دیگر نصایح او را هم نمی‌پذیرفت. آن روزها که محاصرهٔ شهر به‌مرحلهٔ خطرناکی رسیده بود، حتی نزدیکانش جرأت نمی‌کردند واقعیت را به‌او بگویند. یکی از محارمش می‌گفت: سحرگاه یک شب باده‌نوشی، خواجه امین‌الدین او را به‌بهانهٔ تماشای صبح یک روز بهاری شیراز، به‌بام قصر برده است که وضع را ببیند و شاید دست به‌کاری بزند. اما شاه شیخ وقتی شهر را در محاصرهٔ لشکریان امیرمبارز دیده، سرخوش از بادهٔ شبانه فقط گفته است: نادان مردکی است این امیرمبارز که در این بهار طرب‌انگیز ما را و خود را از خوشدلی محروم می‌دارد. شنیدم حتی چند روز بعد که ورود سلطان فاتح به‌شهر را به‌او خبر داده‌اند، در حال مستی گفته است: مگر این مردک گران‌جان هنوز نرفته است؟

گفتم:

ـ موقع فرار از شهر هم به‌یقین مست بوده، چون می‌گویند پسر ده ساله‌اش، شاه علی را در شهر جاگذاشته، که حالاگزمه‌های حکومتی در جستجوی پناهگاهش هستند.

شمس‌الدین خطای مرا اصلاح کرد:

ـ امیرعلی سهل، نه شاه علی. این پسر عزیزکرده‌اش همان است که مولانا عبید در مدیحهٔ شاه شیخ از او اسم برده است:

ای دوش چرخ غاشیه گردان جاه تو   خورشید در حمایت پرّ کلاه تو

تو جان عالمی و علی سهل جان تو   تو در پناه خالق و او در پناه تو
گفتم:
- خود به‌خالق پناه برده ولی بچهٔ نور چشمش را بی‌پناه گذاشته است! مهر پدری را می‌بینی؟

شمس‌الدین با یادآوری ماجرای تأثرانگیز به‌جا ماندن طفل ده ساله سخت درهم رفت. انگار ابر سیاهی برچهره‌اش سایه انداخت. وقتی این طور در خود فرو می‌رود، من او را به‌حال خود می‌گذارم و صبر می‌کنم تا از سیر و سفرش در دنیای خیالاتش برگردد. معمولاً در این قبیل موارد، عاقبت طبیعت سرشار از نشاط جوانی‌اش غالب می‌شود و سلطهٔ غم دیری نمی‌پاید. ولی نزدیک باغ کلو فخرالدین رسیده بودیم. دلم باز به‌جوش و ولوله افتاده بود. هرچند شمس‌الدین عهد کرده و قول داده بود که در آن مجلس از بحث شعر و ادب فراتر نرود و زبان انتقاد و اعتراض برناروائی‌های پیش‌آمده را ببندد و ظاهراً مهمانان همه از نزدیکان و محارم شاه شیخ بودند، باز نگران خبرچین‌های حکومتی بودم. دهنهٔ مرکبش را گرفتم و متوقفش کردم:
- شمس‌الدین، قول و قرارت را که فراموش نکرده‌ای؟

بعد از آنکه لحظه‌ای مبهوت مرا نگاه کرد، به‌دنیای واقعیات برگشت. چهره‌اش شکفت. انگار ابرهای سیاه سایه‌افکن به‌آنی کنار رفتند و آسمان باز شد. چشم‌هایش مثل آفتاب بهاری سرکشیده از لای ابرها درخشید. پرسید:
- دِ نگفتی، کاکو! کدام قول را می‌گوئی؟
- قول باقی ماندن در دنیای خالص شعر و ادب و زبان درکشیدن.

دست روی چشم‌ها گذاشت و با خندهٔ شادمانه‌ای گفت:
- سمعاً و طاعتاً، ای گلندام گل‌افشان! نگران نباش، ای پیر دانا! پند

پیر خرد را مثل همیشه گوشوار گوش جان می‌کنم. اگر در این مجلس چیزی جز شعر و ادب از من شنیدی سرم را با سنگ بشکن! با اینکه من و او، با چند ماه فاصله همسالیم، دوست دارد به‌خصوص وقتی نصیحتش می‌کنم مرا پیر دانا یا پیر خرد بخواند.

این را گفت و بعد از خندهٔ صداداری، یک ساز خیالی را در بغل گرفت. فی‌البدیهه ترانه‌ای ساخت و با لحن شادی شروع به خواندن کرد:

الا ای پیر دانا ای گلندام   دهانت پسته و چشمانت بادام
اگر پندت نکردم گوشواره   حوالت کن سرم را سنگ خاره

و باز قهقههٔ خنده را سر داد. خنده‌هایش آنقدر از ته دل و شاد است که شنونده اگر خود او را نبیند گمان می‌کند از حلق پسربچهٔ ده دوازده ساله‌ای است. خنده‌ای است که تلخ‌ترین و عبوس‌ترین آدم‌ها را به‌وجد می‌آورد. این روحیهٔ شاد و طربناک، این عطیهٔ خداوندی، ریسمان نجاتی است که نمی‌گذارد شمس‌الدین با آن طبع لطیف و دل نازک در دریای غصه از ناملایمات غرق بشود.

ولی در آن لحظات من نگران‌تر از آن بودم که با او بخندم. مدتی است که در هرمجلسی و به‌هرمناسبتی که باشد، یکی از گوشه‌ای به‌وقایع روز اشاره‌ای می‌کند و حاضران دنبالش را می‌گیرند. هرکس چیزی می‌گوید و صحبت به‌مقایسهٔ آن پادشاه و این پادشاه می‌کشد. که مایه دست خوبی برای جاسوسان و خبرچینان همه جا حاضر، می‌شود.

مهمانانی که شمس‌الدین اسم برده بود کم و بیش می‌شناختم ولی از ضیافت‌های کلو فخرالدین و مهمانان ناخوانده و ناجور او هم بسیار شنیده بودم.

شمس‌الدین همچنان خندان، بازویم را گرفت و گفت:
ـ دِ نه، کاکو! آدم با این قیافهٔ عبوس و اخمو به‌مهمانی نمی‌رود. دیر نشده، بیا یک مرتبه باغ را دور بزنیم. گوش کن، این غزل را که آراسته و پیراسته‌اش را نشنیده‌ای برایت بخوانم، شاید اخمت را باز کند و بعد برویم.
و پیش از اینکه جوابی از من بشنود، عنان مرکبم را گرفت و به‌دنبال کشید. دو دانگ شروع به‌خواندن کرد:

گلبن عیش می‌دمد ساقی گلعذار کو
باد بهار می‌وزد بادهٔ خوشگوار کو

هر گل نو ز گلرخی یاد همی‌کند ولی
گوش سخن شنو کجا دیدهٔ اعتبار کو

مجلس بزم عیش را غالیهٔ مراد نیست
ای دم صبح خوش نفس نافهٔ زلف یار کو

حسن فروشی گلم نیست تحمّل ای صبا
دست زدم به‌خون دل بهر خدا نگار کو

خیز که شمع صبحدم لاف ز عارض تو زد
خصم زبان دراز شد خنجر آبدار کو

گفت مگر ز لعل من بوسه نداری آرزو
مُردم ازین هوس ولی قدرت و اختیار کو

حافظ اگرچه در سخن خازن گنج حکمت است
از غم روزگار دون طبع سخن گزار کو

✳

مهمانی کلو فخرالدین از حال و هوای گرفتهٔ شهر نشانی داشت. زیرا در حالیکه هوا در نهایت اعتدال بود، به‌جای برگذاری مجلس در

فضای پرگل و درخت باغ مثل معمول، سفره را به‌داخل عمارت برده بودند. وقتی وارد باغ شدیم غلامی که به‌استقبال ما آمد خبر داد که کلو فخرالدین در تالار حوضخانه منتظر ماست. سپس پیش افتادو ما را به‌طرف در بزرگ ساختمان هدایت کرد.

آهسته گفتم:

- حتی کلو فخرالدین بزرگ می‌ترسد سر و صدای مهمانی‌اش به‌بیرون برسد.

شمس‌الدین زیر لب گفت:

- در آستین مرقع پیاله پنهان کن

که همچو چشم صراحی زمانه خونریز است.

باج و خراج شاعر

غلام راهنما، جلو افتاده بود و ما به‌دنبالش می‌رفتیم. بعد از گذشتن از چند در، به‌سرسرای عریض و وسیعی قدم گذاشتیم. غلام دری را در انتهای سرسرا به‌ما نشان داد و خود، که ظاهراً از آنجا پیشتر نمی‌توانست بیاید، برگشت. چند قدم بیش برنداشته بودیم که آن در باز شد و کلو فخرالدین بیرون آمد. نمی‌دانم تصادفی بود یا ورود ما را به‌او خبر داده بودند. با قد کشیده و سر و ریش سفید و شولای بلند زربفت هیبت و جلالتی داشت. به‌استقبال ما پیش آمد. بعد از ابراز عنایتی به‌من، بازوی شمس‌الدین راگرفت و به‌عذر اینکه می‌خواهد چند کلمه با او تنها صحبت کند، دری راکه از آن بیرون آمده بود به‌من نشان داد و تعارف کرد که پیش دیگر مهمانان بروم و شمس‌الدین را به‌طرف باغ برگرداند.

من چند لحظه مردّد برجا ماندم. از درِ تالارکه نیمه‌باز مانده بود،

صدای گفتگوئی شنیدم که با کمی دقت صدای سرهنگِ سلطان و غانم شاعر را تشخیص دادم.

من هروقت به‌مهمانی کلو فخرالدین رفته‌ام سرهنگ را هم آنجا دیده‌ام. البته با صاحبخانه رابطهٔ خویشاوندی دارد. اما گمان می‌کنم علت عمدهٔ این حضور همیشگی، شکمبارگی و علاقهٔ او به‌سفره‌های رنگین کلو باشد. چون شوقی به‌تنها ماندن با سرهنگ و غانم نداشتم، همانجا در سرسرا منتظر برگشتن شمس‌الدین ماندم. از اینکه جز گفتگوی آن دو صدائی شنیده نمی‌شد تعجب کردم. ولی بعد دانستم که چند تن از مدعوین به‌ملاحظهٔ اوضاع جدید و شاید بی‌خبری از موقعیت تازهٔ میزبان، در آخرین لحظه عذر خواسته بودند. در مدت انتظارم در سرسرا، نخواسته، خرده‌گیری‌های بی‌گذشت دو مهمان نسبت به‌شاه شیخ را می‌شنیدم. دربارهٔ موجبات شکست و فرار پادشاه بحث می‌کردند. سرهنگ سلطان قتل چند تن از محترمین شیراز در روزهای محاصرهٔ شهر، را یکی از علل نارضائی مردم و گشودن دروازه‌های شهر به‌روی امیرمبارز می‌دانست و در جوابِ حملهٔ غانم، که او را به‌سکوت و تمکین در برابر خلافکاری‌های شاه شیخ متهم می‌کرد، صدای اعتراض بلند کرده بود:

ـ من جز گفتن و نصیحت کردن چه می‌توانستم بکنم؟ چقدر گفتم، چقدر نصیحت کردم که نکن، ای جوان، این افراد محترم مورد علاقهٔ مردم را نکش! اینها از تو بری می‌شوند، ولی کجا بود گوش شنوا؟

و غانم ورشکستگی مالی را سبب اصلی ضعف و شکست شاه شیخ می‌دانست. عقیده داشت که مخارج کمرشکن جنگ‌های مکرّر و هزینهٔ کاخی که شاه شیخ می‌خواست به‌تقلید طاق کسری بسازد و تمام مالیات فارس صرف آن می‌شد ـ بیشتر هواخواهانش را از

اطرافش پراکنده کرده بود.
سرهنگ سلطان خردهٔ دیگری برنظر او گرفت. ولخرجی‌های شاه، برای گرد آوردن هرچه بیشتر شاعران به‌تقلید سلطان محمود غزنوی، را علت اصلی تهی شدن خزانهٔ پادشاهی عنوان کرد.
صدای بگومگوی آنها هرلحظه بلندتر می‌شد. ولی در این موقع غلامی به‌جستجوی من آمد و خبر داد که اربابش مرا نیز به‌باغ احضار کرده است.
به‌دنبال خدمتکار به‌باغ رفتم. کلو فخرالدین و شمس‌الدین زیر درختان قدم می‌زدند. با رسیدن من کلو فخرالدین ایستاد و بی‌مقدمه گفت:
ـ حضرت گلندام، تو، که می‌گویند نزدیک‌ترین دوست و خویش غمخوار شمس‌الدین هستی، کمی نصیحتش کن که از دنیای خیال به‌زمانهٔ خودش برگردد.
کلو فخرالدین هم به‌زبان شمس‌الدین مرا، به‌جای محمد، گلندام خطاب می‌کرد. در جواب گفتم:
ـ اگر روشن‌تر بدانم که نصیحت در چه زمینه‌ای...
کلامم را برید:
ـ تو خودت شاعری و می‌دانی که امروز همهٔ شاعران دربار شاه شیخ به‌زیر سایهٔ امیرمبارزالدین رفته‌اند. در آن میان جای شمس‌الدین خالی است و مسلماً از نظر پنهان نمی‌ماند.
پرسیدم:
ـ آیا امیرمبارز او را به‌حضور خواسته است؟
جواب داد:
ـ نه، امیرمبارز امروز بزرگتر و مغرورتر از آن است که شاعری را

به‌حضور بخواهد. ولی متوقع است که همهٔ شاعران به‌حضورش بروند، که رفته‌اند. ولی به‌یقین جای خالی شمس‌الدین را که شهرتش به‌همه جا رسیده، می‌بینند. این، برای شمس‌الدین لطمهٔ کوچکی نیست. هرچه می‌گویم و پندش می‌دهم اثر نمی‌کند. می‌گوید من پیشتر شاه شیخ را مدح گفته‌ام. عذر بی‌بهائی است. همه آنهائی که امروز امیرمبارز را مدح می‌گویند تا چند ماه پیش مدّاح شاه شیخ بودند. هرکدام شاید صد قصیده در مدح او گفته‌اند.

سپس رو به‌شمس‌الدین کرد:

ـ تو مگر چند قصیده در مدح شاه شیخ داری؟

ـ یک قصیده.

کلو دستی به‌سینهٔ من زد و گفت:

ـ می‌شنوی، گلندام؟ فقط یک قصیده و لابد یکی دو غزل.

و دوباره خطاب به‌شمس‌الدین گفت:

ـ فرزند، مدح پادشاه وقت باج و خراجی است که هرشاعری باید به‌سلطان فاتح بپردازد. تو از این بابت خیلی بدهکاری!

شمس‌الدین گفت:

ـ بعضی‌ها هم این باج و خراج را نپرداخته‌اند. مگر مولانا عبید...؟

کلو فخرالدین به‌میان کلام او دوید:

ـ مولانا عبید را ول کن، شمس‌الدین! عبید زاکانی عمر خودش را کرده است. تو جوانی، تو در قدم اول حیاتت هستی. باید عمری در این شهر زندگی کنی. دیروز شاه شیخ را مدح گفته‌ای، چه مانعی دارد که امروز امیرمبارز را مدح بگوئی و فردا اگر لازم شد...

ـ حضرت کلو، من، خصوصاً در آن مدیحهٔ شاه شیخ ـ سپیده‌دم که صبا بوی لطف جان گیرد ـ اگر فراموش نکرده باشی، دشمن او را طعن

و لعن کرده‌ام. حالا اگر همین دشمن را مدح بگویم، چطور پیش دوستان از خجالت سر بلند کنم؟

کلو فخرالدین با لحن بی‌حوصله‌ای گفت:

ـ ای شمس‌الدین! ای فرزند! پیش کدام دوستان؟

شمس‌الدین متبسّم، دستی به‌سینهٔ خود زد و گفت:

ـ قبل از همه پیش این دوست، شمس‌الدین محمد حافظ شیرازی!

کلو فخرالدین گره برابرو انداخت:

ـ تو فکر نمی‌کنی که باید در این شهر نان بخوری؟ فکر نمی‌کنی که اختیار دارالکتب سلطانی، که آنقدر زحمتش را کشیدی و در نظرت عزیز بود، امروز در دست امیرمبارز است؟ تو دیر یا زود ناگزیر خواهی شد که مثل دیگران از اسب غرور پیاده بشوی و دست پیش امیر دراز کنی!

شمس‌الدین سری تکان داد و گفت:

ـ کدام دارالکتب، حضرت کلو؟ نمی‌دانی که به‌تشخیص مباشران نادان امیر نیمی از کتاب‌های دارالکتب نابود شده است؟ این رسوائی را کجا می‌شود برد که نسخه منحصر مثنوی معنوی جلال‌الدین رومی را شسته‌اند؟ از اینها گذشته به‌قول شیخ اجل:

مراست با همه عیب این هنر بحمدالله

که سر فرو نکند همتم به‌هرجائی

کلو فخرالدین سری تکان داد و گفت:

ـ شیخ اجل را بگذار کنار، پسرم! شیخ اجل صد سال پیش بود. دنیا عوض شده، در زمانهٔ خودت زندگی کن، حرف خودت را بزن!

ـ حرف خودم هم غیر از این نیست، حضرت کلو، که:

گرچه گردآلود فقرم شرم باد از همتم
گر به آب چشمه خورشید دامن تر کنم

کلو فخرالدین دست دور شانهٔ او انداخت و با لحن آشتی‌جویانه‌ای گفت:

ـ بعد در این باره بیشتر صحبت می‌کنیم. حالا شما پیش مهمان‌ها بروید. من می‌روم ببینم از سایر مهمان‌ها، به‌خصوص از حضرت عبید چه خبری شده است.

ما را به‌طرف ورودی حوض‌خانه هدایت کرد و خود به‌طرف دیگر رفت. من و شمس‌الدین دوباره پا به‌درون سرسرا گذاشتیم. صدای بلند بحث و جدل سرهنگ سلطان و غانم همچنان بلند بود. شمس‌الدین گوش تیز کرد و آهسته گفت:

ـ دِ نشنیدی، کاکو، این طرف هم همان آب و هواست. می‌بینی که از آن عناوین سلطان کامکار و شهنشاه جهان‌پناه و خسرو صاحبقران دیگر خبری نیست. بیشتر از عنوان «شاه شیخ» برایش مایه نمی‌گذارند.

گفتم:

ـ تا اینجا هم که ملایم آمده‌اند، برای این است که شاه شیخ در یک گوشه‌ای در قید حیات است. صبر کن تا ببینی چه خاک و خاکستری برگورش بریزند. به‌هرحال ما به‌مجلس شعر و ادب آمده‌ایم. همین و بس!

حاکمان در زمان معزولی

پا به‌درون حوض‌خانه گذاشتیم. تالار وسیع با فرش‌ها و پرده‌های گرانبها تزیین شده بود. سرهنگ سلطان و غانم در میان مخده‌های

ابریشمین رنگارنگ در شاه‌نشین تالار نشسته بودند. به‌محض ورود ما غانم به‌صدای بلند گفت:
ـ این هم استادان سخندان روشن‌روان، شمس‌الدین حافظ و محمد گلندام.
سرهنگ سلطان هم، که به‌زحمتی توانفرسا از جا بلند شده بود، گفت:
ـ به‌به! حافظ خوش‌لهجهٔ خوش‌آواز!
و با آغوش باز به‌طرف ما به‌راه افتاد. من و شمس‌الدین زیر چشم نگاهی مبادله کردیم که یک سینه سخن در آن نهفته بود. از جا برخاستن سرهنگ با بدن فربه و سنگین و این چنین خوشامدگوئی او، هردوی ما را به‌یاد دوران سیادت و قدرتش در دربار می‌انداخت. من تنها دو بار در معیت شمس‌الدین او را در بارگاه شاه شیخ دیده بودم. در آن ایامی که سرهنگِ واقعی سلطان و حاکم مطلق دربار بود. به‌عنوان رئیس جانداران شاه، ناز برفلک و حکم برستاره می‌کرد. آن زمان نه تنها به‌من، که حتی به‌شمس‌الدین حافظ، شاعر مورد علاقه و احترام پادشاه، طوری به‌چشم حقارت نگاه می‌کرد که انگار ما را در آفرینش زیادت می‌دید و لایق حیات نمی‌دانست. و حالا طوری به‌استقبال می‌آمد که انگار می‌خواست به‌پای ما بیفتد. شمس‌الدین را عاشقانه در آغوش فشرد. شمس‌الدین مرا هم به‌یاد او آورد و به‌برکت زوال قدرتش با من هم رفتاری انسانی کرد. غانم هم شمس‌الدین را در آغوش فشرد و شعری دربارهٔ شوق دیدار دوستان، از منوچهری دامغانی خواند.
خوانسالارِ کلو فخرالدین، که مردی خندان و خوشروست، تعارف کرد که دهنی شیرین و گلوئی تازه کنیم. سفره رنگینی را که آن طرف

تالار کنار حوضچه گسترده بود نشان داد. من، برای اینکه تا بازگشت کلو فخرالدین به‌تالار، شمس‌الدین را از جمع این دو تن و بحث آنها دور نگه دارم، از دعوتش حسن استقبال کردم و شمس‌الدین را هم به‌آن طرف کشاندم. سرهنگ و غانم به‌جای خود برگشتند و نشستند. ما نزدیک سفره که از طبق‌های انواع تنقلات و میوه‌های نوبر و قرابه‌های شربت پوشیده بود، رفتیم.

شمس‌الدین زیرلب گفت:

ـ شبلی و بایزید را دیدی، گلندام؟

کلام سعدی را به‌یاد من می‌آورد که:

حاکمان در زمان معزولی　　　همه شبلی و بایزید شوند

آهسته گفتم:

ـ شیخ اجل می‌فرماید: قحبهٔ پیر چه کند که توبه نکند از نابکاری و شحنهٔ معزول از مردم‌آزاری. ولی به‌قول خودت که گناه دگری برتو نخواهند نوشت. بیا دهنی شیرین کنیم.

شمس‌الدین سفرهٔ رنگین و قرابه‌های شربت را از نظر گذراند و زیر گوش من گفت:

ـ نگاه کن، از آن ام‌الخبائث که می‌ترسیدی باعث شر و فساد بشود خبری نیست. این هم سر سفرهٔ کلو تازگی دارد.

آهسته گفتم:

ـ مگر خودت نمی‌گفتی که درِ خانهٔ تزویر و ریا را گشوده‌اند. کلو فخرالدین هم به‌مناسبت اوضاع و احوال به‌یاد پرهیزکاری افتاده است و چه بهتر از این برای راحتی خیال من که...

کلامم را برید:

ـ دِ نفهمیدی، کاکو! مولانا عبید هم جزء مهمانان است. مگر مولانا

از وسائل طربش می‌گذرد.
حق با او بود. عبید کسی نبود که مجلسی را بی‌ساز و می و مطرب سر کند. من، برای اینکه شمس‌الدین هرچه دیرتر به‌سراغ دو مهمان حاضر که به‌بحث ادامه می‌دادند برود، کوشیدم سر سفره معطلش کنم. به‌این قصد، توجهش را به‌قاب رنگینک شیرازی جلب کردم. چون می‌دانم که این شیرینی مرکب از خرما و گردو و آرد تفته را بسیار دوست دارد.
خوشبختانه در این موقع صدای صاحبخانه را از بیرون تالار شنیدم که مولانا عبید را با عزّت و احترامی تمام وارد می‌کرد.
عبید عصازنان پا به‌درون تالار گذاشت. در اولین قدم، با نگاه تیز خود تالار و حاضران را از نظر گذراند و برجا لحظه‌ای توقف کرد. بعد چند قدم پیش آمد و بی‌اعتنا به‌تعارف و تملق غانم که او را خداوندگار سخن پارسی خطاب کرده بود، در برابر کلو فخرالدین و سرهنگ سر خم کرد و با چهرهٔ غمینی گفت:
ـ واقعهٔ مولمه را به‌شما عزیزان تسلیت می‌گویم.
و در حالیکه مخاطبین او با تعجب نگاهش می‌کردند، ادامه داد:
ـ از خداوند مسئلت دارم که با وجود آلودگی غریق رحمتش کند.
شمس‌الدین بدون اینکه منظور عبید را بداند، به‌صدای بلند آمینی گفت. کلو فخرالدین دستی زیر بازوی عبید انداخت و گفت:
ـ حضرت مولانا، از کدام واقعهٔ مولمه صحبت می‌فرمائی؟ ما در این روزها شکر خدا درگذشتی نداشته‌ایم.
ـ عجب! من گمان بردم که مولانا شیخ شرف‌الدین، خویش محترم شما، درگذشته است.
ـ خیر، بحمدالله حال شیخ رو به‌بهبود است.

عبید ابرو بالا برد و پرسید:

ـ پس این مجلس ترحیم را برای کی ترتیب داده‌اید؟ البته جلیل مرثیه‌خوان را در مجلس نمی‌بینم.

ـ مجلس ترحیم؟ منظور حضرت مولانا را...؟

ـ بله، مجلس بی‌ساز و مطرب را چه اسم می‌گذارید؟

صدای قهقههٔ شمس‌الدین که به‌هزار زحمت تا این موقع خنده را در گلو حبس کرده بود زیر طاق تالار طنین انداخت. طوری که دیگران، حتی سرهنگ سلطان عبوس هم نیشی به‌تبسم گشودند. کلو فخرالدین گفت:

ـ انگار حضرت مولانا در این مدتی که کمتر در شهر بوده از اوضاع و احوال شیراز و ناامنی شهر بی‌خبر مانده است که...

عبید به‌میان حرف او دوید:

ـ حضرت کلو، ناامنی حکایت تازه‌ای نیست. اگر بخواهیم برای لذت بردن از زندگی منتظر امن و امان بمانیم، عمر کوتاه عزیز را به‌هرزه تلف کرده‌ایم. در این سال‌های فتنه‌انگیز...

کلو فخرالدین هم به‌نوبه خود کلام او را قطع کرد:

ـ اگر اجازه بفرمائی، عرض خواهم کرد که نگذاشته‌ام عمر عزیز به‌هرزه تلف بشود. امروز نوکرهای ما همه شهر را دنبال مطرب زیر پا گذاشته‌اند. هرچه مطرب بوده از ترس بگیر و ببند داروغهٔ جدید، پنهان شده‌اند. این روزها حتی اوباش شهر به‌تنزیه جامعه پرداخته‌اند. چند تن از نوازندگان و خوانندگان را کتک زده و حتی گوش بریده‌اند...

عبید باز طاقت نیاورد که تا آخر بشنود. گفت:

ـ پس در ضیافت امروز شما به‌قول شاعر: جز آب چشم و کباب جگر مهیا نیست!

ـ چرا جز آن هم هست. اگر حوصله بفرمائی عرض می‌کنم که به‌زحمتی یک بربط زن پیدا کرده‌ایم که دو روز از ترس جان، گرسنه و تشنه در بیغوله‌ای پنهان بوده و حالا در مطبخ مشغول تجدید قواست.

سرهنگ سلطان به‌میان صحبت آمد و با چهرهٔ درهم رفته گفت:

ـ در این اوضاع و احوال شاید بهتر باشد دوستان هم از ساز و مطرب بگذرند. خود حضرت مولانا در این باب...

عبید بدون اینکه او را نگاه کند، کلامش را برید:

ـ حضرت سرهنگ، مهمانی بی‌ساز و مطرب دیگر مهمانی نیست. اطعام و انعام است که اگر تو را راضی می‌کند، به‌دل ما نمی‌چسبد. در مثل مناقشه نیست. شیخ اجل می‌فرماید... می‌فرماید...

و پس از لحظه‌ای مکث رو به‌شمس‌الدین کرد:

ـ بگو، چه بود آن کلام شیخ که صحبت از حال و احوال مجلس مهمانی بی‌ساز و مطرب می‌کرد؟

عبید در مجلس مهمانی که شمس‌الدین هم باشد، غالباً از حافظهٔ خارق‌العادهٔ او کمک می‌گیرد. ولی در مواردی هم پیداست که مراجعهٔ او به‌شمس‌الدین ربطی به‌فراموشی ندارد. بلکه به‌شیوهٔ خاص خود عمد دارد که توجه مجلسیان را به‌سخن یا ادعای سخیف یا مضحک کسی جلب کند. از آن طرف، شمس‌الدین هم آمادگی دارد که به‌سؤال او با حضور ذهن جواب بدهد. زیرا برایش فرصتی است که در طنز و ریشخند افراد بی‌مایه و پرمدعا مشارکت کند. و من همیشه نگران این گونه سؤال و جواب‌های دشمن‌تراش آنها هستم. اما غانم، که هیچ فرصتی را برای نمایش معلومات خود فرو نمی‌گذارد، به‌شمس‌الدین فرصت جواب نداد. گفت:

ـ منوچهری دامغانی در این باب می‌فرماید: زده به‌بزم تو

رامشگران...
عبید نگذاشت کلامش را دنبال کند. با کلمات شمرده گفت:
ـ حضرت غانم عزیز، منوچهری دامغانی را می‌شناسم. ولی از سعدی شیرازی پرسیدم. از دامغان تا شیراز هزار فرسنگ راه است! بگو شمس‌الدین!
غانم چهره درهم کشید. و شمس‌الدین که آمادهٔ خنده با هرکلام عبید است، به‌زحمت خنده را فرو خورد و جوابی داد که احتمالاً بیش از انتظار عبید بود:

اشتر به‌شعر عرب در حالت است و طرب   گر ذوق نیست تو را کج‌طبع جانوری

سرهنگ که نیش جواب را متوجه خود می‌دید، سخت چهره درهم کشید. ولی عبید دست برنداشت. خنده در نگاه گفت:
ـ بله، درست است. اما منظورم آن بیتی بود که...
این، دعوت از شمس‌الدین به‌سخت‌ترکوبیدن بود. که، همچنان با قیافهٔ معصوم، گفت:

شتر را چو شور طرب در سر است   اگر آدمی را نباشد خر است

شادی و شکفتگی غانم و تنگ‌خلقی سرهنگ آشکار بود. شمس‌الدین با هوشمندی سعی در مرمت کرد و بلافاصله گفت:
ـ البته حضرت مولانا توجه دارد که شرح احوالِ آدمیان بی‌بهره از ذوق طرب، ربطی به‌سرهنگ سلطان ندارد زیرا که حضرتش فقط به‌خاطر اوضاع غیرعادی شهر است که می‌خواهد دندان روی جگر بگذارد و خود را از ساز و مطرب محروم کند.
نیّت طنز و تسخر در این کوشش برای مرمت هم آشکار بود. ولی گرفتگی سرهنگ را برطرف کرد. صاحبخانه برای پایان دادن به‌بحث

در این باب، گفت:
- تا کمی کباب نوش جان کنید، مطرب هم می‌رسد.
عبید، خندان گفت:
- به‌خاطر حضرت غانم، از منوچهری دامغانی می‌گویم که فرمود:

مــا مــرد کــبابیم و شــرابــیم و ربابیم
خوشا که کبابست و شرابست و ربابست

در این موقع چشم عبید به‌حرکت سرهنگ سلطان افتاد که با خشونت متظاهری دست خوانسالار را که جامی به‌او تعارف کرده بود، پس زد. با خنده گفت:
- حضرت سرهنگ تو هم مثل شاهنشاه جم اقتدار جام و قدح شکسته‌ای یا می‌ترسی خبر به‌او برسد؟
سرهنگ با لحن تعرض گفت:
- من کی باده‌گساری کرده‌ام که امروز ترک کرده باشم، حضرت مولانا؟
عبید باز خنده کرد و گفت:
- تا آنجا که من به‌یادم می‌آید:

ترک سرمستم که ساغر مـی‌گرفت   عالمی در شور و در شر می‌گرفت

سرهنگ سپر انداخت:
- اگر ندرتاً اتفاق افتاده برای اطاعت امر پادشاه بوده است.
عبید سری تکان داد و رو به‌شمس‌الدین کرد:
- شیخ اجل هم در این باب حکمی کرده، شمس‌الدین.
شمس‌الدین که مجذوب و مفتون کلام مولانا بود، تا به‌خود آمد که چیزی بگوید، غانم فرصت نداد:
- در ایـن بـاب مـنوچهری دامـغانی قطعه‌ای دارد. می‌فرماید:

خیزید...

انگار بیتی را که قصد کرده بود بخواند به یاد نیاورد. عبید وقتی مکث او را دید، خندان گفت:

ـ خیزید و خز آرید که هنگام خزانست... اگر این را می‌خواهی بخوانی، باید چند ماهی صبر کنی، حضرت غانم.

طنز گزندهٔ عبید

عبید همیشه با ظاهر آرام و لحن جدی آدم‌های کم‌مایهٔ پرمدعا را به باد طنز و تسخر می‌گیرد و خود هیچ نمی‌خندد. اما شمس‌الدین که در این موارد قادر به خویشتن‌داری نیست، قهقههٔ خنده سر می‌دهد و بغض و خصومت زخم خوردگان زبان مولانا را نسبت به خود برمی‌انگیزد. از این بابت من همیشه نگران حضور آن دو در جمع هستم.

قهقههٔ شمس‌الدین که همه را به خنده انداخت، به غانم گران آمد. نگاه تندی به او کرد که از نظر عبید پنهان نماند. بر سبیل دلجوئی او، به لحن ملاطفت گفت:

ـ اما، حضرت امیرالشعرا غانم هیچ از احوالش و اشعار تازه‌اش چیزی به ما نگفت.

پیش از اینکه غانم جوابی بدهد، کلامش را پی گرفت:

ـ وقتی از راه رسیدیم صدای بگومگوتان بلند بود. انگار با سرهنگ سلطان جدلی داشتید، حضرت غانم؟

اخم غانم باز شد. موقع را برای گرفتن انتقام از معارض خود مغتنم شمرد. گفت:

ـ باید از سرهنگ خواست که آنچه را دربارهٔ صله‌های شاه شیخ

به‌شعرا و ارباب ادب می‌فرمود، در حضور مولانا تکرار کند.

این نکته هم شنیدنی است که سرهنگ و غانم، که در تقریباً تمام مهمانی‌های بزرگان حضور دارند، مدام در حال جدال و نزاع هستند. عبید و شمس‌الدین این جدال دائمی آنها را برای تفریح و خنده غنیمت می‌شمارند.

سرهنگ سلطان که گوئی نمی‌خواست خود را هدف نیش‌های گزندهٔ عبید قرار دهد، با لحن اعتراض گفت:

ـ منظور من صله‌های شعرا نبود. صحبت از آنهائی بود که برای استفاده از بذل و بخشش‌های بی‌رویهٔ شاه شیخ هرکار خطایش را ستایش می‌کردند.

عبید که درواقع دل پری از بیهوده‌گوئی‌های هردو داشت، نخواست فرصت تأدیب آنها را از دست بدهد. آتش را زیرکانه تاباند. گفت:

ـ حضرت غانم، می‌بینی که منظور سرهنگ سلطان آنهائی است که مثل ظهیر، برسبیل تملق، نُه کرسی آسمان را زیر پای اندیشه برای بوسه زدن بررکاب قزل ارسلان می‌گذارند. وضع تو فرق می‌کند.

طنز و طعنهٔ عبید آشکار بود. زیرا غانم از آنهائی است که صد و نه کرسی فلک را زیر پای اندیشه می‌گذارند که بوسه بررکاب که سهل است، برسُم اسب پادشاه بزنند. شمس‌الدین دنبالهٔ سخن عبید را گرفت:

ـ البته که وضع غانم فرق می‌کند. مدایح غانم تملق نیست. روی اعتقاد و علاقه قلبی به‌صفات شاه شیخ سروده شده است.

این کلام آخر، کاردی بود که به‌جگر غانم زخم می‌زد. زیرا هیچ مایل نیست در چنین اوضاعی در میان جمع به‌اعتقادش به‌شاه فراری

مهر تأیید زده شود. گره برابرو انداخت و گفت:

ـ درواقع مسئلهٔ اعتقاد هم نبوده. هنر شعر و صنایع شعری ربطی به‌اعتقاد قلبی ندارد.

عبید که از این تأدیب مشعوف به‌نظر می‌رسید، گفت:

ـ به‌هرحال، نه تنها سرهنگ سلطان که هیچکس به‌شعردوستی و شاعرپروری شاهان نمی‌تواند ایرادی داشته باشد. دست بخشندهٔ آنها مایهٔ رونق زبان و ادب فارسی است. ولی در نهایت بُرد با آنهاست که با مدایح شاعر آوازه و شهرتشان به‌آفاق می‌رود و اسمشان برای همیشه در جهان ماندگار می‌شود. اگر سعدی نبود، امروز نام اتابک ابوبکربن سعد زنگی زیر خروارها خاک گذشت زمان دفن شده بود و کسی به‌یادش نمی‌آورد. بگو، شمس‌الدین! بگو شیخ اجل در این باره چه می‌گوید. آنجاکه صحبت بُرد آنها و غبن هنرمند است!

شمس‌الدین تبسم برلب گفت، می‌فرماید:

صد گنج شایگان به‌بهای جُوی هنر

منّت برآنکه می‌دهد و حیف برمنست

سرهنگ سلطان وقت را برای تبری بیشتر از شاه شیخ فرصت شمرد:

ـ این بذل و بخشش‌ها خطای کوچکش بود. آن قصر ساختن به‌تقلید کاخ کسری، آن لشکرکشی‌های بی‌حاصل خانه خراب‌کن، آن قتل‌های بی‌علت، آن بی‌اعتمادی به‌مردم شیراز...

عبید کلام او را برید:

ـ حضرت سرهنگ، این ناروائی‌ها را کم و بیش همه می‌دانند. اما این ملامت امروزی حضرتت، مرا به‌یاد حکایت آن همشهری‌ام می‌اندازد که دختری را عقد کرد. شب اول دید بکر نیست. به‌حاجتی

از اطاق بیرون رفت. وقتی باز آمد عروس را دید که با سوزن گوش خود را سوراخ می‌کند. گفت: ای خاتون، این که در خانهٔ پدر بایست کرد اینجا می‌کنی و آنچه اینجا می‌باید کرد در خانهٔ پدر کرده‌ای! فکر نمی‌فرمائی، سرهنگ عزیز، که ملامتی را که حالا و اینجا می‌کنی، بهتر بود آن موقع و آنجا، به خود شاه شیخ می‌کردی؟

سرهنگ به اعتراض گفت:

ـ چقدر باید می‌گفتم؟ به هزار زبان گفتم. چقدر نصیحت و دلالتش کردم که جوان، نکن! دسترنج مردم بیچاره را خرج جنگ و جهانگیری نکن! همه را از خودت نرنجان! امیر سیدحاجی صراف را نکش! خون حاجی قاسم بزرگ محلهٔ باغ نو را بی‌جهت نریز! ولی کجا بود گوش شنوا؟ چقدر من غصهٔ این کارهای زشتش را خوردم، حضرت مولانا!

عبید سری تکان داد و به لحنی متظاهر به دلسوزی که طعن و طنزی در نهان داشت گفت:

ـ غصهٔ زیاد خوردن هم فایده ندارد. علاوه بر اینکه برای سلامت تن مضر است.

شمس‌الدین که خنده را در گلو حبس کرده بود و زیر نگاه مراقب من می‌کوشید دخالت نکند، زیرلب گفت:

ـ گوشت تنش را همین غصه خوردن آب کرده! ازو مانده بر استخوان پوستی!

غانم برای حمله به سرهنگ و نقیض‌گوئی خیز برداشته بود ولی فرصت نکرد چیزی بگوید. زیرا که کلو فخرالدین، رو به دری که نیمه‌باز شده بود، گفت:

ـ بفرما، استاد سلیمان!

بربط‌زن که مرد میان‌سال ضعیف‌الجثه‌ای بود، قدم به تالار

گذاشت. با خضوع به‌حاضران سلام گفت. شمس‌الدین پیش پای او بلند شد و من از او پیروی کردم. ناگزیر غانم و پس از او سرهنگ هم به‌خود تکانی دادند. کلو فخرالدین به‌مطرب جائی تعارف کرد. سپس با خنده گفت:

ـ استاد سلیمان را که از آزار اوباش در بیغوله‌ای پنهان شده بود، به‌زحمت پیدا کردیم. از داخل عودش اگر مار و موری بیرون پرید نترسید. چون آن را دو سه روزی در توبره زیر خس و خاشاکِ بیغوله پنهان کرده است.

عبید گفت:

ـ چه بود، شمس‌الدین، فرمودهٔ شیخ دربارهٔ برخورد هنرمند با اوباش

و خود بلافاصله کلامش را پی گرفت:

می‌فرماید:

گر هنرمند از اوباش جفائی بیند
تا دل خویش نیازارد و درهم نشود
سنگ بدگوهر اگر کاسهٔ زرین بشکست
قیمت سنگ نیفزاید و زر کم نشود

سلیمان سری به‌امتنان فرود آورد. شمس‌الدین با نگاه مشتاقی به‌ساز از زیر خس و خاشاک درآمدهٔ او ـ که به‌یقین ساز خودش را به‌یادش می‌آورد ـ چشم دوخته بود. عود شمس‌الدین را مادرش، از ترس بی‌احتیاطی او در این ایام منع موسیقی، قبل از رفتن، در صندوقخانه حبس و قفل کرده است.

نوازنده آرام آرام شروع به‌نواختن کرد.

غانم که نمی‌خواست فرصت تأدیب سرهنگ به‌وسیلهٔ عبید را از

دست بدهد، موضوعِ صحبتِ قبلی را دنبال کرد:

ـ صحبت از نصیحت و دلالت سرهنگ سلطان به‌شاه شیخ بود.

عبید خندید و گفت:

ـ شیخ اجل می‌فرماید:

نصیحت گوی را از ما بگو ای خواجه دم درکش

که سیل از سر گذشت آن را که می‌ترسانی از باران

بعد، برای اینکه به‌بحث خاتمه بدهد، رو به‌صاحبخانه کرد:

ـ حضرت کلو، بقیهٔ مهمانان چه شدند؟ شاعرانی که گفتی دعوتشان کرده‌ای؟

کلو فخرالدین جواب داد:

ـ میر و صبا و عاشق عذر خواسته‌اند. ولی جهان ملک خاتون می‌آید. شاید با کمی تأخیر بیاید. امروز جمعی از اوباش، به‌خیال اینکه امیرعلی سهل، پسر شاه شیخ پیش او پنهان شده، به‌خانه‌اش هجوم برده‌اند. ولی داروغه کلو ناصرالدین عمر به‌موقع خبر شده و رفع مزاحمت آنها را کرده است.

سرهنگ سلطان دخالت کرد:

ـ به‌شوق پاداشی که داروغه برای پیدا کردن امیرعلی سهل معین کرده، عملهٔ شحنه و اوباش مردم را به‌ستوه آورده‌اند. وقت و بی‌وقت به‌حریم خانه مردم تجاوز می‌کنند. باید کسی به‌عرض سلطان برساند که موضوع این پسربچهٔ بی‌معنی وسیلهٔ مزاحمت مردم شده است.

عبید با لحنی رندانه گفت:

ـ این پسربچهٔ بی‌معنی یک وقتی بسیار پرمعنی بود، حضرت سرهنگ!

و بلافاصله رو به‌شمس‌الدین کرد:

ـ تو امیرعلی سهل را دیده بودی؟

به‌این نوع سؤال و جواب عبید و شمس‌الدین که برای انگشت گذاشتن بردوروئی‌هاست، آشنائی دارم. شمس‌الدین با قیافه جدی جواب داد:

ـ دو سه دفعه درکاخ سلطانی دیده بودم. آخرین دفعه‌ای که دیدمش، سرهنگ با محبتی پدرانه روی دوش سوارش کرده بود و دور باغ می‌گرداند.

غانم از فرصت استفاده کرد و گفت:

ـ من هم این سوار شدنش را روی دوش سرهنگ دیده بودم. آخر، این بچه از اسب‌سواری می‌ترسید. دوست داشت روی دوش سرهنگ سوار بشود.

عبید، برای اینکه به‌سرهنگ ـ که سعی می‌کرد لقمهٔ در دهن را برای پاسخگوئی فرو بدهد ـ فرصتی نگذارد، پرسید:

ـ جهان ملک خاتون را چطور؟ باید این شاعرهٔ لطیف طبع را بشناسی؟

شمس‌الدین جواب داد:

ـ سال پیش یک روز که در خدمت مولانا به‌مجلس شاه شیخ رفته بودیم، صدایش را از پس پرده شنیدم.

عبید گفت:

ـ من هم بعد از آن دیگر او را ندیدم. به‌اجبار شوهرش دادند و شوهر دیگر به‌او اجازهٔ شرکت در مجلس شعر و ادب نداد. حالا چون مطلقه شده می‌توانیم از مصاحبتش، به‌لطف کلو فخرالدین، برخوردار بشویم. اما انصافاً از گناهان گوناگونی که دوستان به‌شاه شیخ نسبت دادند، به‌چشم من نابخشودنی‌تر از همه این بود که جهان خاتون

نوجوان را به‌همسری خواجه امین‌الدین جهرمی، وزیر و ندیمش، که مسن‌تر از پدر مرحوم دختر است، مجبور کرد. بگو، شمس‌الدین، چه فرموده بود شیخ اجل از زن جوان و شوهر پیر؟

شمس‌الدین بی‌تأمل جواب داد:

ـ می‌فرماید: زن جوان را تیری در پهلو نشیند به که پیری.

کلو فخرالدین گفت:

ـ جهان خاتون به‌امین‌الدین، که بعد از فرار از شیراز، بوسیله قاصد نظر او را خواسته، با یک بیت سعدی جواب داده است:

دست از دامنم نمی‌دارند   خاک شیراز و آب رکناباد

امین‌الدین هم طلاق‌نامهٔ او را فرستاده است.

عبید گفت:

ـ اگر شیخ حسن کوچک هم مشکل پهلونشینی زن جوان را به‌موقع فهمیده و طلاق‌نامهٔ زنش را به‌موقع فرستاده بود، آن رسوائی بدعاقبت پیش نمی‌آمد.

اشارهٔ مولانا به‌ماجرای چند سال پیش بود که حکایتش به‌همه جا رسیده بود. شیخ حسن چوپانی، معروف به‌شیخ حسن کوچک، سلطان قدرتمند آذربایجان و گرجستان و عراق عجم ـ که از قضا عموی ما در جهان خاتون بود ـ یکی از سردارانش را به‌زندان انداخت. عزّت ملک خاتون، زن جوان شیخ حسن که پنهانی با این سردار روابط عاشقانه داشت، به‌گمان اینکه شوهرش از روابط نامشروع آنها مطلع شده، به‌جان خود ترسید. دو سه زن خدمتکار را با خود همدست کرد. یک شب وقتی شیخ حسن خواب بود، به‌اتفاق برسر او ریختند و بیضه‌هایش را آنقدر فشردند که امیر قهّار جان سپرد. البته وقتی موضوع فاش شد، امرا و درباریان عزّت ملک خاتون را

کشتند.
عبید میوه‌ای در دهان گذاشت و دنبالهٔ کلامش را گرفت:
ـ می‌دانید که دربارهٔ این واقعه شاعران شعرها گفته‌اند. از جمله کلام سلمان ساوجی است که می‌گوید:

ز هجرت نبوی رفته هفتصد و چل و چار
در آخــــر رجب افــتاد اتــفاق حســن
زنــی چگــونه زنــی خیر خیّرات حَســان
بــه‌زور بازوی خود خصیتین شیخ حسن
گرفت محکم و می‌داشت تا بمرد و برفت
زهی خجسته زنی خایه‌دار و مــردافکــن

غانم با اشاره‌ای مرا به چهرهٔ درهم رفتهٔ سرهنگ توجه داد و آهسته گفت:
ـ فهمیده که مولانا به او گوشه می‌زند. آخر، چند روز پیش دختر پانزده ساله‌ای را عقد کرده است.
نمی‌دانم چقدر درست می‌گفت و آیا عبید واقعاً نظری به سرهنگ و زن خردسالش داشت یا نه ولی به‌هرحال برای غانم مایهٔ شادمانی بود.

مهمان عزیز

در این موقع کلو فخرالدین را به‌خارج تالار خواندند. رفت و چند لحظه بعد مهمان گرامی‌اش، جهان ملک خاتون را وارد کرد.
این چنین ورود یک زن به‌مجلس مردانه برای من تازگی داشت. زیرا اختلاط زن و مرد را جز در مجلس محارم خانوادگی ندیده بودم. البته جهان خاتون از دری که در کنج تالار، ظاهراً به‌اندرون باز می‌شد،

وارد شده بود و در همان کنج، در پس یک پردهٔ تور که برایش آماده کرده بودند، نشست.

عبید با بیتی از سعدی به‌او خوشامد گفت:

کس در نیامدست بدین خوبی از دری

دیگر نیاورد چو تو فرزند مادری

مولانا عبید با جهان خاتون سابقهٔ آشنائی دارد. قبل از ازدواج نامتناسب و اجباری او با خواجه امین‌الدین، در مجلس شاه شیخ با هم مشاعره و مناظره داشته‌اند.

نگاهی به‌شمس‌الدین انداختم. دیدمش ساکت و بی‌حرکت، انگار همهٔ وجودش چشم شده و به‌زن جوان که تورگلرنگی برسر داشت، دوخته بود.

غانم هم که از اولین لحظه به‌مهمان تازه خیره شده بود برای اینکه در خوشامدگوئی از عبید عقب نمانده باشد، گفت:

ـ به‌قول منوچهری دامغانی:

آن کس که نباید، برِ ما زودتر آید تو دیرتر آیی به‌برِ ما که بیایی

سرهنگ سلطان که هیچ فرصتی را برای نیش زدن به‌غانم از دست نمی‌دهد، گفت:

ـ تو وقتی شعر می‌خوانی باید یک ترجمانی هم همراه بیاوری که شعرت را از زبان دامغانی به‌فارسی ترجمه کند!

غانم گردن برافراشت که به‌او جواب بدهد. ولی شمس‌الدین، به‌تعصب زبان فارسی، براو پیشی گرفت:

ـ نه حضرت سرهنگ، این بیتی که غانم از منوچهری خواند، از قضا، احتیاج به‌ترجمان ندارد چون به‌فارسی دری خالص است.

و عبید اضافه کرد:

ـ که در میان عربی‌بازی‌های استاد منوچهری، بیتی مشخص و فاخر است.

چهرهٔ غانم باز شد. در مقابل، سرهنگ نگاه تندی به‌شمس‌الدین انداخت. عبید برای اینکه سرهنگ و غانم را از گفتگوی تازه‌ای مانع شود، گفت:

ـ یا باز به‌قول شیخ اجل:

تو از هردر که بازآیی بدین خوبی و زیبایی

دری باشد که از رحمت به‌روی خلق بگشایی

جهان خاتون با صدای آرام گوش‌نوازی گفت:

ـ بسیار ممنونم، حضرت مولانا. ولی این حضور شما شاعران گرامی است که درِ رحمت را بروی من می‌گشاید.

غانم که درواقع کسی را جز خودش شایستهٔ عنوان شاعر نمی‌شناسد، تعارف زن جوان را به‌خصوص خطاب به‌خود دانست. و برای دلبری از او خیز برداشت. از پر شال خود تکه کاغذی بیرون آورد گفت:

ـ از قضا، من با الهام از همین بیت غزلی ساخته‌ام که هروقت اجازه بفرمائی...

غانم قصیده‌سراست و قصیده‌اش، که تکرار اوزان و الفاظ و اصطلاحات گذشتگان است تا حدی قابل تحمل است. ولی غزل‌هایش باعث آبروریزی غزل فارسی و مایهٔ تمسخر اهل ادب است. متأسفانه خودش این واقعیت را نمی‌فهمد. یکی از کسانی که برای خنده و تفریح، او را در مجالس و محافل به‌خواندن غزل‌هایش تشویق می‌کنند، شمس‌الدین است.

اینجا هم منتظر نماند که غانم کلامش را به‌پایان ببرد. با قیافهٔ جدی

و هیجان ظاهری به‌استقبال رفت:
ـ آفرین، درود برغانم. سراپا گوشیم، بفرما، حضرت امیرالشعرا!
عبید، که با این شیوهٔ شیطنت شمس‌الدین برای خنده، آشنائی دارد، به‌لحن ظاهراً ملامت گفت:
ـ چرا عجله می‌کنید؟ فرصت شعر خواندن زیاد است. صبر کنید خاتون گرامی عرق راهش خشک شود.
به‌دنبال این پرخاش عبید چند لحظه سکوت برقرار شد. پس از آن جهان خاتون لب به‌سخن گشود:
ـ حضرت مولانا، من مدت‌هاست که در را به‌روی خودم بسته بودم و هیچ جا نمی‌رفتم. به‌قول شیخ اجل:

گـفتم بـه‌گـوشه‌ای بـنشینم ولی دلم
ننشیند از کشیدن خاطر به‌سوی دوست

بـعد از ماه‌ها اولین بار است که دوباره نـغمهٔ ساز مـی‌شنوم. امیرمبارزالدین شیراز پرقول و غزل ما را به‌ماتمکده‌ای مبدل کرده است. امروز به کرم عمو فخرالدین، پا به‌بوستان بهشت گذاشته‌ام که سعادت دیدار شما سالاران سخن را پیدا کرده‌ام.
جهان خاتون کلو فخرالدین را ـ شاید به‌عادت شاه شیخ ـ عـمو فخرالدین خطاب می‌کرد. این اظهار لطف او خطاب به‌شاعران حاضر بود. ولی سرهنگ سلطان، که شاید لفظ «سالار» را گرفته بود، خود را مشمول این ابراز لطف دانست. سبیلی تاباند و گفت:
ـ سعادت سالاران است که به‌حضور خاتون گرامی مفتخر و مباهی باشند. درواقع اگر سالاری...
غانم که نتوانسته بود با خواندن شعرش خودی بنمایاند و نمی‌خواست عرصه را ترک کند، شمشیر تملق را از نیام کشید و

به‌میان صحبت سرهنگ دوید:

ـ امروز که دولت دیدار بزرگ‌ترین شاعرهٔ عصر نصیب ما شده، می‌خواهیم از حضورش تمنا کنیم آن غزلش را که امروز تا روم و ری همه جا می‌خوانند و تحسین می‌کنند، برای ما بخواند. آن غزل ناب با مطلع:

ای مثل چشم مستت چشم فلک ندیده

نقش خیال رویت برلوح جان کشیده

من نگاهی به‌سوی شمس‌الدین افکندم که عکس‌العمل او را در مقابل این خودنمائی تملق‌آمیز غانم ببینم. دوست من در حالیکه همچنان چشم به‌زن جوان دوخته بود، پیشنهاد غانم را با شعف آشکار تأیید کرد.

جهان خاتون در مقابل این تملق و تمنای غانم سری تکان داد و گفت:

ـ جائی که بتوان شعر مولانا عبید و شمس‌الدین حافظ را شنید، شعر خواندن من ترک ادبست. این غزل را هم که یاد کردی، من به‌استقبال غزل شمس‌الدین حافظ ساخته‌ام. آن که می‌گوید:

دامن کشان همی شد در شرب زر کشیده

صد ماهرو زرشکش جیب قصب دریده

باز نگاهی به‌شمس‌الدین انداختم. چهره‌اش شکفت. تبسمی از رضایت برلب‌هایش نقش بست. دهن باز کرد که چیزی بگوید. اما غانم به‌او مهلت نداد. گفت:

ـ مولانا عبید و شمس‌الدین و دیگران هم از خاتون گرامی همین تمنا را دارند.

عبید که آهسته با فخرالدین صحبت می‌کرد، تا اسم خود را شنید،

سربلند کرد:
- از عبید چه فرمودی، حضرت غانم؟
سرهنگ به‌میان صحبت پرید و گفت:
- غانم امروز وکیل و وصی همه شده، به کسی فرصت نمی‌دهد که یک کلمه جا کند.
ولی جهان خاتون به‌طوری که انگار این مکالمه را نشنیده، دنباله کلام پیشین خود را گرفت:
- من به‌اشتیاق و تمنای شنیدن شعر حافظ اینجا آمده‌ام. کجائی شمس‌الدین؟ چرا زبان درکشیده‌ای؟ چرا چیزی نمی‌گوئی؟
شمس‌الدین تبسم برلب، به‌جای جواب، بیتی از سعدی خواند:

عجب است با وجودت که وجود من بماند

تو به‌گفتن اندر آئی و مرا سخن بماند

غانم که به‌هیچ عنوان نمی‌خواست میدان دلبری را ترک کند، به‌میان صحبت آنها دوید و گفت:
- منوچهری دامغانی می‌فرماید: ای لعبت حصاری...
سرهنگ با لحن تندی کلام او را قطع کرد:
- وقتی خاتون گرامی جوابت را داد، دیگر پای دامغانی و سمنانی به‌میان کشیدن بی‌ادبی است. وانگهی با حضور مولانا عبید خیال نمی‌کنم جای دخالت تو باشد، حضرت غانم!
غانم سرخورده با لحن خشم‌آلودی جواب داد:
- اینجا میدان جنگ هم نیست که جای دخالت تو باشد. هرچند آنجا هم جنگاوری‌ات را در دفاع از ولی نعمتت دیدیم!
عبید سر خود را به‌خوردن میوه گرم کرده بود. شمس‌الدین که منتظر این بگومگوها برای خنده است، با نگاه علاقه‌مند طرفین را

به‌ادامهٔ مشاجره تشویق می‌کرد. ولی کلو فخرالدین دخالت کرد. و مثل همیشه که حق را به‌هردو طرف دعوا می‌دهد، گفت:

ـ حضرت غانم نظری دارد، سرهنگ هم ملاحظاتی، ولی شاید بهتر باشد بگذارید خاتون گرامی راحت باشد. هرطور خواست باشد، هرچه میل داشت بخورد و هروقت خواست شعر بخواند.

جهان خاتون که پیدا بود از پرحرفی غانم و سرهنگ و خاموشی شمس‌الدین به‌تنگ آمده گفت:

ـ من برای شعر خواندن نیامده‌ام. برای شعر شنیدن آمده‌ام. آمده‌ام شعر شمس‌الدین حافظ را که از دیگران شنیده‌ام از زبان خودش بشنوم.

و بعد، برای اینکه دیگر به‌غانم که دهن بازکرده بود، فرصت چون و چرا ندهد، افزود:

ـ ساز این استاد گرامی در مقام عشاق، التماس غزل دارد.

حضور جهان خاتون و سر و صدای گفتگو نغمهٔ ملایم بربط را از یاد برده بود. نوازنده که حاضران را به‌نام نمی‌شناخت، با شنیدن اسم شمس‌الدین حافظ و دنبال کردن سیر نگاه‌ها، انگار ناگهان او را شناخت. با هیجان سری در مقابل او فرود آورد و با حرارت بیشتری به‌نواختن نغمهٔ دلنشینی که آغاز کرده بود، ادامه داد. و پس از پیشدرآمد، برای تشویق شمس‌الدین به‌خواندن، در حالیکه چشم به‌او دوخته بود، با صدای خستهٔ گرفته‌اش شروع به‌خواندن غزلی از سعدی کرد:

هرشب اندیشهٔ دیگر کنم و رای دگر

که من از دست تو فردا بروم جای دگر

بامدادان که برون می‌نهم از منزل پای
حسن عهدم نگذارد که نهم پای دگر

نگاهی به‌سوی شمس‌الدین انداختم. چشم به‌روی جهان خاتون داشت. شمس‌الدین وقتی غزل سعدی می‌شنود، یا خودش می‌خواند، از زیبائی کلام مست می‌شود. شنیدن شعر سعدی، همراه با نوای سازی دلنشین، چشم به‌روئی زیبا، حکایت مستی در مستی و از خود بی‌خبری بود. ولی من دیگر نگران نبودم. حال و هوای مجلس به‌سوی شعر و ترانه گشته و خطر بحث و جدال‌های آسیب‌رسان دور شده بود.

بربط‌نواز که روزهای سختی را در فرار و اختفا از ترس جان گذرانده بود، انگار همهٔ سوز و رنج درونش را در دو بیت آخر غزل ریخت:

هرصباحی غمی از دور زمان پیش آید
گویم این نیز نهم برسر غم‌های دگر
باز گویم نه که دوران حیات این همه نیست
سعدی امروز تحمل کن و فردای دگر

چهره‌اش به‌شوق هنرنمائی در حضور شاعران رنگ گرفته بود، با حرارت به‌نواختن ادامه می‌داد. من هم مثل دیگران، مجذوب پنجهٔ شیرین او سراپا گوش بودم. اما وقتی بعد از یک چهار مضراب، شعر دیگری را با آهنگ ضربی شروع کرد، دهنم از تعجب باز ماند:

صوفیان وا ستدند از گرومی همه رخت
دلق ما بود که در خانهٔ خمار بماند
محتسب شیخ شد و فسق خود از یاد ببرد
قصهٔ ماست که در هرسر بازار بماند

در حالیکه بربط‌زن خواننده، بیت دوم را با شور و شوق بسیار

تکرار می‌کرد، دیدم که شمس‌الدین مشغول جهان خاتون زیبا توجهی به‌این صورت غیرعادی شعرش نکرد، نگاه مضطربی به‌سوی مولانا عبید انداختم. نگرانی مرا فهمید و با اشارهٔ سر و دست به‌خونسردی دعوتم کرد.

خدایا! این بیت راجع به‌فسق محتسب آنقدر زنده شده که به‌مطرب فراری هم رسیده است؟

شمع جمع

زیاد فرصت نشد که به‌خطرات انتشار این بیت فکر کنم. زیرا غانم که پیدا بود اندازه نگه نداشته، گفت:

ـ از قضا غزل تازهٔ من هم که کم و بیش همین وزن را دارد از نظر مضمون هم به‌نوعی در همین زمینه‌هاست، به‌افتخار حضور خاتون گرامی در اینجا می‌خوانمش.

ضمن گفتن، دوباره تکه کاغذ را از پر شال خود درآورده بود.

در حالیکه شمس‌الدین با نگاه خندان و منتظر چشم به‌دهان غانم دوخته بود، جهان خاتون با لحن ملایم دلجوئی گفت:

ـ استاد غانم، غزل تو را هم می‌شنویم. اگر اجازه بفرمائی...

ولی غانم به‌راه افتاده بود:

ـ دلبرا زلف پریشان تو در دست...

سرهنگ وقت را برای نیش زدن به‌غانم فرصت شمرد. کلام او را برید:

ـ این شعر را که صد سال است همه شنیده‌اند. تازگی‌اش کجاست؟

عبید با خنده گفت:

- منظورت این است که از شعرای متقدم است؟

این مزاح عبید جهان خاتون را به‌خنده و شمس‌الدین را به‌قهقهه انداخت. غانم بعد از نگاه زهرآلودی به‌شمس‌الدین، دهن بازکرد که چیزی بگوید ولی کلو فخرالدین به‌او فرصت نداد. دستی به‌شانهٔ شمس‌الدین زد و گفت:

- بیش از این خاتون عزیز ما را در انتظار نگذار، شمس‌الدین!

شمس‌الدین شروع به‌خواندن کرد و بربط‌نواز با چهره‌ای شکفته و خوشبخت او را همراهی کرد.

دوش می‌آمد و رخساره برافروخته بود

تا کجا باز دل غمزده‌ای سوخته بود

رسم عاشق‌کشی و شیوهٔ شهرآشوبی

جامه‌ای بود که برقامت او دوخته بود

کفر زلفش ره دین می‌زد و آن سنگین دل

در رهش مشعله از چهره برافروخته بود

گرچه می‌گفت که زارت بکشم می‌دیدم

که نهانش نظری با من دلسوخته بود

دل بسی خون به‌کف آورد ولی دیده بریخت

الله الله که تلف کرد و که اندوخته بود

یار مفروش به‌دنیا که بسی سود نکرد

آنکه یوسف به‌زر ناسره بفروخته بود

گفت و خوش گفت برو خرقه بسوزان حافظ

یارب این قلب‌شناسی ز که آموخته بود

احسنت‌های مکرّر کلو فخرالدین در فضای تالار طنین انداخت.

پس از او جهان خاتون آهسته گفت:
ـ هزارآفرین، شمس‌الدین! آرزو داشتم که دوباره صدایت را بشنوم.
بربط‌نواز که بیش از پیش گرم شده و سر شوق آمده بود، در مقام دیگری شروع به‌نواختن و خواندن کرد:
مجمع خوبی و لطف است عذار چو مهش
لیکنش مهر و وفا نیست خدایا بدهش
دلبرم شاهد و طفل است و به‌بازی روزی
بکشــد زارم و در شــرع نـباشد گـنهش
این دو بیت از یک غزل شمس‌الدین بود. خواننده چون ظاهراً بیش از این دو بیت از غزل نمی‌دانست بیت دوم را تکرار کرد. انگار این مضمون خاطره‌ای را در ذهن جهان خاتون زنده کرد. زیرا تغییرحالت او را همه متوجه شدیم. حتی برق اشک‌های غلتیده برگونه‌اش را از پشت تور نازک دیدیم. کلو فخرالدین با نگرانی پرسید:
ـ چه شد، خاتون عزیز؟ مشکلی پیش آمد؟
بربط‌نواز هم که متوجه حال غیرعادی زن جوان شده بود، با این سؤال فخرالدین، دست از نواختن برداشت. ولی جهان خاتون که انگار از مجلس غایب شده بود، زیرلب چیزی گفت که مفهوم نشد. شمس‌الدین چیزی نمی‌گفت. نگاهش از جهان خاتون به‌طرف من برمی‌گشت. گوئی از من چاره‌جوئی می‌کرد که چه کند و چه بگوید. در میان همهمهٔ مجلس، غانم صدا را بلند کرد:
ـ اگر خاتون گرامی فکر می‌کند که کاری از دست ما برمی‌آید...
جهان خاتون کلام او را برید:
ـ ناراحتی مرا عفو کنید! این روزها حتی لفظ طفل مرا منقلب

می‌کند. به یاد قتل طفل هفت ساله‌ای می‌افتم که مادرش با من دوستی دارد. برای تصرف شیراز طفل هفت ساله را کشتند. حضرت غانم، کاری که از دست تو برمی‌آید، کاری که از دست همهٔ آدمیان برمی‌آید، این است که ساکت نمانید. بگوئید و بپرسید در کدام کیش و آئین طفل هفت ساله را به تقاص جرم پدر می‌کشند؟ تو، کلو فخرالدین که به حضرت سلطان جدید راه داری، این را از خود او بپرس!
کلو فخرالدین کوشید که موضوع را مختصر کند:
ـ این خبرها از شایعات است. نباید به آنها توجه کرد.
سرهنگ سلطان و غانم نیز به تأیید میزبان زبان گشودند. این هم‌صدائی انگار برزن جوان گران آمد، به تندی گفت:
ـ نه، واقعیت است، عمو فخرالدین. من ماوقع را از مادر بچه که خون گریه می‌کرد شنیدم. چون مجدالدین بندامیری، موقع محاصرهٔ شیراز، نقض عهدی کرده، سلطان مبارز، نایب خلیفهٔ عباسی، پسر هفت سالهٔ او را به دست خود کشته است. اگر فردا، امیرعلی سهل ده ساله، پسر شاه شیخ را، که می‌گویند در شیراز پنهانش کرده‌اند، پیدا کند، آیا همان سرنوشت را نخواهد داشت؟
عبید، که مثل من نگران اظهار نظر شمس‌الدین دربارهٔ قساوت امیرمبارز بود، خواست چیزی بگوید ولی غانم به او فرصت نداد. گفت:
ـ شایع است که امیرعلی سهل را از شیراز بیرون برده‌اند.
کلو فخرالدین هم برای دلداری جهان خاتون گفت:
ـ به فرض اینکه باشد و پیدایش کنند، چه بسا امیرمبارز برای تسهیل مصالحه او را پیش پدرش بفرستد.
شمس‌الدین خاموش بود و من نگران طغیان زبان او بودم. زیرا که

می‌دانم چشم‌های اشکبار یک زن برمصیبت یک طفل، در وجود او چه طوفانی برپا می‌کند. حساسیّت او را می‌شناسم.
نظری به‌سوی عبید انداختم که شاید برای تغییر موضوع صحبت دخالت کند. ولی کلو فخرالدین دنبالهٔ کلامش را گرفت و گفت:
- شیخ سعدی می‌فرماید:

گر روی در دهان شیر و پلنگ   نخورندت مگر به‌روز اجل

عبید که مترصد بود به‌نحوی به‌این فضای غم‌آلود پایان بدهد، خنده‌ای کرد و گفت:
- پس آن همشهری ما بی‌جهت از ترس شیر نعره می‌زد و آن سر و صدا را می‌کرد. قزوینی به‌جنگ شیر می‌رفت نعره می‌زد و تیز می‌داد. گفتند نعره چرا می‌زنی؟ گفت تا شیر بترسد. گفتند چرا تیز می‌دهی؟ گفت من نیز می‌ترسم.

قهقههٔ ناگهانی و از ته دل شمس‌الدین، جهان خاتون و بعد دیگران را به‌خنده انداخت و حال و هوای غمزدهٔ مجلس را عوض کرد. استاد سلیمان که از نواختن دست کشیده بود، همان پرده را پی گرفت. شمس‌الدین به‌اشاره‌ای، از نوازنده سازش را خواست و استاد سلیمان با فرود آوردن سر، ساز را به‌دو دست تقدیمش کرد. او آن را گرفت و بعد از درآمد کوتاهی در پردهٔ عراق، شروع به‌خواندن کرد.

یارب این شمع دل‌افروز ز کاشانهٔ کیست

جان ما سوخت بپرسید که جانانهٔ کیست

حالیا خانه برانداز دل و دین من است

تا هم آغوش که می‌باشد و همخانهٔ کیست

بادهٔ لعل لبش کز لب من دور مباد

راح روح که و پیمان ده پیمانهٔ کیست

دولت صحبت آن شمع سعادت پرتو
باز پرسید خدا را که به‌پروانهٔ کیست
می‌دَمَد هرکسش افسونی و معلوم نشد
که دل نازک او مایل افسانهٔ کیست
یارب آن شاه‌وش ماه‌رخ زهره‌جبین
دُرِّ یکتای که و گوهر یکدانهٔ کیست
گفتم آه از دل دیوانهٔ حافظ بی‌تو
زیرلب خنده‌زنان گفت که دیوانهٔ کیست

شمس‌الدین ساز را زمین گذاشت. سر بلند کرد و نگاهی به‌سوی جهان خاتون انداخت. من هم نگاه او را دنبال کردم. زن جوان انگار اشک‌هائی را ازگونه‌ها پاک می‌کرد. اما چهرهٔ شکفته‌اش نشان می‌داد که اشک شوق و حال از شنیدن غزل زیبا و صوت دلنشین است. با صدائی آهسته ولی لرزان از هیجان گفت:

ـ حبّذا، آفرین، چه بگویم شمس‌الدین؟ آفرین خدای برپدری ـ که تو پرورد و مادری که تو زاد.

به‌رغم فاصلهٔ شادی که با بحث قبلی پیش آمده بود، من همچنان نگران بودم که به‌دنبال موضوع گذشته کسی چیزی بگوید و شمس‌الدین در حضور غانم و سرهنگ سلطان که به‌صداقت هیچکدام چندان اعتمادی نداشتم، بی‌پروا قساوت حیوانی امیرمبارزالدین را عنوان کند.

خوشبختانه کلو فخرالدین ـ که او هم مثل من از نو شدن بحث می‌ترسید ـ از لحظه‌ای سکوت استفاده کرد و به‌نقل حکایت ورود عبید و اظهار تسلیت او پرداخت. عبید میوه‌ای در دهان گذاشت و

دنبال کلام او را گرفت:
ـ تسلیت من بی‌دلیل نبود. چند روز پیش به‌عیادت مولانا شرف‌الدین ـ که از بنی‌اعمام کلو فخرالدین است ـ رفته بودم. به‌بالینش که رسیدم در وضع احتضار بود وقتی چشم باز کرد، از حالش پرسیدم. گفت اطباء خون‌گرفتن فرمودند اثر نکرد حُقنهٔ شراب تجویز کردند، فایده نبخشیده. پرسیدم حال چگونه‌ای؟ گفت این قدر می‌دانم که بعد هشتاد سال مست و کون دریده به‌حضرت حق خواهم رفت. امروز وقتی اینجا رسیدم، مجلس فخرالدین را بی‌ساز و مطرب دیدم، پنداشتم مولانا شرف‌الدین با همان وضع نامناسبی که می‌فرمود، راهی حضرت حق شده است. اما بعد شنیدم که بحمدالله از خطر جسته و عزم رحیلش بدل به‌اقامت شده است.

قهقههٔ هم‌صدای جهان خاتون و شمس‌الدین، غانم را هم به‌خندهٔ بدصدائی انداخت و سرهنگ سلطان را که چرت می‌زد کمی بیدار کرد. دیگر از فضای اندوهبار مجلس اثری نمانده بود.

نوازنده نواختن را از سر گرفت و چند بیتی از یک غزل سعدی خواند که شور و حال و گرمی بیشتری به‌مجلس داد:

هرگلی نو که در جهان آید	ما به‌عشقش هزار دستانیم
هرچه گفتیم جز حکایت دوست	در همه عمر از آن پشیمانیم
سعدیا بی‌وجود صحبت یار	همه عالم به‌هیچ نستانیم

مهمان ناخوانده

اما در این موقع پیشامدی به‌این شادی و نشاط بازیافتهٔ مجلس پایان داد. خدمتکاری آمد و زیر گوش کلو فخرالدین چیزی گفت. صاحبخانه پس از لحظه‌ای تردید گفت:

ـ خواجه شهاب ما، که همه می‌شناسید، از راه رسیده است. اگر خاتون عزیز مانعی نمی‌بیند، چند لحظه به‌ما ملحق بشود. چند روزی به‌سفر می‌رود. برای خداحافظی آمده است.

صاحبخانه حق داشت. کسی نیست که خواجه شهاب را، که از توانگران بنام شیراز و برادر همسر کلو فخرالدین است، نشناسد. این مرد که املاک فراوان دارد، از تولیدکنندگان و بازرگانان عمدهٔ غلات فارس است. می‌گویند که به‌رغم خویشی با کلو فخرالدین و بهره‌وری فراوان از مساعدت‌ها و نعمت‌های شاه شیخ، در مدت محاصرهٔ چند ماههٔ شیراز ارزاق مورد نیاز لشکریان امیرمبارزالدین را پنهانی تأمین می‌کرده است.

جهان خاتون به‌شنیدن این پیشنهاد، از جا برخاست و با خوشروئی گفت:

ـ قدم و مقدمش مبارک باشد. اگر در انتظارم نبودند من هم دیدارش را مغتنم می‌شمردم. ولی باید به‌خانه برگردم، عمو فخرالدین.

شمس‌الدین دهان باز کرد که به‌اعتراض چیزی بگوید. ولی زن جوان به‌ظرافت او را با کلام سعدی ساکت کرد:

ـ می‌روم وز سر حسرت به‌قفا می‌نگرم، شمس‌الدین. می‌روم و با اشتیاق انتظار دیدار دوبارهٔ حافظ خوش‌لهجهٔ خوش‌آواز را می‌کشم.

شمس‌الدین که از این جدائی ناگهانی چهره درهم کشیده بود، تبسمی برلب آورد و بیتی از سعدی را بدرقهٔ راه او کرد:

گفتم بـبینمش مگـرم درد اشـتیاق   ساکن شود بدیدم و مشتاق‌تر شدم

غانم که نمی‌خواست آخرین فرصت دلبری را از دست بدهد، مستانه بیتی از سعدی را شروع کرد:

خوش می‌روی به‌تنها، تنها فدای جانت...
و در انتظار مصرع دوم که به یاد نمی‌آورد، دو سه بار خوش می‌روی به‌تنها را تکرار کرد. عبید، که هیچ فرصتی را برای ریشخند آدم‌های نظیر او از دست نمی‌دهد، دنباله شعر را به‌این صورت تکمیل کرد:
مدهوش می‌گذاری غانم برآستانت
غانم هم بلااراده تکرار کرد:
ـ مدهوش می‌گذاری غانم بر...
ولی ناگهان براثر خنده ملایم جهان خاتون و شمس‌الدین و قهقههٔ بدصدا و تصنعی سرهنگ، متوجه اشتباه خود شد و با جسارت مستانه به‌عبید اعتراض کرد:
ـ حضرت مولانا، خیال نمی‌کنم مزاح با شعر شیخ سعدی مجاز باشد.
عبید با خنده جواب داد:
ـ اولاً تو هربار شعری از هرشاعر دیگری بخوانی، تن منوچهری دامغانی از بی‌وفائی‌ات درگور می‌لرزد. ثانیاً چون معطل کردی، گفتم شاید می‌خواهی با تضمین غزل شیخ، شعری در شرح حال خودت بسازی.
باز صدای خنده شمس‌الدین بلند شد. غانم نگاه تندی به‌او انداخت. رفت که چیزی بگوید، ولی جهان خاتون فرصت نداد، گفت:
ـ حضرت غانم، امیدوارم غزلت را که فرصت نشد بشنویم، وقت دیگری سعادت شنیدنش را پیدا کنیم.
چهرهٔ گرفتهٔ شاعر باز شد. اما لحظه‌ای بعد به‌علت وداع گرم جهان

خاتون با شمس‌الدین، باز درهم رفت:
ـ خداحافظ شمس‌الدین، آرزو دارم که باز پیش بیاید که کلک خیال‌انگیزت جان و دلمان را به‌آسمان‌ها ببرد.
بعد با دیگران وداع کرد. کلو فخرالدین مهمان زیبای خود را بدرقه کرد.
غانم در آخرین لحظه خواست چیزی بگوید ولی فرصت نکرد. خواجه شهاب از در دیگر به‌تالار قدم گذاشت. با عبید و سرهنگ اظهار آشنائی و احوال‌پرسی کرد. و با حرکت سر و نگاه پرسشگر از هویت حاضران مخصوصاً من جویا شد. سرهنگ سلطان با معرفی شمس‌الدین شروع کرد. خواجه شهاب میوهٔ درشتی در دهان گذاشت و گفت:
ـ بله، شمس‌الدین حافظ را می‌شناسم. همین جا او را دیده‌ام. غانم را هم می‌شناسم. شنیده‌ام شاعرند و شعرهای خوبی می‌گویند...
عبید به‌میان کلامش دوید و از مقصد سفرش پرسید. پیدا بود که می‌خواست زودتر ما را از مزاحمت حضور این فرد عامی خلاص کند. خواجه شهاب بعد از بادگلوئی صدادار، توضیحاتی دربارهٔ سفر چند روزه‌اش داد. بعد میوه دیگری در دهان گذاشت و گفت:
ـ شنیدم جهان ملک خاتون هم اینجا بوده. خداکند باد خبرش را به‌گوش داروغه ناصرالدین عمر، نرسانده باشد!
این یادآوری حضور جهان خاتون و اشارهٔ او به‌خطر اطلاع داروغه از آن، نگرانم کرد. ولی فرصت تأمل دربارهٔ گفته او را نیافتم. زیرا، خواجه همچنان ایستاده، به‌عنوان جواب سؤال عبید که از احوالش پرسید، دفتر مدح و ثنای سلطان جدید را بازکرد. از نظم و امنیت در

شهر و مقایسهٔ با ناامنی گذشته، داد سخن داد. سرهنگ سلطان هم که به‌یقین از روابط نزدیک این شخص با امیرمبارز مطلع بود، وقت را برای بازکردن راهی به‌دربار جدید مغتنم شمرد و با او همصدا شد. خواجه شهاب از شجاعت و لیاقت و حمیت امیرمبارز می‌گفت و سرهنگ تأیید می‌کرد. غانم هم که تحت تأثیر محیط تازه قرار گرفته بود به‌جمع آنها پیوست. عبید با نگاه ما را به‌بردباری دعوت کرد.

کلو فخرالدین به‌تالار برگشت. سعی کرد به‌عادت همیشه، میانه را بگیرد و بین بدگوئی از حکومت سابق و مدح و ثنای حکومت لاحق تعادلی برقرار سازد. ولی خواجه شهاب کوتاه نمی‌آمد و برمعایب دوران سلطنت شاه شیخ پای می‌فشرد. از بهبود نظافت معابر به‌همت داروغهٔ جدید و آلودگی فوق‌العادهٔ شهر در دوران گذشته حکایت می‌کرد:

ـ ناامنی قابل تحمل نبود. عسسان شریک دزدها بودند. نه تنها سارقین مکرّر به‌خانهٔ ما دستبرد زدند و انبارهای غلات ما را چند بار خالی کردند، موش‌ها هم به‌جان ما افتاده بودند. پارسال ما برای مصرف خانواده پنجاه من گندم مرغوب در خانه داشتیم، تا خبر شدیم موش‌ها تمامش را خورده بودند.

مولانا عبید که منتظر فرصتی برای زدن نیشی به‌تاجر پرمدعا بود، با خنده گفت:

ـ ولی حضرت خواجه، از قضا ما هم پارسال پنجاه من گندم در خانه داشتیم، تا موش‌ها خبر شدند، خودمان تمامش را خورده بودیم.

قهقههٔ شمس‌الدین همه را به‌خنده انداخت مهمان تازه، پس از یک خندهٔ اجباری واخورده و نگاه تندی به‌شمس‌الدین، به‌قصد

دیدار خانوادهٔ فخرالدین به‌اندرون رفت.
من لحظه می‌شمردم که زودتر این مجلس را که دیگر خسته کننده شده بود ترک کنم. شمس‌الدین هم برای رفتن بی‌تابی می‌کرد. ولی عبید هنوز سر جایش نشسته بود و ما منتظر بودیم که او صلای رفتن بدهد. عاقبت دهن باز کرد:

ـ حضرت سرهنگ، می‌شنیدم که با خواجه شهاب از محاسن امیرمبارز می‌گفتید.

ـ آنچه می‌گفتم، عقیده و اعتقاد من است، حضرت مولانا.

عبید گفت:

ـ شنیدم که از رحم و شفقت امیرمبارز می‌گفتی، اگر باد به گوشش برساند که توبه رحم و شفقت او اعتقاد داری کارت تمام است. راهت به‌دربار او برای همیشه سد خواهد شد. تمام کسانی که امروز از خوان نعمتش برخوردارند آنهائی هستند که خونریزی و خونخواهی و سخت‌دلی‌اش را تمجید و تحسین کرده‌اند.

و بلافاصله رو به‌غانم کرد:

ـ حضرت غانم، چرا رفیق قدیمت را دلالت نمی‌کنی که اعتقادش به‌بیراهه نرود؟ چرا با کلام منوچهری دامغانی آشنایش نمی‌کنی که دربارهٔ خصایل پادشاه می‌فرماید: «فرق بُرّ و سینه‌سوز و دیده‌دوز و مغزریز» ـ تا اعتقادش را اصلاح کند.

سرهنگ سلطان گردن راست کرد که جوابی بدهد. ولی عبید به‌او فرصت نداد. خنده‌ای کرد و دستی به‌هم زد و گفت:

ـ هرچند بهتر است به‌اعتقادات دیگران کاری نداشته باشیم و با اجازه حضرت کلو فخرالدین رفع زحمت کنیم.

وقتی بلند می‌شدیم سرهنگ چیزی گفت که در میان سر و صدای

برخاستن درست شنیده نشد. شمس‌الدین که سعی می‌کرد خنده را درگلو حبس کند، دست عبید را گرفت و او را کمک کرد که از جا بلند شود.

ماجراهای دربار

کلو فخرالدین از سرهنگ سلطان خواست که غانم را که تلو می‌خورد تا خانه‌اش همراهی کند. در باغ، آن دو جلوتر از ما به‌راه افتادند. وقتی به‌طرف در خروجی می‌رفتیم، صاحبخانه و شمس‌الدین هم از من و عبید جلو افتاده بودند. البته مولانا عصازنان به‌کندی راه می‌رفت. ولی کلو فخرالدین هم به‌عمد پا تندکرده بودکه دنبالهٔ صحبت با شمس‌الدین را بگیرد. من به‌حکم ادب خاموش بودم. مولانا ناگهان سکوت را شکست و آهسته گفت:

ـ برای شمس‌الدین دل نگرانم.

گفتم:

ـ گمانم دل‌نگرانی حضرت مولانا بابت خطری است که از ناحیهٔ غزل‌ها...

کلامم را برید:

ـ البته خطر اشعار این جوان ناشنیده پندکم نیست. به‌خصوص در این ایام که دشمنانش اشعارگذشته‌اش را هم ترویج می‌کنند. ولی به‌هرحال من خطر دیگری را معاینه می‌بینم که از خطر غضب امیرمبارزکمتر نیست و آن خطر عواقب نزدیک شدن شمس‌الدین به‌جهان ملک خاتون است. من از مدت‌ها پیش می‌دانستم که این دختر با تمام وجود آرزو و اشتیاق دیدار شمس‌الدین را داشت. و امشب دیدی و دیدیم که از دیدن او به‌چه حدّی از شور و شوق و

جذبه رسیده بود. من اگر شهر بودم نمی‌گذاشتم کلو فخرالدین آنها را با هم به مهمانی دعوت کند. البته کلو چون می‌خواهد هرطور هست شمس‌الدین را به دربار امیرمبارز بکشاند، برای نرم کردن او این مهمانی را به این شکل ترتیب داده است. از من هم امروز وقتی رسیدم خواست که شمس‌الدین را نصیحت کنم. حالا از این می‌ترسم که شمس‌الدین، که دیدم سخت تحت تأثیر این دختر قرار گرفته، سعی کند که خود را به او برساند. این نزدیکی اتفاقی خطرناک است. نزدیک شدن آتش و پنبه است که می‌سوزاند.

گفتم:

ـ ولی شمس‌الدین و جهان خاتون هردو آزادند و گمان نمی‌کنم که...

عبید بازوی مرا گرفت و کلامم را قطع کرد:

ـ شمس‌الدین شاید، ولی جهان ملک خاتون هیچ وقت این قدر مقید نبوده است. معلوم می‌شود تو از ماجراهای دربار شاه شیخ زیاد خبر نداری. من تکرار این حکایت‌های زنانه را زیاد دوست ندارم. اما به خاطر شمس‌الدین و تأثیری که تو می‌توانی در او داشته باشی، بیا تا برایت نقل کنم.

مولانا آنگاه روی تنه درختی که کنار خیابان باغ افتاده بود نشست و گفت:

ـ چرا کلو ناصرالدین عمر، دروازهٔ موردستان را به روی امیرمبارز باز کرد؟ برای اینکه شاه شیخ به تحریک و توطئهٔ خواجه امین‌الدین، شوهر جهان خاتون، قصد کشتن او را کرد. که البته به موقع توانست از دست میرغضب فرار کند. اما چرا خواجه امین‌الدین به تحریک و توطئه علیه کلو عمر دست زد؟ گویا قضیه از این قرار است که پارسال

کلو عمر که آوازهٔ جمال جهان خاتون را شنیده، او را از شاه شیخ خواستگاری کرده، ولی شاه شیخ نپذیرفته و بعد، دختر جوان را مجبور به همسری خواجه امین‌الدین کرده است. دشمنان کلو عمر در دربار، دروغ یا راست، به امین‌الدین رسانده‌اند که کلو عمر قسم خورده که هر طور هست سایهٔ این شوهر ناخواسته را از سر جهان خاتون کوتاه کند. امین‌الدین هم آن توطئهٔ علیه کلو عمر را ترتیب داده است.

در این موقع صاحبخانه که به اتفاق شمس‌الدین، حوض را دور می‌زد، از دور برای معطل کردن از عبید عذر خواست. مولانا دستی بلند کرد و گفت:

ـ نه، صحبتتان را بکنید. ما عجله‌ای نداریم.

سپس دنباله صحبت با مراگرفت:

ـ بعد از فرار شاه شیخ و امین‌الدین از شیراز و مطلقه شدن جهان خاتون، کلو عمر نزد سلطان جدید شفاعت کرده که جهان خاتون را، با آنکه برادرزادهٔ شاه فراری است، چون مورد علاقهٔ اوست، مشمول عفو قرار دهد. با این احوال، زن جوان زیر بار ازدواج با او نرفته است. اما کلو عمر که اصولاً برای زن جماعت حق انتخابی قائل نیست و از طرفی این زن را ملک طلق خود می‌داند، معتقد است که عاقبت به مقصود خود می‌رسد. ولی تا آن موقع هیچ نوع رقابتی را نمی‌پذیرد. و در اطراف خانهٔ جهان خاتون جاسوس‌هائی گماشته که هر حرکتش را به او گزارش کنند. امروز هم او بعد از امیرمبارز مقتدرترین فرد تمام فارس است. علاوه بر اینکه آدمی به نهایت خودخواه و سختگیر و بی‌رحم است. به این علت است که وقتی خواجه شهاب گفت خدا کند خبر شرکت جهان خاتون در مهمانی به گوش داروغه کلو عمر

نرسد، من واقعاً نگران شدم. چون خواجه شهاب هم در جریان این ماجرا هست. این حکایت طولانی را گفتم تا خطر را به‌راستی بشناسی و تا می‌توانی شمس‌الدین را از این بابت مراقبت کنی. خود من هم اگر لازم بشود به او هشداری خواهم داد.

صاحبخانه و شمس‌الدین هم به ما پیوستند. شمس‌الدین اظهار اشتیاق فراوان به دیدار مجدد مولانا کرد. عبید وقتی معین نکرد ولی مژده داد که در شهر خواهد ماند و خودش در این باب اشاره‌ای خواهد کرد. کلو فخرالدین با استفاده از صحبت شمس‌الدین با عبید، مرا به کناری کشید و فراوان توصیه کرد که تا می‌توانم شمس‌الدین را برای قبول تقرب سلطان جدید نصیحت و تشویق کنم.

در راه مراجعت می‌خواستم هشدار عبید را با شمس‌الدین در میان بگذارم. ولی وقت بسیار نامناسبی بود. زیرا که هیچ گوش شنیدن نداشت. می‌خواست خود حرف بزند. از جهان خاتون که تمام ذهنش را اشغال کرده بود، می‌گفت. صدای جهان خاتون، خندهٔ جهان خاتون، نگاه جهان خاتون... تنها حرف جدی که در این میان از او شنیدم این بود که کلو فخرالدین به او گفته بود که کلو عمر چشم به جهان خاتون دارد و در این باب بسیار متعصب است. از زمینهٔ مساعد استفاده کردم و گفتم:

ـ مولانا عبید هم از این بابت نگران آیندهٔ جهان خاتون است.

ولی شمس‌الدین بیش از آن در طربسرای خیال خود محصور بود که اشارهٔ مرا بگیرد. انگار حتی صدای مرا نشنید. با شوق و ذوقی کودکانه گفت:

ـ دِ نشنیدی، کاکو! می‌گفت جهان خاتون اگر با وجود همهٔ خطرها در شیراز مانده برای این است که جای دیگر شمس‌الدین حافظ

نیست.
دهن باز کردم که چیزی بگویم ولی او مهلت نداد:
ـ فکر نمی‌کنی کلو فخرالدین این را برای دلخوشی من می‌گوید؟
گفتم:
ـ فخرالدین برای کشیدن تو به‌بارگاه سلطان جدید حاضر است خیلی امتیازها بدهد. البته علاقهٔ جهان خاتون به‌شعر تو را امروز همه احساس کردند و فکر می‌کنم غانم از آن هیچ خوشش نیامد. ولی در این باب اگر گوش بدهی می‌خواهم راجع به‌موضوع...
شمس‌الدین دست جلوی دهان من گذاشت و شادمانه گفت:
ـ نگو! دِ نگو! هیچ نگو گلندام! این غزل را گوش کن!
و بی‌آنکه منتظر بشود شروع به‌خواندن کرد:

ای همه شکل تو مطبوع و همه جای تو خوش
دلم از عشوهٔ یاقوت شکرخای تو خوش

همچو گلبرگ طری بود وجود تو لطیف
همچو سرو چمن خلد سراپای تو خوش

شیوه و ناز تو شیرین خط و خال تو ملیح
چشم و ابروی تو زیبا قد و بالای تو خوش

هم گلستان خیالم ز تو پرنقش و نگار
هم مشام دلم از زلف سمن‌سای تو خوش

در ره عشق ز سیلاب فنا نیست گذار
کرده‌ام خاطر خود را به‌تمنّای تو خوش

پیش چشم تو بمیرم که بدان بیماری
می‌کند درد مرا از رخ زیبای تو خوش

در بیابان طلب گرچه ز هر سو خطریست
می‌رود حافظ بیدل به‌تولّای تو خوش

زیبائی غزل که با صدائی از دل برآمده خوانده می‌شد، برای مدتی نگرانی‌ام را از یادم برد. ولی در خانه از اندیشهٔ این دلبستگی تازهٔ شمس‌الدین به‌جهان خاتون ـ که به‌قول سعدی «مطمح نظرش جائی خطرناک و مظنهٔ هلاک» بود ـ فارغ نمی‌شدم. نظر دوختن به‌زنی آن قدر مورد توجه و خواست کلو ناصرالدین عمر، داروغهٔ خودخواه و قدرقدرت و بی‌گذشت، خطر بزرگ تازه‌ای بر خطرهای موجود می‌افزود.

مجلس مشکلات

بعد از مهمانی کلو فخرالدین، من به‌دستور پدرم به‌سرکشی ملک کوچکی که در محمودآباد داریم رفتم. روزی که به‌شهر برگشتم، قبل از هرکار به‌قصد دیدار شمس‌الدین از خانه به‌راه افتادم. وقتی از مقابل دارالشفاء عضدی، که با خانهٔ ما فاصلهٔ زیادی ندارد، رد می‌شدم. صدای هیاهوئی از جانب حیاط وسیع دارالشفاء شنیدم. خیلی زود دانستم که صدا از جمعیتی بود که برای شرکت در مجلس حل مشکلات آمده بودند.

باید توضیحی دربارهٔ این مجالس حل مشکلات ـ در زبان عامه مجلس مشکلات ـ بدهم.

امیرمبارزالدین مظفری برای آنکه آوازهٔ کشورداری‌اش به‌همه جا، به‌خصوص به‌گوش خلیفهٔ عباسی مصر برسد و زمینه برای ایجاد حکومتی سرتاسری بر تمام ایران ایلخانی، تحت توجه و حمایت

معنوی خلیفه فراهم بشود ـ به‌تلقین ندیم و مشاور نزدیکش رکن صاین ـ حکم کرده که هریک از کلوهای هریک از هفده محلهٔ شیراز، به‌نوبت در یک محل عمومی در محلهٔ خود مجلسی ترتیب بدهد که در آن قاطبهٔ اهل محل با حضور کلو و معتمدان محل و یکی از نایبان احتساب و شحنگی، مسائل و مشکلات روزمرّهٔ زندگی، مثل امور مربوط به‌تأمین نان وگوشت و ارزاق، آبرسانی، امنیت و غیره را مطرح نمایند و نایب احتساب ضمن آشنا شدن با کمبودها و بی‌نظمی‌ها، به‌سؤالات مردم پاسخ بدهد. البته این سؤال و جواب بهانه‌ای است برای اینکه ایادی شناخته و ناشناختهٔ سلطان، رفاه و امنیت و بهروزی اهالی شیراز، را در مقایسه با شهرهای دیگر، زیر سایهٔ پادشاه بیدار و دین‌پرور تحسین کنند. به‌این سبب غالب سؤال کنندگان هم مثل پاسخ دهندگان، مأموریتی از پیش تعیین شده دارند. به‌هرحال، چون نان و خرما وگاه شربتی هم هست مردم استقبال می‌کنند. آن روز ضمن عبور، ناگهان چشمم به‌پسر دبّاغ جعفرآبادی همسایهٔ شمس‌الدین افتاد، که به‌اتفاق مرد دیگری وارد حیاط دارالشفاء می‌شدند. مرد همراه او را، به‌رغم کلاه بزرگی که به‌سر داشت که تا پشت گردنش را می‌پوشاند، شناختم. سیف سگزی، برادرزادهٔ اوباش و قمه‌بند حاجی جعفرآبادی بود. حضور این دو تن ـ که یکی به‌کم‌عقلی و دیگری به‌شرارت شهرت داشتند و اهل شرکت در این قبیل مجالس نبودند ـ کنجکاوی‌ام را سخت تحریک کرد. به‌طوری که آنها متوجه نشدند، تا داخل حیاط تعقیبشان کردم. در میان انبوه جمعیت جا گرفتند. من هم دور از آنها جائی پیدا کردم و نشستم.

سؤالاتی مطرح شد که در جواب آنها نایب احتساب زبان به‌حمد و ثنای امیرمبارز گشود. از تأمین آرد نانوائی‌ها و لاروبی قنوات و ایجاد

مبرز در میدان‌ها و مجازات کم‌فروشان، آنقدر داد سخن داد که خسته‌ام کرد. قصد رفتن کردم. ولی با شنیدن سؤالی از طرف سیف سگزی، برادرزاده قمه‌بند حاجی دبّاغ، پا سست کردم.

سؤالش این بود که چرا با وجود حکم سلطان و داروغه، هنوز لانه‌های عیش و عشرت و فساد، در بعضی جاها دایر است و تکلیف مردم در برابر این فتنه و فساد چیست؟ یکی از معتمدین محلی جواب را به‌نایب احتساب حواله داد. ولی پیش از آنکه نایب بتواند جوابی بدهد، شخص دیگری ازگوشه‌ای صدا زد:

ـ در این باب عرضی دارم.

این شخص را وقتی از جا بلند شد به‌رغم فاصلهٔ زیاد، شناختم. جلیل یزدی بود که شغل اصلی‌اش پینه‌دوزی است. ولی چون صدائی دارد، در مراسم خاک‌سپاری بزرگان خبرش می‌کنند می‌آید دنبال جنازه مرثیه می‌خواند و مزدی می‌گیرد. مکرّر او را درگورستان دیده بودم.

به‌محض اینکه دهن بازکرد به‌ارتباط او با سیف سگزی و سؤالش، و در نتیجه به‌عمق توطئه پی بردم. با صدای رسائی این بیت را خواند و تکرار کرد:

درِ میخانه ببستند خدایا مپسند — که در خانه تزویر و ریا بگشایند

سپس با بلند کردن دست، همهمه‌ای را که در میان جمعیت افتاده بود ساکت کرد و گفت:

ـ این شعر را شنیدید؟ ازکیست؟ نمی‌دانم. همین قدر می‌دانم که از آن نسخه‌ها نوشته‌اند و به‌دست جوانان داده‌اند که خدمات پادشاه محبوب ما را تخطئه کنند. این شاعر بی‌انصاف بی‌حیا کیست؟ لابد از نوکران و جیره‌خواران آن شاه فاسق فاجر فراری است. وقتی این جور

عناصر فتنه و فساد آزاد باشند که هرچه می‌خواهند بگویند. چرا تعجب می‌کنی، ای برادر، که اینجا و آنجا مراکز فساد و عیش و عشرت دایر باشد؟

پینه‌دوز به‌این قدر هم اکتفا نکرد. بعد از آنکه نفسی گرفت پای دشمنی با سلطان را بیشتر به‌میان کشید و با صدای رساتری گفت:

ـ بروید از این شاعر دربار ابواسحق بپرسید که آنجا که با وقاحت از گشودن درِ خانهٔ تزویر و ریا می‌گوید، نظرش به‌چه کسی است؟ فرمان بستن مراکز فساد را چه کسی داده و چه کسی اجرا می‌کند؟ آیا شاهنشاه محبوب صاحب‌جاه ما امیرمبارزالدین مظفری است که اهل تزویر و ریا است یا شحنه و محتسب وظیفه‌شناس ما، کلو عمر که در اجرای اوامر ملکانه لانه‌های فساد را بسته و مفسدین را مجازات می‌کند؟

نایب احتساب خواست جوابی بدهد. ولی پینه‌دوز مرثیه‌خوان به‌او فرصت نداد:

ـ همه خاک‌های دنیا را بیاورید به‌سر بی‌حمیّت من بریزید که نباشم که بشنوم این عزیزان ما را به‌تزویر و ریا متهم می‌کنند.

باز، تا نایب دهان باز کرد که چیزی بگوید، از آن طرف جمعیت سیف سگزی بلند شد و گفت:

ـ شحنه باید تکلیف ما را با این جور آدم‌های بانی فساد روشن کند. با این جور آدم‌ها چه باید بکنیم؟

نایب هیاهوی جمعیت را ساکت کرد و گفت:

ـ در جواب این سؤال می‌گویم که تکلیف شما این است که این قبیل افراد را پی بگیرید و بعد از کشف هویتشان به‌شحنه‌خانه معرفی کنید.

تهدید و هدف آن روشن بود. با آنکه فعلاً به‌عمد، از حافظ اسمی نبرده بودند، به‌هرحال دلیل روشنی بود که غزل یا لااقل این بیت آن به‌دبّاغ جعفرآبادی و دار و دسته‌اش رسیده بود و حمله را شروع کرده بودند. درنگ جایز نبود. به‌راه افتادم و با عجله خود را به‌خانهٔ شمس‌الدین رساندم. وقتی ماجرا را برای او نقل کردم، از بی‌بی خواست که واقعهٔ روز پیش را هم برای من حکایت کند.

واقعهٔ روز پیش که بی‌بی خاور حکایت کرد، ماجرای احضار شمس‌الدین از طرف دبّاغ جعفرآبادی، به‌مباشرت برادرزاده‌اش سیف سگزی بود. حاجی به‌عنوان دعوت برای مذاکره دربارهٔ موضوع مهمی، این برادرزادهٔ شرور خود را که سردستهٔ اوباش محلهٔ دربندان است، فرستاده بود که شمس‌الدین را بترساند. وقتی سیف سگزی به‌اتفاق دو تن از دشنه بندهایش مراجعه کرده، بی‌بی خاور که در خانه تنها بوده در را به‌روی او باز کرده و حتی گذاشته که به‌درون بیاید و ببیند که شمس‌الدین در خانه نیست. اما چون سیف، ضمن وارسی خانه، از شمس‌الدین به‌لحن موهنی اسم برده، به‌بی‌بی خاور که شمس‌الدین را بزرگ کرده و او را مثل فرزند عزیزی دوست دارد، سخت گران آمده و خشمگین، با تاوه مسی به‌سر این جوان قلدر کوبیده و همسایگان را با فریاد به‌کمک خواسته است. سیف سگزی، ناچار غضب‌آلوده با سر شکافتهٔ خونین خانه را ترک کرده و با الفاظ زشتی تهدید کرده که شمس‌الدین باید هرچه زودتر به‌عموی او مراجعه کند وگرنه بد خواهددید.

با شنیدن حکایت ضربت تاوهٔ مسی به‌سر سیف سگزی، علت آن کلاه عجیبی راکه در مجلس مشکلات برسر داشت دانستم. همچنین منظور او از تهدید «بد دیدن» برایم روشن شد.

کمی بعد از ورود من، یکی از همسایگان شمس‌الدین که مردی سالخورده است به‌دیدن شمس‌الدین آمد. این همسایهٔ قدیمی که پدر شمس‌الدین را شناخته و از نیّت دبّاغ جعفرآبادی نسبت به‌خانه اطلاع دارد، روز قبل هم براثر داد و فریاد بی‌بی به‌کمک او آمده بود.

بعد از آنکه شرحی دربارهٔ هرج و مرج حاکم بر شهر بیان کرد، به‌عنوان مصلحت‌بینی گفت که شمس‌الدین راهی جز تمکین به‌خواست دبّاغ جعفرآبادی ندارد. و صلاح او و مادرش این است که این خانه را به‌حاجی بفروشند و جای دیگری خانه بگیرند.

شمس‌الدین برافروخته در جواب او گفت:

ـ خانه را بدهم جای خالی گوهر را کجا ببرم؟

این پاسخی است که هرکس او را به‌واگذاری خانه و نقل مکان به‌جای دیگری، توصیه می‌کند، از او می‌شنود.

گوهر، دختر عمویش که عشق بزرگ کودکی و نوجوانی‌اش بود، بعد از یک دوران کوتاه زندگی مشترک در این خانه، دو سال پیش به‌بیماری خناک درگذشت و شمس‌الدین را به‌سختی داغدار کرد. ماه‌ها طول کشید تا توانست از گرداب غم سر بلند کند. در آن مدت، جز یک غزل دربارهٔ این مصیبت، تقریباً خاموش بود. این شعر را که مرثیه‌ای دردناک است، نقل می‌کنم تا میزان دلبستگی‌اش به‌این خانه و جای خالی گوهر دانسته شود.

آن یـار کـزو خـانهٔ مـا جـای پـری بـود

سر تا قدمش چـون پـری از عیب بـری بود

دل گـفـت فـروکش کـنم این شهر به‌بویش

بـیچاره نـدانست کـه یـارش سفری بـود

منظور خردمند من آن ماه که او را
با حسن ادب شیوهٔ صاحب‌نظری بود
از چنگ منش اختر بد مهر به در برد
آری چه کنم دولت دور قمری بود
عذری بنه ای دل که تو درویشی و او را
در مملکت حسن سر تاجوری بود
تنها نه ز راز دل ما پرده برافتاد
تا بود فلک شیوهٔ او پرده‌دری بود
اوقات خوش آن بود که با دوست به سر رفت
باقی همه بی‌حاصلی و بی‌خبری بود
خوش بود لب آب و گل و سبزه ولیکن
افسوس که آن گنج روان رهگذری بود
خود را بکشد بلبل ازین رشک که گل را
با باد صبا وقت سحر جلوه‌گری بود
هر گنج سعادت که خدا داد به حافظ
از یمن دعای شب و درس سحری بود

پیرمرد همسایه در برابر جواب شمس‌الدین که از پایداری قاطع در تصمیمش حکایت داشت، سری تکان داد و گفت:

ـ جای خالی گوهر تا وقتی عزیز است که خودت وجود داشته باشی. این طور که دبّاغ جعفرآبادی برای خانهٔ تو خیز برداشته، ممکن است خیلی زود جای خالی گوهر و جای خالی شمس‌الدین را با هم از اینجا ببرند!

من که عجله داشتم زودتر برای حفظ امنیت شمس‌الدین چاره‌ای

بیندیشم و کاری بکنم، به‌میان صحبت دویدم و همسایه را روانه کردم. شمس‌الدین در برابر حکایت حملهٔ ایادی دبّاغ، شانه بالا انداخت و به‌این عنوان که دبّاغ جعفرآبادی را همه می‌شناسند و کلو عمر بهتر از همه او را می‌شناسد، موضوع را زیاد جدی نگرفت و اظهار ناراحتی و نگرانی نکرد. حتی در برابر هشدار جدّی من خندید و گفت:

ـ دِ نشنیدی، کاکو! یادت نیست که:

گر من از سرزنش مدعیان اندیشم   شیوه مستی و رندی نرود از پیشم

گفتم:

ـ آن وقتی که از سرزنش مدعیان نمی‌اندیشیدی گذشت. حالا مدعیان با چوب و چماق سرزنش می‌کنند.

دنبال بچه گربه دوید و گفت:

ـ حالا می‌فرمائی چه کنم، ای پیر خرد؟

ـ امروز در خانه نمان. بیا با هم به‌خانهٔ ما برویم، تا ببینیم فردا کارِ های و هوی دبّاغ به کجا می‌رسد.

ـ سوسن را چه کنم؟ اینجا تنهایش بگذارم که اگر اوباش ریختند...

گفتم:

ـ مطمئن باش که سیف سگزی گربه نمی‌خورد.

بی‌بی خاور هم که مثل من نگران بود، برای تشویق او به‌احتیاط، به‌کمک من آمد:

ـ نگران نباش! این بلاخورده کلپاسو را من غذا می‌دهم.

عاقبت رضایت داد که آن شب را در خانهٔ ما بگذراند.

در خانهٔ ما تمام مدت شب فکر و ذکرش یاد مهمانی فخرالدین و کلمات جهان خاتون بود. اگرگاهی از او فارغ می‌شد، به‌مناسبت غصه

خوردن برای تنهائی سوسن بود.

صبح درِ خانهٔ ما را زدند. بی‌بی خاور بود که آمده بود خبر وقایع تازه را برای ما بیاورد. بعد از رفتن ما باز به‌سراغ شمس‌الدین آمده بودند. اما این بار مدعیان دیگری بودند. شمس‌الدین تا چشمش به‌بی‌بی افتاد، پیش از آنکه از علت آمدن بی‌موقعش بپرسد، جویای حال بچه‌گربه شد. سوسن در غیاب او چه‌کرده؟ غذایش را خورده؟ بی‌تابی نکرده؟...

باری، بی‌بی خاور گفت که بعد از رفتن ما دو تن از عملهٔ شحنه برای بردن شمس‌الدین به‌شحنه‌خانه، به‌در خانه آمده‌اند. وقتی بی‌بی به‌آنها گفته که شمس‌الدین خانه نیست، بی‌گفتگو پذیرفته‌اند و پیغام داده‌اند که به‌شحنه‌خانه برود. ولی جماعتی از اوباش سیف سگزی، که دنبال عملهٔ شحنه راه افتاده بودند سر و صدا راه انداخته‌اند که بی‌بی دروغ می‌گوید و باید خانه را بازرسی کنند. اما عاقبت بدون مزاحمت بیشتر، رفته‌اند. بعد از رفتن آنها، نزدیک غروب آفتاب، اسحق، پسر مولانا عبید آمده پیغامی از طرف پدرش برای شمس‌الدین آورده است. ولی بی‌بی احتیاط کرده و نشانی خانه ما را نداده است. اسحق سفارش کرده که وقتی شمس‌الدین به‌خانه برگشت به‌او بگوید که حتماً سری به‌مولانا بزند.

شمس‌الدین می‌خواست پیش از رفتن پیش عبید سری به‌خانه‌اش بزند. مراجعهٔ عملهٔ شحنه و اجتماع اوباش سیف سگزی به‌دنبال آنها، زیاد نگرانش نکرده بود. ولی من بیش از پیش مشوش بودم. اصرار کردم که بلاتأمل به‌دیدار عبید برویم. اوکسی نبود که بی‌علت پسرش را پی شمس‌الدین بفرستد.

در خدمت عبید

عبید از اینکه من هم با شمس‌الدین بودم اظهار رضایت کرد و به‌عنوان عذرخواهی از نبودن وسائل پذیرائی، و شاید دادن حال و هوائی شاد به‌محیط دیدارمان برای عنوان کردن مطلب، قطعه‌ای از سروده‌های شیرینش را خواند:

پیش ازین در ملک هرسالی مرا	خرده‌ای از هرکناری آمدی
در وثاقم نان خشک و تـرّه‌ای	در میان بودی چو یاری آمدی
گه گهی هم باده‌ای حاضر شدی	گر ندیمی یا نگاری آمدی
نیست در دستم کنون از خشک و تر	زانچه وقتی در شماری آمدی
غیر من در خانه‌ام چیزی نماند	هم نماندی گربه کاری آمدی

این پیش‌درآمد شاد صدای خندهٔ شمس‌الدین را بلند کرد. در همین موقع در اطاق باز شد و بنفشه، کنیز سیاه عبید، با سینی شربت و میوه و تنقلات ـ که با شعر مولانا هیچ نمی‌خواند ـ وارد شد. و ضمن احوالپرسی از ما و پرسش از حال و روز بی‌بی خاور، در سفره چید.

این کنیز پرحرف را خواجه امین‌الدین جهرمی وزیر شاه شیخ و شوهر سابق جهان خاتون، پیش از آنکه در معیت شاه شیخ از شیراز فرار کند، به‌مولانا عبید بخشیده است. با آنکه عبید او را آزاد کرده، ماندن در خدمت صاحب تازه را برآزادی ترجیح داده است و به‌کمال علاقه، با تدبیری قابل تحسین، خانهٔ مولانا را که بعد از فوت مادر اسحق بی‌سرپرست مانده، اداره می‌کند. اداره کردنی که، به‌قول مولانا، به‌علت غالباً خالی بودن کیسه، گاه به‌معجزه می‌ماند. پیش از خواجه امین‌الدین، در مالکیت شاه شیخ بوده است.

این زن از جهات مختلف قابل توجه است. از طرفی، آشپز و شیرینی پزی به‌نهایت ماهر و باسلیقه است. از طرف دیگر با اینکه زنی

عامی است، بسیار شعردوست است. گاه دیده‌ام که وقتی شمس‌الدین در حضور مولانا شعر می‌خواند، می‌نشیند و با لذتی آشکار گوش می‌دهد. در حالیکه احتمالاً معنای خیلی از ابیات را نمی‌فهمد.

تنها عیب او این است که قدرت تخیلی بی‌حد و حساب دارد. تخیلی آنقدر قوی که به گفتهٔ مولانا عبید بعضی اوقات تشخیص خیال از واقعیت برای خودش دشوار می‌شود. مثلاً در حالیکه آشنایانش می‌گویند اصلاً متولد بصره است، چون در قصه‌هائی که نقّال‌ها برای شاه شیخ نقل می‌کرده‌اند، اسمی از غلامان و کنیزان اهل زنگبار شنیده، در عالم خیال خود را اهل زنگبار پنداشته و به‌مرور، براثر تکرار، این خیال در او به‌قدری قوت گرفته که واقعاً و صمیمانه باورش شده که متولد آنجاست. معتقد است که پادشاه زنگبار، امیرمنصور ـ حالا معلوم نیست این اسم را از کجا آورده ـ او را به شاه شیخ بخشیده و همراه یک ایلچی مخصوص جزء هدایای دیگر از زنگبار به شیراز فرستاده است. از سفر پرمخاطره و طوفان‌ها و دریای منقلب برای رسیدن به فارس، حکایت‌ها دارد که برای هر شنوندهٔ آماده‌ای نقل می‌کند. چون افسانه‌پردازی او برای جلب منفعتی نیست و ضرری به کسی نمی‌رساند، عبید قصه‌هایش را تا سرحد امکان تحمل می‌کند. بنفشه آن قدر پرحرفی کرد که عبید به بهانه‌ای او را به خارج خانه فرستاد. بعد، من وقایع دو روز اخیر را به‌اختصار برایش حکایت کردم. چهره درهم کشید و گفت:

ـ من معتقدم که شمس‌الدین باید فوراً و برای مدتی از شیراز دور بشود. چون از فتنهٔ دبّاغ گذشته، مهمانی کلو فخرالدین کار دستمان داده است.

شمس‌الدین دهن به‌اعتراض بازکرد. ولی عبید با بلندکردن دست او را به‌سکوت واداشت. و از توضیحاتی که داد معلوم شد که سخن‌چینان در باب فتنه و فساد، سنگ تمام گذاشته‌اند. اگر گزارش آن بیت کذائی را برای دبّاغ جعفرآبادی برده‌اند، مهم‌تر و خطرناک‌تر این است که شرکت جهان خاتون در مهمانی را به‌گوش کلو ناصرالدین عمر رسانده‌اند. و به‌خصوص راجع به‌ابراز شوق زن جوان نسبت به شمس‌الدین و شعرش افسانه‌سرائی‌ها کرده‌اند. تا آنجا که کلو عمر، به‌بهانه‌ای بی‌خبر به‌سراغ جهان خاتون رفته و در نهایت، این دیدار به گفتگوی بسیار تندی بین شحنه و زن جوان انجامیده است. وقتی کلو عمر از شمس‌الدین به‌عنوان «شاعرک هرزه دهن» یاد کرده، جهان خاتون عنان صبر و تحمل را از دست داده و کلو عمر را نادان بی‌تمیزی خوانده که به‌لطیف‌ترین انسان و بزرگ‌ترین شاعر همهٔ قرون و اعصار اهانت می‌کند. و او را با خفت از خود رانده است.

مولانا عبید بعد از این شرح مختصر واقعه، افزود:

ـ من که غرور و خودخواهی بی‌حدّ و حصر این مرد را می‌شناسم، وقتی شرح واقعه را از زبان جهان خاتون شنیدم سخت نگران شدم و او را به‌ملایمت و دلجوئی نصیحت کردم. عاقبت کار این دو نفر نمی‌دانم به کجا بکشد. اما نگران انتقام‌جوئی کلو عمر از شمس‌الدین هستم. به‌خصوص اینکه دیروز، اسحق ما، از دائی‌اش عطاءالله، که در شحنه‌خانه کار می‌کند، شنیده که کلو عمر به‌یکی از نایبانش دستور احضار شمس‌الدین را داده و از او به‌عنوان «پسرک هرزه‌دهن» اسم برده است. و حالا، این طور که معلوم می‌شود، عملهٔ شحنه هم در اجرای فرمان رئیسشان تعللی نکرده‌اند و برای بردن «پسرک» مراجعه کرده‌اند.

شمس‌الدین گفت:

- اگر خانه بودم همراه آنها می‌رفتم که نشان بدهم گناهی ندارم.

عبید خندید و گفت:

- اولاً تو اهل فضلی و دانش همین گناهت بس! ثانیاً، بگو ببینم جرم کدام یک از این صدها سری که در این چند ماهه از تن جدا شده، از جرم تو - که مفتی و محتسب و صوفی، همه را یکجا به‌دار سخن کشیده‌ای - سنگین‌تر بوده است؟ ثالثاً، این‌ها همه به‌کنار، از «پسرک هرزه دهن» به‌خصوص وقتی این پسرک به‌طعمهٔ شیر طمع کرده - هیچ بوی خوشی نمی‌آید. باید برای مدتی از شیراز دور بشوی تا سر و صداها بخوابد.

شمس‌الدین سری تکان داد و گفت:

- هرچیزی و هرکاری، به‌جز دوری از شیراز، حضرت مولانا! نمی‌دهند اجازت مرا به‌سیر و سفر - نسیم باد مصلی و آب رکناباد. دور از این‌ها زندگی من زندگی نیست، نمرده مرگی است.

من دو کلمه‌ای در تأیید نظر عبید گفتم. ولی شمس‌الدین با نگاه رنجیده‌ای خاموشم کرد. مولانا دنبالهٔ کلام را رها نکرد:

- دلبستگی تو را به‌نسیم باد مصلی و آب رکناباد می‌فهمم. اما برای اینکه باز مدتی از این نسیم و آب لذت ببری، باید چندی از چشم عملهٔ شحنه دور باشی. می‌دانی که اصولاً من و تو به‌عنوان شاعران دربار شاه معزول، که سلطان جدید را ندیده گرفته‌ایم، سخت مغضوبیم. اگر تا حالا سراغمان نیامده‌اند برای این است که فعلاً مشغول تسویه حساب با خنجرگذاران شاه شیخ هستند تا نوبت شاعرانش کی برسد. من لااقل این چندماهه کنار کشیده‌ام. اما تو نه تنها تیغ زبانت را غلاف نکرده‌ای، که چپ و راست کوبیده‌ای. حالا

جناب شحنه، علاوه براینکه باید جواب ایادی دبّاغ جعفرآبادی را که سنگ اخلاقیات را به‌سینه می‌زنند بدهد، با تو حساب خصوصی هم پیدا کرده است. به شحنه‌خانه احضارت کرده، اگر بروی غل و زنجیر و زندان است. اگر رو پنهان کنی، اسمت را به جارچی می‌دهند، که خطرناک‌تر است. چون آن وقت سر و کارت با اجامر و اوباش می‌افتد. حتماً شنیده‌ای که این روزها وقتی جارچی‌های شحنه اسم کسی را جار می‌زنند، اوباش برای گرفتن انعام مرسوم، جلوتر از عملهٔ شحنه به‌راه می‌افتند. وقتی هم آن کس را پیدا می‌کنند و می‌گیرند، تا بردن به شحنه‌خانه برای خوش خدمتی بسیار آزارش می‌دهند. گاه گوش و دماغش را می‌برند.

شرح مصیبت، شمس‌الدین را زیاد متأثر نکرد. آرام جواب داد:

ـ چند روز یک جائی پنهان می‌شوم.

عبید سری تکان داد و پرسید:

ـ کجا پنهان می‌شوی؟ خانهٔ دوستان نزدیکت را که عملهٔ شحنه و اوباش زود پیدا می‌کنند. از آنها هم که بگذری، این روزها چه کسی به آدمی که شحنه دنبالش می‌گردد، پناه می‌دهد؟ خیال می‌کنی...

شمس‌الدین کلام او را برید:

ـ خیلی‌ها به من پناه خواهند داد. خیلی‌ها، حضرت مولانا.

عبید باز خندید و گفت:

ـ بگو ببینم، این خیلی‌ها را کی دیده‌ای؟ در این چند ماهه اخیر هم آنها را دیده‌ای؟

ـ نه، در این ماه‌ها کمتر از خانه بیرون رفته‌ام.

عبید پس از لحظه‌ای سکوت گفت:

ـ ای نور چشم من، فراموش نکن که تا چند ماه پیش من و تو از

مقربان درگاه پادشاه وقت بودیم. بعضی از این «خیلی‌ها» اگر از شعر ما لذت می‌بردند، از شعر شاه پسندیدهٔ ما بود. قدرت و عزت پادشاه پشت شعرمان بود. حالا دیگر شعرمان فقط شعر است. چه بسا به‌چشم بعضی از این «خیلی‌ها» همان هم نباشد. چه بسا بعضی از این خیلی‌ها که غزل شمس‌الدین حافظ را نخوانده عالی می‌گفتند، با حضرت شحنه همصدا بشوند و آن را هرزه‌گوئی بدانند.

شمس‌الدین به‌لحن اعتراض گفت:

ـ ولی، حضرت مولانا...

عبید دست بلند کرد و کلام او را برید:

ـ نه، گوش کن! این را هم بشنو، شمس‌الدین! سه روز پیش، به‌تصادفی، خواجه کمال هروی، بازرگان معروف را دیدم. از خانهٔ یکی از بزرگان شهر می‌آمد. چنان درهم و آشفته‌حال بود که نگرانش شدم و علت را پرسیدم. این مرد ـ که شما می‌دانید و همه می‌دانند که یکی از ثروتمندان فارس بوده و حالا به‌علت آفت محصول و غرق کشتی‌اش ورشکست شده ـ در جواب سؤال من متأثر شد و اشک در گوشه چشم، گفت:

ـ همه می‌دانند که من مدت‌هاست گرفتار یک عارضهٔ مزاجی هستم که گاه بی‌اختیار بادی از من صادر می‌شود. در گذشته، که مال و نعمت سر جایش بود، وقتی این اتفاق می‌افتاد، اطرافیان می‌گفتند عافیت باشد، عطسه سلامتی است. و دعای عطسه می‌خواندند. امروز که درمانده و مستأصل، به‌تقاضای وامی به‌خانهٔ این بزرگ رفته بودم، از قضا عطسه‌ای کردم. چند نفر از حاضران زبان به‌تعرض و حتی فحاشی گشودند که شرم نمی‌کنی در جمع ما محترمین گوز می‌دهی؟ هرچه جزع و فزع کردم که عطسه‌ای بوده کسی گوش نکرد.

شمس‌الدین بعد از قهقهه‌ای به‌این روایت مولانا، گفت:
- اما، رابطهٔ من با مردم از نوع رابطهٔ خواجه کمال نیست. برای مثال، من مطمئنم که اگر بخواهم، خواجه قوام‌الدین محمد مرا با رغبت پذیرا می‌شود. نامه‌ها و پیام‌هایش از مدت‌ها پیش...
عبید کلام او را برید:
- پیش از اینکه از مراتب دوستی قوام‌الدین صاحب‌عیار - که من هم خوب می‌شناسم - بیشتر بگوئی، باید خبرت کنم که قوام‌الدین چند روز پیش با شاه شجاع، ولیعهد امیرمبارز به‌کرمان رفته و معلوم نیست کی برگردد. پس به‌فرض اینکه از جانب او فرجی باشد، باید تا مراجعتش سر روی تنت باقی بماند. کاش می‌توانستی اینجا بمانی. ولی خانهٔ من هم جای امنی نیست. زخم‌خوردگان و آسیب‌دیدگان زبان من هم بیکار ننشسته‌اند و نزد حاکمان تازه‌کم سعایت نکرده‌اند. به‌هرحال باید، اگر بخواهی در شهر بمانی، جای امنی برای پنهان شدن پیدا کنی.
شمس‌الدین گفت:
- خیال مولانا راحت باشد. من جای پنهان شدن فراوان دارم.
عبید خندید و گفت:
- امیدوارم از این فراوانی نصیب کاملی ببری و گلندام خبر خوشش را به‌من برساند. حالا، به‌مبارکی این چاره‌جوئی و به‌دلیل اینکه بعد از پنهان شدنت مدتی صدایت را نخواهم شنید، یک غزل روح‌افزا برایم بخوان که در این شور و شر آفاق دلمان کمی باز بشود.
شمس‌الدین انگار به‌آنی تشویش خاطر را از یاد برد و با صدای شورانگیزی که اختصاص به‌مجالس دوستان شعرشناس دارد، شروع به‌خواندن کرد:

کنار آب و پای بید و طبع شعر و یاری خوش
معاشر دلبری شیرین و ساقی گلعذاری خوش
الا ای دولتی طالع که قدر وقت می‌دانی
گوارا بادت این عشرت که داری روزگاری خوش
هرآن کس را که برخاطر ز عشق دلبری باریست
سپندی گو برآتش نه که دارد کار و باری خوش
عروس طبع را زیور ز فکر بکر می‌بندم
بود کز نقش ایامم به‌دست افتد نگاری خوش
شب صحبت غنیمت دان و داد خوشدلی بستان
که مهتابی دل‌افروزست و طرف لاله‌زاری خوش
میی در کاسهٔ چشم است ساقی را بنامیزد
که مستی می‌کند با عقل و می‌بخشد خماری خوش
به‌غفلت عمر شد حافظ بیا با ما به‌میخانه
که شنگولان خوشباشت بیاموزند کاری خوش

عبید با شور و حال فوق‌العاده‌ای او را تحسین کرد و رویش را بوسید. شمس‌الدین، به‌عادت همیشه، برای تحریک او به‌نقل حکایتی، پرسید:

ـ تازگی‌ها از همشهری‌ها خبری به‌حضرت مولانا...؟

عبید بلاتأمل گفت:

ـ قزوینی با سپری بزرگ به‌جنگ ملاحده رفته بود. از قلعه سنگی برسرش زدند و بشکستند. برنجید و گفت: ای مردک کوری که سپری به‌این بزرگی را نمی‌بینی سنگ برسر من می‌زنی؟

شمس‌الدین بعد از خنده‌ای طولانی از جا برخاست و گفت:

ـ نصیحت حضرت مولانا را که به‌خلاف همهٔ نصیحت‌ها چاشنی شیرینی دارد، به‌جان و دل می‌پذیرم.
عبید گفت:
ـ خدا نگهدارت. برو و این حکم حکیم طوس را به‌یاد داشته باش، که فرمود:

دلاور که نندیشد از پیل و شیر   تو دیوانه خوانش مخوانش دلیر

پیش از جدا شدن از مولانا، از او تمنا کردم که اسحق را وادارد که از دائی‌اش، عـطاءاللـه، کــه در شــحنه‌خانه است، عـلـت احضار شمس‌الدین را تفحص کند.

جستجوی پناهگاه

وقتی از خانهٔ عبید بیرون آمدیم، به‌زحمت شمس‌الدین را که می‌خواست برای سرکشی به‌خانه و رسیدگی به‌حال سوسن بـرود، مانع شدم. به‌این شرط پذیرفت که من بروم و اخبار خانه را بـرایش بیاورم. در خانهٔ ما پدرم سخت معتقد بود که شمس‌الدین باید بی‌تأمل از شیراز خارج شود. ولی شمس‌الدین گوش شنوا به‌توصیهٔ دوری از شیراز نداشت. با لحنی کـه از بی‌توجهی‌اش بـه‌موقعیت پـرخطر حکایت داشت، همچنان با خنده از نسیم باد مصلی و آب رکناباد دم می‌زد.

وقتی به‌صحبت جدّی نشسـتیم، دیـدم واقعـاً مـعتقد است که به‌راحتی می‌تواند چند روزی، تا بازگشت قوام‌الدین صاحب‌عیار، در شیراز پنهان بشود و خیلی‌ها با دل و جان آمادهٔ پذیرائی او و پنهان کردنش در خانهٔ خود هستند، من که بهتر از او آدمیان این عهد و زمانه را می‌شناسم، چنان اعتقادی نـداشتم. درنتیجه، از او خـواستم از

آنهائی که گمان می‌کند پناهش خواهند داد، نام ببرد تا دست نیاز به‌سویشان دراز کنیم. از سه تن از بزرگان شیراز اسم برد.

صبح روزی، که به‌قصد دیدار این حامیان خیالی شمس‌الدین به‌راه افتاده بودم، به کلام مولانا عبید می‌اندیشیدم که حکیمانه گفت اگر این بزرگان از شعر ما لذت می‌بردند برای این بود پیشتر مورد پسند پادشاه وقت قرار گرفته بود. اما شمس‌الدین که دلی به‌صافی آینه دارد، نمی‌دانم چه موقع به‌دنیای واقعی و تشخیص طبیعت واقعی آدمیان خواهد رسید. در مجالس و محافل اظهار اشتیاقی را که بزرگان به‌دیدارش و شنیدن شعرش می‌کنند، باور دارد. در حالیکه من به‌خوبی می‌بینم که غالباً صداقتی در گفتار آنها نیست. می‌خواهند به‌دیگران برسانند که شاعر بزرگ زمان مهمان آنها بوده و در مجلسشان شعر خوانده است. شمس‌الدین هنگام خواندن شعر، به‌عادت، غالباً چشم‌ها را می‌بندد و جز صدای خودش صدائی نمی‌شنود. ولی من فرصت توجه به‌شنوندگان او را دارم. بسیار دیده‌ام و شنیده‌ام که وقتی او شعر می‌خواند، با مهمان کنار دستشان از ترقی بهای غلات یا تنقیهٔ فلان کاریز صحبت می‌کند. تردید ندارم که بین شعر شمس‌الدین و شعر امثال غانم فرق نمی‌گذارند. روشن است که شاعر و قوّال را فقط به‌معیار اسم و رسمش و به‌عنوان یکی از وسائل نمایش بزرگی و قدرتمندی، از قبیل قالی ابریشمین و پردهٔ زربفت، به‌مجلس خود می‌خوانند.

از سه بزرگی که شمس‌الدین اسم برده بود، یکی را من شخصاً می‌شناختم. همراه شمس‌الدین به‌مجلس او رفته بودم. مرا با روی گشاده پذیرفت. ولی وقتی موضوع را دانست زبان به‌نصیحت گشود که باید شمس‌الدین را راضی کنیم که بلاتأمل از شهر خارج شود و

به‌انکار و اکراه شمس‌الدین از ترک شیراز، گوش شنوا نداشت. توصیه خود را تکرار روی تکرار کرد تا آنجا که خسته و ناامید ترکش کردم. به‌دومی که مرا نمی‌شناخت ناگزیر پیغام فرستادم که یکی از دوستان شمس‌الدین حافظ برای رساندن پیام او باید به‌حضورش برسد. خدمتکار جواب آورد که پیام را به‌او بگویم تا به‌ارباب خود برساند و پافشاری من براینکه پیام خصوصی و شخصی است نتیجه‌ای نداد. ناچار راهی خانهٔ سومی، حاجی غیاث‌الدین، شدم. این مرد یکی از ثروتمندترین ملاکین فارس است. به‌گمان شمس‌الدین شعر برای او از هوای تنفس لازم‌تر و گرامی‌تر است و غزل‌های شمس‌الدین را عاشقانه دوست دارد. آن قدر که با شنیدن غزل او مکرّر اشک شوق فرو ریخته است. به‌هرحال شمس‌الدین به‌صفا و صمیمت او اعتقاد کامل دارد.

حاجی غیاث‌الدین تا اسم شمس‌الدین حافظ را شنید، زبان به‌شکوه و شکایت از دوری طولانی او گشود و پیش از آنکه به‌من مجال سخن بدهد، از شور و شوق خود به‌اشعارش بسیار گفت. عاقبت موضوع را طرح کردم و گفتم که تقاضای ما این است که چند روزی شاعر محبوب خود را که در خطر حمله و هجوم اوباش از یک طرف و عملهٔ شحنه از طرف دیگر است، در خانهٔ خود پنهان کند، با روی باز پذیرفت. و گفت که شمس‌الدین قدم بر دیدگان او می‌گذارد. اما شادی من دیری نپائید. زیرا بعد از توضیحاتی درباره وسائل آسایش پناه‌جو گفت:

ـ من از روز اول و بلاتأمل او را در پناه کسی قرار می‌دهم که نه اوباش، نه عملهٔ شحنه‌خانه که حتی خود شحنه جرأت و جسارت کوچک‌ترین تعرضی را نسبت به‌او نداشته باشند.

با تعجب گفتم:

ـ وجود چنین کسی در این ایام که کلو ناصرالدین عمر...؟

نگذاشت کلامم را تمام کنم. گفت:

ـ کلو ناصرالدین قدرتش را از سلطان غازی امیرمبارزالدین دارد. من شمس‌الدین را با خودم به‌درگاه حضرت سلطان می‌برم.

گفتم:

ـ ولی شمس‌الدین...

باز کلامم را برید:

ـ می‌دانم که شمس‌الدین حافظ شاعر دربار شاه شیخ بوده است. ولی او هم مثل خیلی از شاعران دربار گذشته، با یکی دو قصیده در مدح امیرمبارز می‌تواند جای خود را باز کند.

دنباله گفتگو را نقل نمی‌کنم. به‌بهانه‌ای به‌این بحث بی‌حاصل پایان دادم.

در حالی که نومید به‌سوی خانه برمی‌گشتم، اندیشناک بودم که چگونه و به‌چه زبانی به‌شمس‌الدین خبر ببرم که کسانی که او به‌آغوش بازشان آن قدر اطمینان داشت، در را به‌رویش بسته‌اند. می‌دانستم که برای خاطر نازکش ضربتی دردناک خواهد بود.

برای اینکه به‌کلی دست خالی به‌خانه برنگشته باشم، سری به‌خانهٔ شمس‌الدین زدم که خبر خوش سلامت بچه گربه را برایش ببرم. از قضا سوسن در نهایت آرامش کنار بی‌بی خاور خوابیده بود. عملهٔ شحنه یک بار دیگر به‌سراغ شمس‌الدین آمده بودند ولی این بار خوشبختانه اوباش آنها را بدرقه نکرده بودند. بی‌بی خاور به‌نهایت نگران شمس‌الدین بود. او را دلداری دادم. وقتی به‌خانه رسیدم، بعد از خبر خوش صحت و عافیت سوسن، برای هریک از دوستان موهوم

او عذری تراشیدم. یکی را مشغول مهمانان از راه رسیده و دیگری را بیمار بستری و سومی را عازم سفری واجب معرفی کردم. به‌خیال خود به‌این شکل پرده‌ای روی واقعیت دل‌آزار کشیدم. ولی دیدم که چهرهٔ شمس‌الدین درهم رفت و تبسم از لبانش محو شد. مدتی دراز خاموش ماند. دانستم که خاطر تیز و ضمیر روشن او ماوقع را حدس زده است. خوشبختانه طبیعت شادش برغصهٔ واقعیت تلخ غلبه کرد و خندان گفت:

ـ دِ نشنیدی، کاکو! شیخ اجل چی فرمود؟ فرمود: کهن خرقهٔ خویش پیراستن ـ به‌از جامهٔ عاریت خواستن. در خانهٔ خودم پنهان می‌شوم. تو و بی‌بی خاور به‌همه می‌گوئید که من به کازرون رفته‌ام.

گفتم:

ـ از خانه بیرون نمی‌آئی، یعنی در اطاق محبوس می‌شوی؟ به‌یقین انتظار داری که همسایه‌ها، از جمله خانوادهٔ دبّاغ جعفرآبادی در همسایگی‌ات، همگی کور و کر بشوند!

خنده از لب‌هایش رفت. زیرا خود به‌سستی و بی‌پایگی این تدبیر پی برد. ولی گرفتگی او زیاد نپائید لحن شاد خود را بازیافت:

ـ دِ نشنیدی، کاکو! حکیم طوس مگر نفرموده که:

چنان رفت باید که آید زمان   **مشو تیز با گردش آسمان**

برای پا به‌پائی با روحیهٔ خوب او به‌خود فشار آوردم که اندیشه مخاطرات را موقتاً از ذهن دور کنم تا بعد برای مشکل راه حلی بیابیم. نشاط و سبکبالی جوانی یاری‌مان داد که پریشانی و اندوهناکی را به‌باد فراموشی سپردیم. و با آنکه شمس‌الدین سرماخورده و ناخوش بود، ساعت‌های شاد و آرامی راگذراندیم. شب پدرم نیز به‌جمع دو نفری ما پیوست و از شمس‌الدین خواست که غزلی بخواند. پدرم از

عاشقان سعدی است و بسیاری از غزل‌های او را حفظ دارد. تا نشست گفت:

ـ شنیده‌ام که یک غزل شیخ را که من بسیار دوست دارم استقبال کرده‌ای، شمس‌الدین، من غزل او را که حفظ دارم می‌خوانم و تو غزل خودت را بخوان ببینم چه کرده‌ای، پسرم.

و بلافاصله شروع به‌خواندن غزل سعدی کرد:

عشق ورزیدم و عقلم به‌ملامت برخاست
کانکه عاشق شد ازو حکم سلامت برخاست
هرکه با شاهد گلروی به‌خلوت بنشست
نتواند ز سر راه ملامت برخاست
که شنیدی که برانگیخت سمند غم عشق
که نه اندر عقبش گرد ندامت برخاست
عشق غالب شد و از گوشه‌نشینان صلاح
نام مستوری و ناموس کرامت برخاست
در گلستانی کان گلبن خندان بنشست
سرو آزاد به‌یک پای غرامت برخاست
گل صد برگ ندانم به‌چه رونق بشکفت
یا صنوبر به‌کدامین قد و قامت برخاست
دی زمانی به‌تکلّف بَرِ سعدی بنشست
فتنه بنشست چو برخاست قیامت برخاست

و شمس‌الدین بی‌تکلف، با صدای گرفته غزل خود را خواند:

دل و دینم شد و دلبر به‌ملامت برخاست
گفت با ما منشین کز تو سلامت برخاست

که شنیدی که در این بزمِ دمی خوش بنشست
که نه در آخر صحبت به‌ندامت برخاست
شمع اگر زان رخ خندان به‌زبان لافی زد
پیش عشّاق تو شب‌ها به‌غرامت برخاست
در چمن باد بهاری ز کنار گل و سرو
به‌هواداری آن عارض و قامت برخاست
مست بگذشتی و از خلوتیان ملکوت
به‌تماشای تو آشوب قیامت برخاست
پیش رفتار تو پا برنگرفت از خجلت
سرو سرکش که به‌ناز قد و قامت برخاست
حافظ این خرقه بینداز مگر جان ببری
کاتش از خرمن سالوس کرامت برخاست

پدرم که از شدت شوق و ذوق اشک به‌چشم آورده بود، فرصت نکرد احساس رضایت خود را به‌شمس‌الدین ابراز کند. زیرا صدای دق‌الباب آخرین کلمات غزل را همراهی کرد.

صرّاف سلطانی

کسی که در خانه را می‌زد اسحق، پسر مولانا عبید بود، که از جانب پدرش ملزم شده بود بی‌تأخیر حاصل تحقیقات خود در شحنه‌خانه را به‌اطلاع شمس‌الدین و من برساند.

اسحق همان روز به‌سراغ دائی‌اش عطاءالله، که در شحنه‌خانه در دفتر رسائل کار می‌کند، رفته بود. توضیح داد که کلو عمر از هنگام انتصاب به‌شحنگی شیراز از سوی امیرمبارز، یک دفتر رسائل ایجاد کرده که هرکس از رفتار و گفتار دیگری شکایتی دارد که در صلاحیت

قاضی شرع نباشد، به‌آنجا می‌رود و شکایت خود را اظهار می‌کند. دلائل و مدارک خود را عرضه و شهود را معرفی می‌کند. دبیر رسائل آنها را در دفتر ثبت می‌کند.

بعد از این توضیح، گفت:

- آنچه من توانستم بدانم این است که شکایت‌های مربوط به‌هرکس را در دفتر جداگانه‌ای، که اسمش را سیاهه گذاشته‌اند، ثبت می‌کنند. از چند ماه پیش شکایت‌های متعددی علیه شمس‌الدین در سیاهه‌اش ثبت شده که بیشتر از طرف شاعران معروف است و در این میان...

من سخنش را قطع کردم:

- از کدام شاعران؟ نفهمیدی کدام شاعران شکایت کرده‌اند؟

- با اینکه حلوای مسقطی دست‌پخت بنفشه، برای دائی عطا برده بودم و با اینکه خیلی اهل شکم است، هرچه اصرار کردم راضی نشد اسامی‌شان را فاش کند. ولی می‌گفت تقریباً هیچ کدام شکایت شخصی نیست. بلکه شاکیان به‌خاطر اهانت حافظ به‌محترمین و مقدسین ملک و ملت شکایت کرده‌اند.

- نپرسیدی چه نوع اهانتی را عنوان کرده‌اند؟

اسحق بدون اینکه به‌سؤال من جواب بدهد، گفت:

- موضوعی را که از دائی عطا شنیدم و پدرم گفت به‌خصوص کلمه به کلمه برای شمس‌الدین تکرار کنم این است که: شکایت‌هائی که در دفتر رسائل ثبت شده از مدتی قبل وجود داشته و کلو عمر از آنها مطلع بوده است. با وجود این، ناگهان و برافروخته، به‌دبیر رسائل پریده و حتی فحاشی کرده که چرا شمس‌الدین را به‌شحنه‌خانه نخواسته و رسیدگی نکرده‌اند. و به‌عذر مرد بیچاره، که گفته جز

اطاعت دستور خود او کاری نمی‌کرده، گوش شنوا نداشته است.

سؤالم را تکرار کردم. اسحق در جواب گفت:

ـ تنها چیزی که توانستم از زیر زبان دائی عطا بیرون بکشم این است که یکی از شاکی‌ها نوشته که حافظ در یک غزلی به‌حضرت خلیفهٔ عباسی المعتضد بالله المستعصمی اهانت کرده که درواقع اهانت به‌نایب او امیر مبارزالدین است. یکی دیگر یک شعری را نقل کرده و گفته که در آن به‌حاجی شرف‌الدین صرّاف سلطانی اهانت شده و درستکاری و امانتش مورد تردید قرار گرفته است.

اسحق نتوانست توضیح بیشتری بدهد. پیش از رفتن، برتوصیهٔ پدرش به‌شمس‌الدین مبنی برترک شیراز یا پنهان شدن در جای مطمئنی، تأکید مجدد کرد. شمس‌الدین به‌او اطمینان داد که به‌نصیحت مولانا عمل خواهد کرد.

بعد از رفتن او پدرم از شمس‌الدین خواست غزلی راکه بدخواهان به‌عنوان توهین به‌حاجی شرف‌الدین صراف سلطانی، به‌شحنه‌خانه کشیده‌اند، برای او بخواند. ولی شمس‌الدین به‌علت گرفتگی صدا عذر خواست فقط یادآوری کرد که در تمام غزل‌هایش، تنها یک بار لفظ صرّاف آمده است که باید همان منظور بوده باشد:

خموش حافظ و این نکته‌های چون زر سرخ

نگاه دار که قلاب شهر صراف است.

و وقتی پدرم از سخافت ادعای مخالفان ابراز تعجب کرد، سری تکان داد و گفت:

چون قلم در دست غدّاری بود　　لاجرم منصور برداری بود

*

وقتی من و شمس‌الدین تنها ماندیم، تا پاسی از شب به‌حدس و

گمان دربارهٔ شاعرانی که این غزل و لفظ صرّاف را بهانهٔ کینه‌توزی خود به‌شمس‌الدین قرار داده بودند، نشستیم. کسانی که غزل را می‌شناختند، یک یک کنار هم گذاشتیم و به‌نتیجهٔ مطمئنی نرسیدیم.

شمس‌الدین خوابید ولی من شب سختی را گذراندم و صبح به‌امید یافتن راه حلی برای رفع خطر از شمس‌الدین به‌راه افتادم. یکی از دوستان پدرم را که مرد ثروتمند و باسخاوتی بود در نظر گرفته بودم. اهل شعر و ادب بود و شمس‌الدین را دوست داشت. ولی وقتی دانست که به‌شحنه‌خانه احضار شده است، از پذیرفتن و پنهان کردن او عذر خواست. فقط گفت که آماده است همه گونه وسیله سفر را در اختیار شاعر مورد علاقه‌اش بگذارد که هرجا می‌خواهد برود.

در حالیکه نومید و اندیشناک به‌طرف خانه برمی‌گشتم، به‌تصادف با مهربان اردشیر زرتشتی، که زمانی با پدر شمس‌الدین معاملهٔ تجاری و حتی دوستی و رفت و آمد داشت و خانواده را می‌شناخت، برخوردم. از قضا، سر و صدای مجلس حل مشکلات به‌گوشش رسیده بود و برای شمس‌الدین، با صمیمیتی که به‌دل می‌نشست، دلسوزی می‌کرد. چون دانست که شمس‌الدین در شیراز است و به‌شحنه‌خانه احضار شده است، سخت مضطرب شد و هشدار داد که نباید در شهر بماند. وقتی مشکل اصرار شمس‌الدین به‌ماندن در شیراز را با او در میان گذاشتم، توصیه کرد که در جائی پنهان شود. ناگزیر به‌او گفتم که از ترس عمال حکومت کسی در به‌روی او باز نمی‌کند. با بزرگواری پذیرفت که شمس‌الدین را موقتاً در خانه‌اش پنهان کند. ولی بلافاصله این واقعیت را یادآوری کرد که منازل و محافل مسیحیان و زرتشتیان و یهودیان و مسلمانان شیعه هرلحظه در خطر حملهٔ اوباش قرار دارد. و او، به‌این ملاحظه خانوادهٔ خود را از

شیراز به‌خارج فرستاده است. بنابراین در حالیکه آمادهٔ پناه دادن به‌فرزند دوست قدیم خویش است، توصیه می‌کند که بگردم و محل مطمئن‌تری برای پنهان کردن او پیدا کنم.

*

بعد از تاریک شدن هوا، با احتیاط، شمس‌الدین را، از راه کوچه پس‌کوچه‌ها، به‌خانهٔ زرتشتی شجاع و سخاوتمند هدایت کردم. و او را بعد از سفارش بیش از اندازهٔ رعایت احتیاط، آنجا گذاشتم. اما خطر بزرگ‌تر و نزدیک‌تر از آن بود که بتوانم سر راحت به‌بالین بگذارم. در اندیشهٔ پیداکردن محل امنی برای شمس‌الدین بودم. از فرط پریشانی خاطر، به‌پیشنهاد مضحک پدرم نیز فکر می‌کردم. او معتقد بود که دو سه تن از دوستان نزدیک را خبر کنیم که بیایند و ناگهان برسر شمس‌الدین بریزیم، دست و پایش را ببندیم و او را در جوال بار قاطر کنیم و از شهر بیرون ببریم.

سری به‌خانهٔ شمس‌الدین زدم. به‌بی‌بی خاور توصیه کردم که همه جا بگوید که شمس‌الدین برای بازگرداندن مادر و خواهرش به‌کازرون رفته است. و برای حفظ ظاهر استر او را از طویله به‌خانه آوردم. روز بعد، در حالیکه همچنان در تکاپو برای یافتن پناهگاه مطمئنی برای شمس‌الدین بودم، ناگهان خبری شنیدم که همه جا صحبت از آن بود ـ خبر پیدا شدن امیرعلی سهل، پسر ده سالهٔ شاه شیخ بود. این طفلِ از پدر و مادر به‌جا مانده را سید تاج‌الدین واعظ در خانهٔ خود پنهان کرده بود. و کسانی ـ احتمالاً از نمک‌پروردگان پادشاه فراری که محل او را کشف کرده بودند ـ برای تقرب به‌حضرت سلطان تازه، افشاء کرده بودند.

می‌گفتند که پسربچه و سید تاج‌الدین واعظ را نزد امیرمبارز

برده‌اند. امیرمبارز طفل را به‌اندرون خود فرستاده و به‌واعظ گفته است ترحم تو نسبت به‌یک بچهٔ بی‌پدر قابل تحسین است. ولی چون از فرمان من که لزوم معرفی مخفی‌شدگان بوده سرپیچی کرده‌ای، مستحق مجازاتی. و به‌طوری که می‌گفتند، واعظ بیچاره را به‌دست خود گردن زده است.

وضع هرلحظه سخت‌تر و خطرناک‌تر می‌شد. تمام روز به‌امید یافتن پناهگاه مطمئن، به‌هردری زدم و حاصلی نبردم. وقتی خسته و کوفته و نومید، به‌خانه رسیدم، با حیرت، شمس‌الدین را در انتظار خود نشسته یافتم. با دیدن چهرهٔ متحیر من خندید و گفت:

ـ دِگوش نکردی، کاکو! عهدشکنی نکردم ـ وضع تازه‌ای پیش آمد که وفای به‌عهد دیگر مقدور نبود. به‌گوش خودم شنیدم که جارچی شحنه‌خانه اسمم را جار می‌زد.

ـ چون شنیدی که اسمت را جار زدند...

کلامم را برید:

ـ شحنه احضارم کرده، من هم تصمیم گرفته‌ام بروم و بی‌گناهی‌ام را ثابت کنم. هربلائی سرم بیاید بهتر از این است که مهربان اردشیر بی‌گناه را گرفتار کنم. آمدم دفتر اشعارم را پیش تو امانت بگذارم.

گفتم:

ـ باید دیوانه شده باشی که وقتی دارند اسمت را جار می‌زنند، روز روشن از خانه بیرون بیائی. مهربان اردشیر در این باب چیزی نگفت؟

ـ نمی‌خواست بگذارد بیایم. درواقع با زد و خورد یقه‌ام را از دستش خلاص کردم. لابد شنیده‌ای که امیرمبارز آن واعظ بیچاره‌ای را که امیرعلی سهل، پسر شاه شیخ، را درخانه‌اش پنهان کرده بود گردن زده است. آدمیت حکم می‌کرد که بار وجودم را از دوش

زرتشتی بزرگوار بردارم. فردا یکراست پیش کلو ناصرالدین عمر می‌روم و به‌او ثابت می‌کنم که به‌خلاف فتنه‌گری دشمنان، نظری به‌صراف سلطانی و المعتضد المستعصمی نداشته‌ام.
گفتم:
ـ اگر پرسید به‌الجهان خاتون چطور، چه جواب می‌دهی؟
بعد از خندهٔ صدادار بچگانه‌اش گفت:
می‌گویم:

من گدا و تمنای وصل او هیهات
مگر به‌خواب ببینم خیال منظر دوست

برآشفته از این بی‌خیالی او گفتم:
ـ پس این همه نطق و خطابهٔ مولانا عبید و ناله و فریاد اعلام خطر من، باد هوا بوده و هنوز خیال می‌کنی کلو عمر غصهٔ صراف یا المعتضد را می‌خورد؟
بعد برای کاری فوری، او را که همچنان لب به‌خنده داشت در خانه تنها گذاشتم و بیرون رفتم. وقتی برگشتم، در گوشه‌ای با قلم و کاغذ مشغول بود. تا مرا دید گفت:
ـ دِ نشنیدی، کاکو! این غزل را که کامل کرده‌ام نشنیدی. غم‌انگیز است ولی بد نیست. گوش کن!

یاری اندر کس نمی‌بینیم یاران را چه شد
دوستی کی آخر آمد دوستداران را چه شد
آب حیوان تیره‌گون شد خضر فرّخ‌پی کجاست
گل بگشت از رنگ خود باد بهاران را چه شد
کس نمی‌گوید که یاری داشت حقّ دوستی
حق‌شناسان را چه حال افتاد یاران را چه شد

شهر یاران بود و خاک مهربانان این دیار
مهربانی کی سرآمد شهریاران را چه شد
لعلی از کان مروّت برنیامد سال‌هاست
تابش خورشید و سعی باد و باران را چه شد
گوی توفیق و کرامت در میان افکنده‌اند
کس به‌میدان در نمی‌آید سواران را چه شد
صد هزاران گل شکفت و بانگ مرغی برنخاست
عندلیبان را چه پیش امد هزاران را چه شد
زهره سازی خوش نمی‌سازد مگر عودش بسوخت
کس ندارد ذوق مستی میگساران را چه شد
حافظ اسرار الهی کس نمی‌داند خموش
از که می‌پرسی که دور روزگاران را چه شد

غزل غم‌انگیزی است. انگار نادوستی‌هائی که در این چند روزه خودنمائی کرده، به‌تأثر شمس‌الدین از بی‌وفائی‌ها و ناسپاسی‌های کلی که در چند ماههٔ اخیر شاهد آنها بوده، رنگ تندتری داده است. وقایع اخیر قطره‌ای بوده که کاسه تحمل او را سرریزکرده و این دریای اندوه و نومیدی را از قلم همیشه شاد و امیدوار این جوان برصفحهٔ کاغذ جاری کرده است.

به‌نهایت دل‌مشغولی و پریشانی خاطر بودم. نمی‌دانستم چه بگویم و چه تصمیمی بگیرم. رسیدن اسحق، پسر مولانا، رشته افکارم را پاره کرد. عبید از من خواسته بود که شمس‌الدین را هرجا هست پیدا کنم و به‌حضور او ببرم. با آنکه هوا هنوز روشن بود و مصلحت نبود که شمس‌الدین از خانه خارج شود، دل به‌دریا زدیم و از

کوچه‌های خلوت به‌طرف خانه عبید به‌راه افتادیم.

رقیب دیوسیرت

مولانا از دیدن من و شمس‌الدین اظهار شادمانی کرد و بی‌مقدمه گفت:

ـ اگر شما را خواستم برای این است که بگویم خطر بیشتر از آنچه فکر کنید آنی است.

گفتنی است که در این موقع، در حالیکه من با التهاب منتظر دنباله صحبت مولانا بودم، شمس‌الدین با نگاه مشتاق و خندان چشم به‌دهان او دوخته بود. انگار خطری که از آن صحبت می‌شد مربوط به‌دیگری است و انتظارش از عبید این است که حکایت تازه‌ای از همشهری‌هایش نقل کند. و مهم‌تر اینکه مولانا، با هوش و فراست ذاتی، فکر او را خواند و گفت:

ـ می‌دانم منتظر چه هستی. بسیارخوب: «قزوینی نان می‌خورد و گوز می‌داد. گفتند چه می‌کنی: گفت نان و گوز می‌خورم»

و پس از آنکه چند لحظه انتظار پایان خندهٔ او را کشید، گفت:

ـ این را گفتم که میان صحبت من به‌صرافت قصهٔ همشهری نیفتی. برای اینکه مطلب مهمی را باید به‌تو بگویم...

عبید کلام خود را ناتمام گذاشت و رو به‌من کرد:

ـ بگو ببینم، گلندام. غانم به‌سراغ تو نیامده؟ دیروز یا امروز؟

وقتی جواب منفی مرا شنید گفت:

ـ چه بهتر! اگر به‌سراغت آمد، امروز، فردا، یا هروقت از جا و مکان شمس‌الدین چیزی به‌او نگو.

پرسیدم:

- حضرت مولانا چیزی از او دیده است؟
- نه، ولی دیروز آمده بود پیش من سراغ شمس‌الدین را می‌گرفت. برای او دلسوزی زیاد می‌کرد. حتی اشک ریخت که می‌خواهد او را پیدا کند و ببیند چطور می‌تواند کمکش کند.
شمس‌الدین به‌میان صحبت دوید:
- من خیال نمی‌کنم که غانم نظر سوئی داشته باشد.
عبید گفت:
- من هم از او چیزی ندیده‌ام. اما از آن شب مهمانی چند بار برای دیدن جهان ملک خاتون هجوم برده و راهش نداده‌اند. از حسادت و تنگ‌نظری آدمیان نباید غافل شد.
ناگهان انگار از ادامهٔ بحث منصرف شد. رو به‌اسحق کرد:
- بابا، تو برو سر بنفشه را به کاری گرم کن که اینجا نیاید. چون من می‌خواهم راجع به‌جهان خاتون چیزی به‌شمس‌الدین بگویم. بنفشه تا اسم این دختر را می‌شنود، شروع به‌پرحرفی و عیب‌جوئی و لغز می‌کند و نمی‌گذارد حرفمان را بزنیم.
و وقتی اسحق بیرون رفت، به‌عنوان توضیح گفت:
- بنفشه به‌جهان ملک خاتون نظر خوشی ندارد. چون معتقد است که این دختر باعث اخراج او از دربار شاه شیخ شده، حقیقت را نمی‌دانم. شاید این فکر هم از محصولات خیال‌بافی‌هایش باشد.
با شنیدن اسم جهان خاتون چشم‌های شمس‌الدین برقی زد. و چهره‌اش طوری روشن شد که انگار آفتاب از پس ابر سر بیرون کرد. با اشتیاق اسم را تکرار کرد:
- جهان ملک خاتون.
مولانا گفت:

ـ بله، آنچه می‌خواهم به‌تو بگویم مربوط به‌جهان ملک خاتون است و پیغام او را برایت آورده‌ام.

شمس‌الدین با نگاه مشتاق به‌دهن عبید پرسید:

ـ پیغام؟

ـ نه، دلت را خوش نکن! پیغام عاشقانه نیست. پیغام انسانیت و مروّت است. جهان ملک خاتون دیروزکسی را فرستاده و خواسته بود که بلاتأمل به‌دیدنش بروم. امروز به‌خانه‌اش رفتم برای من ماجرای دیدار تازهٔ شحنه ناصرالدین عمر را حکایت کرد. از تو و گلندام می‌خواهم با دقت گوش بدهید. کلو عمر باز به‌دیدن او رفته و خواستگاری‌اش را تکرار کرده، و وقتی این زن دوباره دست رد به‌سینه‌اش زده، گفته فراموش نکند که برادرزادهٔ شاه شیخ اینجو است. و اگر برادرزاده شاه فراری، بعد از این جنگ امان یافته، برای این بوده که او وساطت و شفاعت کرده و به‌این عنوان که می‌خواهد او را به‌زنی بگیرد، از امیرمبارز خواسته که از خونش بگذرد. جهان خاتون جواب داده که هیچگاه به‌چنین همسری رضایت نمی‌دهد. که به‌نظر من حق هم دارد. چون در عنفوان جوانی است وکلو عمرِ مسن و زشترو می‌توانست پدر او باشد. باری، کلو عمر خشمگین فریاد زده که لابد دلت درگرو مهر آن شاعر بچهٔ یاوه‌گو است. که البته منظور شمس‌الدین بوده. اهانت به‌شمس‌الدین این دختر را برآشفته کرده و چیزی گفته که ازگفتنش بسیار پشیمان است...

من که سؤال را برلبان شمس‌الدین می‌دیدم، پرسیدم:

ـ چه گفته؟

ـ گفته که یک موی شاعر بچهٔ یاوه‌گو را به‌هزار مثل او نمی‌دهد و همان دم پشیمان شده، چون کلو عمر سرخورده جواب داده که یک

جوجه شاعر نمی‌تواند سدّ راه او بشود. و موقع ترک خانه، خشمگین گفته که خیلی زود خبرهائی از شاعر محبوبش خواهد شنید.

شمس‌الدین انگار در حال و هوای خودش با خیال جهان خاتون سیر می‌کرد. من گفتم:

ـ این کلام او بوی تهدید می‌دهد.

مولانا سری تکان داد و گفت:

ـ از زبان کلو ناصرالدین عمر تهدیدی ترسناک است. جهان خاتون می‌گفت که خشم آنی از بی‌ادبی این مرد، موجب شده که ندانسته شمس‌الدین را به‌مهلکه بیندازد و اگر مرا با عجله خواسته برای این بودکه به‌شمس‌الدین برسانم که باید بی‌تأمل شیراز را ترک کند. حالا آمده‌ام تا...

شمس‌الدین که طاقت شنیدن بحث ترک شیراز را ندارد، به‌میان کلام مولانا دوید:

ـ هرچیزی و هرکاری جز رفتن از شیراز، حضرت مولانا.

عبید دست بلند کرد:

ـ نه، شمس‌الدین، عجله نکن! حکایت این بگومگو و آن خبری را که اسحق از دارالرسائل شحنه‌خانه آورده بود، کنار هم بگذار تا واقعیت را به‌روشنی ببینی. اسحق از آن شخص چه شنیده بود؟ از بعد از فتح شیراز به‌دست امیرمبارز چند شکایت از شمس‌الدین به‌همت شاعران بی‌مایه و حسود در سیاههٔ شحنه‌خانه ثبت شده بوده که دنباله‌ای نداشته، یعنی زیاد به‌آنها اعتنائی نکرده‌اند. اما ناگهان کلو ناصرالدین عمر به‌سراغ این سیاهه رفته و به‌دبیر رسائل تندی و حتی فحاشی کرده که چرا به‌دنبال این شکایت‌ها شمس‌الدین را به‌شحنه‌خانه احضار نکرده‌اند که حساب گفتار و کردارش را پس

بدهد. این یعنی چه؟ یعنی اتفاق تازه‌ای افتاده است. چه اتفاقی؟ کاملاً روشن است که دوستان دلسوز خبر مهمانی خانه کلو فخرالدین را به‌جناب شحنه رسانده‌اند. پس مسئله، این غزل و آن غزل تو نیست. اگر هم مطرح باشد، بهانهٔ جرم سنگین‌تری است. اگر خطر را حس نمی‌کنی، توضیح بیشتری بدهم و اگر حس می‌کنی و می‌خواهی در شهر بمانی، دیگر کاری از دست من و گلندام و جهان خاتون و دیگران برنمی‌آید. خدا بیامرزدت! چه بود آن کلام شیخ اجل راجع به‌کسی که دانسته خودش را به‌خطر بیندازد؟ همان که چندی پیش خودت برایم خواندی؟

شمس‌الدین بی‌تأمل گفت:

خرد نام آن کس به‌خاک افکند   که خود را خود اندر هلاک افکند

ـ آفرین برکلام والای شیخ و آفرین برتو فرزند که کلام او را حفظ داری. اما بگو ببینم! می‌خواهی نامت تا ابد به‌عنوان قربانی حماقت برخاک بیفتد؟

ـ نه، حضرت مولانا، نمی‌خواهم چنین حماقتی بکنم. زندگی را بسیار دوست دارم. ولی دور از شیراز باید با نمرده مرگی زندگی کنم. به‌قول شیخ اجل ماهی برخشک اوفتاده‌ام. می‌توانم یک جائی چند روزی پنهان بشوم تا صاحب عیار برگردد و همهٔ ما را تحت حمایت بگیرد.

عبید جرعه‌ای شربت نوشید و گفت:

ـ ای جان عزیز، می‌فهمم که دور از شیراز ماهی برخشک افتاده باشی. اما این امید می‌ماند که عاقبت عابری با تُک‌پائی به‌جوی آبی بیندازدت. اما در شیراز ماهی کباب شده در تاوه‌ای. چون اگر یکی از شاعران شیرین‌سخن و صوفیان سرخوش بوئی از محل پنهان شدنت

ببرد، سر و کار گردنت با تیغ امیرمبارزالدین می‌افتد.

- در آن صورت هم در نهایت می‌توانم نیّت واقعی شحنه ناصرالدین عمر را در محضر سلطان برملا سازم.

عبید خنده‌ای کرد و گفت:

- چون فرموده‌ای: عراق و پارس گرفتی به‌شعر خوش حافظ، گمان می‌بری که با شعر خوش امیرمبارزالدین مظفری را هم می‌توانی بگیری؟ هنوز مانده تا این سلطان سفّاک را که جز شمشیر و گرز به‌چیزی معتقد نیست بشناسی. این مخلوق خونریز خدا نه ادب می‌فهمد و نه شعر. از آن مرده‌دلانی است که به‌قول شمس قیس رازی، میان لحن موسیقار و نهیق حمار فرق نکنند مایهٔ عیش و طربش گردن زدن است. یکی از نزدیکانش حکایت می‌کرد که چندی پیش یک روز، وقتی یک بدبختی را به‌جرم بددینی به‌دست خودش گردن زده، پسر و ولیعهد نوجوانش، شاه شجاع، در حضور جمع از او پرسیده که آیا کسانی که به‌دست خود گردن زده تعدادشان به‌هزار تن می‌رسد. او بی‌تأمل جواب داده: باید حدود هفتصد هشتصد تن باشد. این چنین حاکم رحیم رقیق‌القلبی وقتی از شحنهٔ عزیز مورد اعتمادش که با هم سوگند وفاداری یاد کرده‌اند، بشنود که شمس‌الدین محمد شیرازی، نه تنها به‌شیخ و مفتی و محتسب، که بالاتر و مهم‌تر به‌خلیفهٔ عباسی امیرالمؤمنین المعتضد بالله، که امیرمبارز خود را نایب او می‌داند، اهانت کرده است، گمان می‌بری به‌تو فرصت می‌دهد که بی‌گناهی‌ات را ثابت کنی؟

عبید چند لحظه دم فرو بست. گوئی می‌خواست تأثیر کلام خود را در شمس‌الدین بداند. شمس‌الدین خاموش و در اندیشه بود. به‌بهانه‌ای با اجازه مولانا از اطاق بیرون رفت. انگار در تنهائی

می‌خواست به‌تصمیمی که باید می‌گرفت فکر کند.

دوستان جانی

مولانا عبید خاموش مانده بود. بعد از مدتی، من سکوت را شکستم:

- بعید می‌دانم که شمس‌الدین به‌ترک شیراز رضایت بدهد. به‌خصوص حالا که پیداست دلش در شیراز پای‌بند مهر کسی شده است.

عبید گفت:

- باید به‌هرقیمت هست راضی‌اش کنیم و اگر راضی نشد، ولو لازم باشد، به‌قول پدرت دست و پایش را ببندیم و داخل کیسه بار قاطر کنیم و از شهر بیرون ببریم.

شمس‌الدین پیش ما برگشت و گفت:

- من از حضرت مولانا کمی مهلت می‌خواهم که اگر محل کاملاً مطمئن برای ماندن در شهر تا آمدن صاحب‌عیار پیدا نکردم، بار سفر فوری ببندم.

عبید پرسید:

- به‌یاد دوستان جانی وفاداری افتاده‌ای که از قلم انداخته بودی؟

شمس‌الدین جواب داد:

- شاید، حضرت مولانا. ولی قول می‌دهم و عهد می‌کنم که نهایت احتیاط را بکنم و اگر موفق نشدم بی‌درنگ از شیراز بروم.

عبید نگاهی به‌من انداخت. انگار می‌خواست نظر مرا بداند. در حالیکه من نمی‌دانستم چه نظری باید بدهم. پس سری تکان داد و گفت:

ـ ناچار می‌گویم خداقوت! اما چون می‌خواهی به‌سراغ دوستان جانی وفادارت بروی، از بالای رف آن چینی شیشهٔ مرا بده تا چند سطر از اخلاق‌الاشراف در زمینهٔ وفاداری را برایت بخوانم.

این چینی شیشه، که هدیهٔ حاجی قوام مرحوم به‌مولاناست، یک شیشهٔ محدّب است که زیر آن حروف دستنوشته درشت می‌نماید.

چینی شیشه را از دست شمس‌الدین گرفت، دفتر خود را از زیر تشکچه‌اش بیرون آورد و بازکرد:

ـ خوب گوش کن، این حکایتی از باب هفتم رساله است:

«گویند محی‌الدین عربی که حکیم روزگار و مقتدای زمان خود بود، سی سال با مولانا نورالدین رصدی شب و روز مصاحب بود و یک لحظه بی‌یکدیگر قرار نگرفتندی. چند روزکه نورالدین رصدی در مرض موت بود، محی‌الدین ربالین او به‌شرب مشغول بود. شبی به‌حجرهٔ خود رفت. بامداد که به‌درِ خانهٔ نورالدین آمد، غلامان راموی‌ها بریده به‌عزای نورالدین مشغول دید. پرسید که حال چیست؟ گفتند مولانا نورالدین وفات کرد. گفت: دریغ نورالدین. پس روی به‌غلام خودکرد وگفت: نمشی و نطلب حریفاً آخر ـ برای آنهاکه عربی نمی‌دانند در حاشیه نوشته‌ام یعنی برویم و همدمی دیگر بجوئیم ـ و هم آنجا به‌حجرهٔ خود عودت فرمود. گویند بیست سال دیگر بعد از آن عمر یافت و هرگزکسی نام نورالدین از زبان او نشنید. راستی همگنان را واجب است که وفا از آن حکیم یگانهٔ روزگار بیاموزند.»

بعد دفترش را بست و گفت:

ـ خوب گوش کردی، شمس‌الدین؟ این، از وفاداری اعظم عارفان و عاشقان روزگار بود که غم و غصه‌اش را با یک «دریغ نورالدین» تمام

کرد. پس تو هم تا می‌توانی به‌خودت تکیه کن و از دوستانت بیشتر از یک «دریغ شمس‌الدین» توقع نداشته باش که اگر بیشتر از این بود، چه بهتر و اگر نبود زیاد زجر نبری.

شمس‌الدین که به‌مرور قدرت مقاومت در برابر استدلال روشن عبید را از دست داده بود، ناگهان سر برافراشت و رو به‌من پرسید:

ـ سوسن را چه کنم، اگر بروم؟

عبید با تعجب گفت:

ـ نمی‌دانستم که بی‌سور عروسی به‌ما، زن گرفته‌ای!

زحمت شمس‌الدین را برای جواب‌گوئی حدس زدم. به‌جای او گفتم:

ـ نه، حضرت مولانا، شمس‌الدین زن نگرفته. سوسن اسم گربه است، گربهٔ شمس‌الدین.

عبید خنده صداداری کرد و گفت:

ـ مبارک است. موش به‌سوراخ نمی‌رفت جاروب به‌دمش بست.

به‌قول کمال‌الدین اسماعیل:

تنگ بد جای موش در سوراخ   بست جاروب نیز بر دنبال

اما از جهت گربه خیالت راحت باشد. این طور که امیرمبارز و شحنهٔ خونخوارش شروع کرده‌اند به‌زودی راحتت می‌کنند. یعنی نوبت قتل عام گربه‌ها هم می‌رسد. این‌ها نواده‌های همان مغولند که به‌سگ و گربه نیشابور هم رحم نکردند.

شمس‌الدین مثل کودکی که ناگهان صحنه ترسناکی را پیش چشم آورده باشد، با دهن باز و چشم‌های وحشت‌زده مرا نگاه کرد. گفتم:

ـ نه، از بابت سوسن خیالت راحت باشد. او را می‌آورم پیش خودم. یا اگر...

- یا اگرچه؟

- یا اگر جهان خاتون قبول کند که پرستاری گربهٔ شاعر محبوبش را به‌عهده بگیرد، به‌او می سپارمش.

عبید خندید و گفت:

- می‌سپارم به‌تو از چشم حسود چمنش. قبولاندن نگهداری گربه، به‌جهان خاتون برعهدهٔ من!

شمس‌الدین که با شنیدن نام جهان خاتون و تجسم صحنهٔ سوسن در بغل او، به‌دنیای رؤیا قدم گذاشته بود، با چهرهٔ شکفته و نگاه خندان، زیرلب گفت:

- نمی‌شود گربه را با صاحبش قبول کند؟

عبید دنبال کلام خود را گرفت:

- نظر گلندام بسیار معقول است. فردا، البته بعد از دیدار با آن دوست جانی فداکار - که احتمالاً به‌علت تألمات خاطر از فوت مادرزنش از پذیرائی تو معذور است - بی‌سر و صدا به‌طرف کازرون به‌راه می‌افتی و تا وقتی حامی مقتدرت، صاحب‌عیار، به‌شیراز برنگشته، همانجا پیش مادر و خواهرت می‌مانی.

شمس‌الدین با لحن افتادهٔ مظلومی پرسید:

- نمی‌توانم از جهان خاتون با این همه مهربانی و دلسوزی‌اش، وداع کنم؟

- به‌هیچ وجه! خانه‌اش تحت مراقبت شدید عملهٔ شحنه است. پیغام وداعت را به گوش گربه‌ات بخوان که برای او تکرار کند. حالا هم برای رفع خستگی من که این قدر زحمت نصیحت کردن به‌خودم دادم، یک غزل ناب برایم بخوان!

تبسمی برلب‌های شمس‌الدین نقش بست. شروع به‌خواندن کرد.

هـزار دشـمنم ار مـی‌کنند قصد هـلاک
گرم تو دوستی از دشمنان نـدارم بـاک

مـرا امـیـد وصـال تـو زنـده مـی‌دارد
وگرنه هـردمم از هـجر تست بـیم هـلاک

نـفس نـفس اگر از بـاد نشـنوم بـویت
زمان زمان چو گل از غم کنم گریبان چاک

رود به‌خواب دو چشم از خیال تو هیهات
بـود صبـور دل انـدر فـراق تـو حـاشاک

اگر تو زخم زنی بـه کـه دیگری مـرهم
وگر تو زهر دهی بـه کـه دیگران تـریاک

بـه‌ضرب سـیفک قـتلی حیـاتنا ابـدا
لانّ روحـی قـد طـاب ان یکون فـداک

عنان مـپیچ کـه گر مـی‌زنی بـه‌شمشیرم
سپر کنم سـر و دسـتت نـدارم از فـتراک

تـو را چنانکه تـوئی هـرنظر کـجا بیند
بـه‌قدر بـینش خود هـرکسی کند ادراک

به‌چشم خلق عزیز آن زمـان شـود حـافظ
که بردر تو نـهد روی مسکنت بـرخـاک

عبید او را فراوان تحسین کرد. سپس گفت:
ـ آرزو می‌کنم که با وجود همهٔ ناروائی‌ها، بتوانی روحیهٔ شادت را حفظ کنی. اما برای اینکه مبادا تا فردا به‌امید و به‌پشت‌گرمی عدل و داد و هنردوستی امیرمبارزالدین ـ خدای نخواسته از تصمیمت به‌ترک شیراز پشیمان بشوی چند سطر هم از باب عدالت رساله‌ام را، که براساس یکی از تواریخ مغول نوشته‌ام، برایت می‌خوانم. حکایتی از

هلاکوخان مغول است. و ربطش با وضع من و تو این است که امیرمبارز در مقام خودنمائی، مکرّر خود را هلاکوخان ثانی خوانده است. خوب گوش کن.

سپس از روی نوشته خواند:

ـ «در تواریخ مغول وارد است که هلاکوخان را چون بغداد مسخر شد، جمعی را که از شمشیر بازمانده بودند بفرمود تا حاضر کردند. حال هرقومی بازپرسید. چون براحوال مجموع واقف گشت، گفت از محترفه ـ ارباب حرفه‌ها ـ ناگزیر است. ایشان را رخصت داد تا برسر کار خود روند. تجار را مایه فرمود دادن تا از بهر او بازرگانی کنند. جهودان را فرمود قومی مظلومند به‌جزیه از ایشان قانع شد. مخنثان را به‌حرم‌های خود فرستاد. اما، قضات و مشایخ و صوفیان و حاجیان و واعظان و معرفان و گدایان و قلندران و کشتی‌گیران و شاعران و قصه‌خوانان را جداکرد و فرمود اینان در آفرینش زیادتند و نعمت‌های خدا به‌زیان می‌برند. حکم فرمود تا همه را در شط غرق کردند و روی زمین را از خبث وجود ایشان پاک کرد...» تا همین جایش کافی است که به‌لطافت مزاج امیرمبارزالدین پی ببری و بدانی تا چه قدر می‌توانی به‌عدالت و رحم و شفقت او امیدوار باشی.

از عبید جدا شدیم قرار شد من با او در ارتباط باشم و مرتباً خبرهای مربوط به‌شمس‌الدین را به‌او برسانم. از طریق کوچه پس‌کوچه‌ها به‌خانه برگشتیم. وقتی رسیدیم، مهربان اردشیر زرتشتی را در انتظار خود یافتیم. پریشان و نگران احوال شمس‌الدین بود. او را مطمئن ساختم که مشکل تازه‌ای پیش نیامده و شمس‌الدین به‌زودی از خطر دور خواهد شد. با بزرگواری گفت که اگر جای دیگری پیدا نکنم، او آماده است شمس‌الدین را باز در خانه‌اش پنهان کند. وقتی

رفت، شمس‌الدین، متأثر از این سخاوت او، در حالیکه قطره‌ای اشک رقت در گوشهٔ چشمش می‌درخشید گفت:

ـ دِ نفهمیدی، کاکو! آن غزلم که گفته بودم ـ دوستی کی آخر آمد دوستداران را چه شد ـ مهمل بود. باید پاره‌اش کنم. دوستی آخر نیامده و دوستداران هستند.

گفتم:

ـ البته که هستند. در هیچ دورانی هرقدر آشفته و تیره و تار، دنیا از آدمیت خالی نمی‌ماند. همیشه آدمیانی هستند که بی‌غم از محنت دیگران نیستند. آنهائی که به‌فتوای شیخ اجل سزاوار نام آدمی هستند.

شمس‌الدین زیرلب بیت سعدی را خواند:

تو کز محنت دیگران بی‌غمی   نشاید که نامت نهند آدمی

پرستار سوسن

منتظر بودم که شمس‌الدین، پیش از آنکه بپرسم، خود بگوید آن دوستی، که در حضور عبید گفته بود امیدوار است به‌او پناه بدهد، کیست. چون چیزی نگفت، ناچار سؤال کردم:

ـ می‌توانی بگوئی این دوست فداکاری که می‌خواهی در خانه‌اش مهمان بشوی چه نام دارد؟

ـ من باید... یعنی... درواقع...

چون در جواب، این طور به‌لکنت افتاد، تهِ فکرش را خواندم:

ـ فهمیدم، شمس‌الدین، خواستی باز دو سه روزی طفره بزنی!

ـ دِ گوش نکردی، هرجور حساب کنی، قوام‌الدین صاحب‌عیار باید این دو سه روزه به‌شیراز برگردد. از آن روزی که کیقباد گفت تا یک ماه دیگر برمی‌گردد، بیست و هفت هشت روز گذشته. شاید همین

امروز فردا...

- پس وقتی به‌مولانا قول رفتن دادی، مهمل می‌گفتی؟ یعنی سفری در میان نیست؟
- چرا، هست، کاکو! فقط کمی عقب می‌افتد.
- اگر در این مدت کم عملهٔ شحنه پیدایت کنند...

کلامم را برید:

- نمی‌توانند پیدایم کنند. چون از اینجا تکان نمی‌خورم.
- خیال می‌کنی نمی‌دانند ما دوست قدیمی هستیم و ممکن است تو در خانهٔ ما پنهان شده باشی؟

به‌جای اینکه به‌سؤال من جواب بدهد، به‌سراغ جهان خاتون رفت:

- دِ نگفتی، کاکو! فکر می‌کنی جهان خاتون قبول کند که در غیاب من سوسن را نگه دارد؟
- تو که هنوز اینجا حاضری. وقتی رفتی فکرش را می‌کنیم.
- سوسن پیش جهان خاتون باشد خیالم راحت‌تر است. بی‌بی خاور نظر خوشی به‌سوسن ندارد.

گفتم:

- غلط نکنم، می‌خواهی ضمن اینکه از سفر طفره بزنی، هم از پرستاری گربه خلاص بشوی و هم روزی یک بار به‌عذر احوالپرسی گربه، سری به‌جهان خاتون بزنی!

با لحن مظلومی گفت:

- یعنی می‌گوئی گربهٔ یتیم بی‌مادر را که از خودم دور می‌کنم، احوالپرسی هم نکنم؟

و بعد از خنده‌ای صدادار، برای اینکه مرا از پی‌گیری این بحث

منصرف کند، به‌شیوهٔ همیشگی‌اش متوسل شد:
ـ دِ نگذاشتی، کاکو! نگذاشتی این غزلم را که پیراسته کرده‌ام برایت بخوانم.
و بی‌تأمل شروع به‌خواندن کرد:

خدا چو صورت ابـروی دلگشـای تـو بست
گشاد کـار مـن انـدر کرشمه‌های تـو بست
مـــرا و مـرغ چـمن را ز دل بـبرد آرام
زمانه تـا قصب نـرگس و قبای تو بست
ز کـار مـا و دل غـنچه بس گـره بگشـود
نسیم گل چو دل انـدر پی هـوای تـو بست
مـرا بـه‌بند تـو دوران چـرخ راضـی کـرد
ولی چه سود که سررشته در رضای تو بست
چـو نـافه بـردل مسکین مـن گـره مـفکن
که عهد بـا سـر زلف گـره‌گشـای تـو بست
تو خود حیات دگر بـودی ای زمـان وصـال
خطا نگـر کـه دل امیـد در وفـای تـو بست
ز دست جور تو گفتم ز شـهر خـواهـم رفت
به‌خنده گفت که حافظ برو که پای تو بست

روز بعد، وقتی اسحق، از طرف پدرش پیغام آورد که جهان خاتون آمادهٔ نگهداری بچه گربه است، شمس‌الدین طوری شادمانی کرد که گوئی زن جوان به‌روی خود او آغوش گشوده است. مـرا زیر فشار گذاشت که بلاتأمل بروم و ترتیب انتقال گربه از خانه‌اش به‌خانهٔ جهان خاتون را بدهم. و به‌اعتراض من که هنوز وسائل سفر مهیا نشـده،

گوش شنوا نداشت. ناچار همه کارها را گذاشتم و به‌راه افتادم.

سوسن در کمال سلامت و سرخوشی مشغول بازی با یک گردو بود. این گربه در مهمانی خانهٔ شمس‌الدین با خوردن غذای کافی و مرتب ـ غذائی که آرزوی ذره‌ای از آن به‌دل گربه‌های کوچه مانده است ـ هیکلی و هیبتی پیدا کرده است.

بی‌بی خاور که اسم شمس‌الدین را از زبان جارچی شنیده بود، فوق‌العاده نگران و مشوّش بود. وقتی او را از نزدیک دیدم، متوجه شدم که گونه‌اش متورم و کبود شده بود. برای اینکه موجب ناراحتی خیال شمس‌الدین نشود، نمی‌خواست چیزی دربارهٔ علت آن بگوید. وقتی به‌او قول دادم که به‌شمس‌الدین خبر نخواهم برد، اعتراف کرد که بعد از آنکه جارچی‌ها اسم شمس‌الدین را اعلام کرده‌اند، سیف سگزی به‌اتفاق یکی دیگر از اوباش، در جستجوی شمس‌الدین، از دیوار خانهٔ دبّاغ جعفرآبادی به‌داخل خانه پریده‌اند و به‌دنبال اعتراض و بگومگوی پیش آمده، کار به‌زد و خورد کشیده و بی‌بی خاور لگدی به‌میان پاهای سیف زده و با کارد مطبخ دست آن یکی را مجروح کرده است. درنتیجه مرد مشتی به‌صورت بی‌بی کوبیده است. ولی عاقبت، درنتیجه سر و صدا و فریاد بی‌بی، همسایه‌ها با چوب و چماق به‌خانه ریخته و اوباش را کتک زده و فراری داده‌اند.

وقتی گفتم که شمس‌الدین از او خواسته که صبح روز بعد سوسن را در سبدی بگذارد و به‌خانهٔ ما بیاورد، صدای فریادش بلند شد:

ـ نمی‌دانم این پسر کی می‌خواهد بزرگ بشود! گزمه و قمه‌کش دنبالش می‌گردند و او در فکر بچه گربه است! تقصیر من است که همان روز اول این کلپاسو را کیسه نکردم ببرم یک جائی گم و گورش کنم.

❊

وقتی به‌خانه برگشتم، شمس‌الدین قبل از هرچیز از حـال بـی‌بی خاور و بـلافاصله وضـع سـوسن پـرسید. از واقـعهٔ زد و خـورد در خانه‌اش، به‌اختصار در حدّ حملهٔ اوباش خبری دادم. گفتم که بی‌بی خاور قبول کرده که فردا سوسن را در سبد بیاورد. آن چنان از ترتیب مقدمات فرستادن بچه گربه به‌خانهٔ جهان خاتون شاد و خـوشبخت می‌نمود که انگار خودش به‌مهمانی او می‌رفت. شب هنگام دیدم که در خانه راه می‌رفت و زیرلب زمزمه‌ای می‌کرد. مثل اینکه شعری را در ذهن می‌پرداخت.

صبح بعد وقتی بیدار شدم، شمس‌الدین را در کنار شمع تا آخر سوخته با قلم و کاغذ مشغول دیدم. نمی‌دانم تمام شب بیدار مانده و یا دم صبح برخاسته بود. به‌هرحال در چهره‌اش اثری از خستگی دیده نمی‌شد. شکفته و خندان گفت:

ـ یک غزل برای تقدیم به‌جهان خاتون آماده کردم که از زحمتی که برای سوسن می‌کشد، حق‌شناسی کرده باشم. غزلی است کـه بـاید به‌وسیلهٔ بی‌بی خاور، همراه سوسن برایش بفرستم. پیشتر شروعش کرده بودم. سحرگاه امروز تمامش کردم گوش کن برایت بخوانم.

دستنوشته را گذاشت و در حال راه رفتن غزلش را از حفظ خواند:

حسن تو همیشه در فـزون بـاد	رویت همه ساله لاله‌گون بـاد
وندر سـر مـن خـیال عشقت	هرروز که هست در فـزون بـاد
قــدّ هــمه دلبــران عــالم	در خدمت قـامتت نگـون بـاد
هـرسروکـه در چمن بـرایـد	پیش الف قدت چو نـون بـاد
چشمی که نـه فـتنهٔ تـو بـاشد	از گوهر اشک بـحر خون بـاد
چشــم تــو ز بــهر دلربــائی	در کـردن سـحر ذوفـنون بـاد

هرجا که دلیست از غم تو — بی‌صبر و قرار و بی‌سکون باد
هرکس که نباشدش سر هجر — از حلقهٔ وصل تو برون باد
لعل تو که هست جان حافظ — دور از لب هرخسیس دون باد

*

بی‌بی خاور با سبد محتوی سوسن، قرولند کنان رسید. از اینکه شمس‌الدین عاقبت مصمم شده که از شهر خارج بشود، اظهار شادمانی کرد و اطمینان داد که تا او هست، نه سیف سگزی و نه هیچ کس دیگر جرأت تجاوز به‌حریم خانه را نخواهد کرد. گفت از برادرزاده‌اش که در شیراز است خواسته که شب‌ها بیاید و پیش او بخوابد.

شمس‌الدین از دیدن گربه مدتی دست‌افشانی و پایکوبی کرد. ولی بی‌بی خاور وقتی دانست که مأموریت دارد گربه را به‌خانهٔ جهان خاتون ببرد، با قیافهٔ دلزده گفت:

ـ این همه راه بروم کلپاسو را برای مردم تحفه ببرم؟

من گفتم:

ـ خودش خواسته، بی‌بی. در مدتی که شمس‌الدین در سفر است از سوسن نگهداری می‌کند که زحمت تو کم بشود.

بی‌بی سری تکان داد و گفت:

ـ برای این است که هنوز ریخت و روی این حیوان را ندیده. وقتی ببیند یک چیزی هم دستی می‌دهد که یکی ببردش بیندازد توی خرابه.

بی‌بی حق داشت چون سوسن که از زیبائی هیچ بهره‌ای نبرده، یک وقتی لااقل زیبائی بچگی را داشت. حالا که تقریباً به‌اندازه یک گربه بالغ شده، آن را هم از دست داده است. اما شمس‌الدین در مقابل

اهانت بی‌بی به‌گریه، گره برابرو گفت:

ـ بی‌بی، اگر یک مو از تن سوسن کم بشود، من می‌دانم و تو! یادت نرود که به‌خلیفه المعتضد گفته‌ای المعتزل.

بی‌بی خاور تبسم برلب گفت:

ـ باید خاطر این خاتون را خیلی خواسته باشی که این کلپاسوی عزیزکرده‌ات را به‌دستش می‌سپاری! حالا چه شکل و شمایلی دارد این خاتون؟

شمس‌الدین به‌نقطه‌ای خیره شد و به‌توصیف جهان خاتون پرداخت. طوری که انگار مقابلش ایستاده است. به‌کمک خیال تصویر زن جوان را، چشم وگوش و بینی و ابروان و مژگان و گیسوی او را ـ که من و او به‌یک اندازه و فقط از پشت پردهٔ تور دیده بودیم ـ وصف کرد. که البته تصویر زیبائی بود. ولی معلوم نبود چقدر با واقعیت تطبیق می‌کرد. بعد غزل تازه راکه با خطی خوش برکاغذ کوچکی نوشته بود به‌بی‌بی سپرد و سفارش کرد که آن را خوب مخفی کند. و وقتی وارد خانه شد، دور از چشم غریبه، در آخرین لحظه پیش از تقدیم سبد به‌جهان خاتون، در سبد بیندازد که از چنگ و دندان سوسن بازیگوش لطمه نبیند.

بی‌بی خاور رفت و سبد را برد. من به‌تدارک وسائل سفر شمس‌الدین مشغول شدم. خود او با بی‌صبری در انتظار بازگشت بی‌بی بود. البته به‌روی خود نمی‌آورد. ولی من از حرکاتش حدس می‌زدم. عاقبت بی‌بی خاور برگشت و در پاسخ شمس‌الدین، که بی‌صبرانه پرسید آیا جوابی آورده است، گفت که یک چیزی روی یک تکه کاغذ نوشته است. بعد در حالیکه در داخل تن‌پوش خود دنبال آن تکه کاغذ می‌گشت، گفت:

ـ کاغذت را همانطور که گفته بودی دم آخر توی سبد انداختم. اما این بلاخورده کلپاسو چهارتکه‌اش کرده بود.
بی‌بی عاقبت کاغذ را پیدا کرد به شمس‌الدین داد و به‌راه افتاد:
ـ بگیر این کاغذت، باید زود برگردم. خانه تنهاست.
و قبل از بیرون رفتن اضافه کرد:
ـ اما زن مقبولی است این خاتون.
گمان می‌برم که شمس‌الدین در انتظار نامه‌ای مشحون از شکایت سوز و گداز آتش دوری بود. زیراکه وقتی بعد از رفتن بی‌بی کاغذ را باز کرد، با دیدن جواب کوتاه چهره درهم کشید و زیرلب گفت:
ـ فقط همین؟
من به‌روی خود نیاوردم و سرم را به کاری گرم کردم. می‌دانستم عاقبت شکوه‌اش را پیش من می‌آورد. بعد از مدتی تردید، به‌طرف من آمد و تکه کاغذ را که همچنان در دست داشت نشانم داد:
ـ دِ نفهمیدی، کاکو! جواب غزل من فقط همین را نوشته!
کاغذ را گرفتم و خواندم. تنها یک بیت از یک غزل خود شمس‌الدین بود:
هرکو نکند فهمی زین کلک خیال‌انگیز
نقشش به‌حرام ار خود صورتگر چین باشد
گفتم:
ـ این دختر نهایت هوشیاری را به‌خرج داده است. چون اگر کوچک‌ترین اشاره‌ای به تو و سفرت می‌کرد و از قضا کاغذ دست عملهٔ کلو عمر می‌افتاد...
به‌میان کلامم دوید:
ـ ولی می‌توانست لااقل بنویسد...

عبارتش را تمام کردم:

ـ مرا امید وصال تو زنده می‌دارد ـ وگرنه هردمم از هجر تست بیم هلاک

خندهٔ صداداری کرد و گفت:

ـ دِ نه، کاکو! آن قدرها توقع ندارم. ولی می‌توانست بنویسد: می‌روی و مژگانت خون خلق می‌ریزد.

دیدم خوشبختانه در عین گرفتاری و دغدغه خاطر، روحیه شادش را از دست نداده و این برایم مایهٔ خوشوقتی بود.

بی‌احتیاطی خطرناک

تمام روز را در تدارک وسائل سفر شمس‌الدین گذرانده بودم. نزدیک غروب وقتی به‌خانه برگشتم، باکمال تعجب او را آماده بیرون رفتن دیدم. وقتی تعجب آمیخته به‌خشم مرا دید، پیشدستی کرد:

ـ دِ نه، داد و فریاد نکن! نمی‌خواستم جائی بروم.

ـ جائی نمی‌خواستی بروی، خانه هم نمی‌خواستی بمانی!

ـ دِ گوش نکردی، هوا دیگر زیاد روشن نیست. عملهٔ روز شحنه و جارچی‌ها رفته‌اند. عسس شبگرد هم به‌این زودی کارش را شروع نمی‌کند. اگر با هم یک سری تا دِرِ خانهٔ صاحب‌عیار برویم... تا اینجا که صد قدم بیشتر نیست.

ـ بله، نزدیک است. اما برویم چه کنیم؟

ـ ببینیم شاید صاحب‌عیار برگشته باشد یا از مراجعتش خبری باشد. اگر خسته‌ای من تنها بروم. سر و صورتم را می‌پوشانم که کسی نشناسدم.

ـ دیوانه شده‌ای، شمس‌الدین؟

ـ تمنا دارم. در عالم دوستی این محبت را از من دریغ نکن!

گفتم:

ـ بسیار خوب، من می‌روم خبرش را برایت می‌آورم.

ـ دِ نه، کاکو! اگر آمده باشد رفتن تو فایده ندارد. چون تو را نمی‌شناسد. مرا نه تنها خودش می‌شناسد، حتی خدمه‌اش هم می‌شناسند. اگر نیامده باشد لااقل می‌توانم از نوکرهایش خبر بگیرم که کی می‌آید.

از لحن کلامش دانستم که از مواردی است که فکرش را به‌هرقیمت باشد عملی می‌کند. چه بسا نیمه‌شب وقتی من در خواب هستم برود. تسلیم شدم و تمکین کردم. تمکینی که بعد به‌خاطر آن هزار بار به‌خود لعنت فرستادم. غروب آفتاب بود. سرای صاحب‌عیار با خانهٔ ما فاصله‌ای ندارد. همراه او به‌راه افتادم. کوچه‌ای که تا رسیدن به‌میدان راه داشتیم، خلوت بود. و میدانی هم که درهای باغ صاحب‌عیار و دو باغ دیگر به‌آن باز می‌شود، رفت و آمدی نبود.

تا نزدیک باغ صاحب‌عیار پیش رفتیم. هیچ سر و صدا یا نشانه‌ای از اینکه صاحب مکرّم و قدرتمند آن بازگشته باشد شنیده یا دیده نمی‌شد. گفتم:

ـ خیالت راحت شد؟ می‌بینی که هیچ خبری نیست.

شمس‌الدین بعد از لحظه‌ای تردید گفت:

ـ حالا که تا اینجا آمده‌ایم، اگر موافق باشی دری بزنیم و از اهل خانه بپرسیم چه خبری از صاحب‌عیار دارند.

هنوز به‌درِ باغ نرسیده بودیم که ناگهان درِ یکی دیگر از باغ‌های مشرف به‌میدان باز شد و سه سوار بیرون آمدند و پیش از آنکه ما بتوانیم برای پنهان شدن از نگاه آنها پناهگاهی بجوئیم، یا حتی رو

بگردانیم، از کنار ما گذشتند و چند قدم آن طرف‌تر دهنهٔ اسب‌ها را کشیدند و توقف کردند. یکی از آنها سر مرکبش را برگرداند، دوری زد و به‌طرف ما برگشت. من فوراً خواجه شهاب، برادرزن کلو فخرالدین را، که در مهمانی کلو دیده بودم، شناختم. خواجه برای دقت بیشتر، از روی اسب به‌طرف ما خم شد و ناگهان گفت:

ـ به‌به! خواجه شمس‌الدین حافظ. اینجا چه می‌کنی، شاعر شیرین‌سخن؟

و پیش از آنکه منتظر جواب شمس‌الدین بشود، خطاب به‌همراهانش که از او فاصله داشتند، به‌صدای بلند گفت:

ـ این خواجه شمس‌الدین محمد حافظ شاعر است.

و دوباره رو به‌شمس‌الدین کرد:

ـ این چه حکایتی است؟ چه اتفاقی افتاده، شمس‌الدین؟ چه کرده‌ای؟ من امروز به‌شیراز برگشتم. شنیدم که جارچی شحنگی جار می‌زند که شمس‌الدین حافظ خودش را به‌شحنه‌خانه معرفی کند. چه کرده‌ای، شمس‌الدین؟

شمس‌الدین تبسم برلب جواب داد:

ـ گویا خواجه نظام‌الملک طوسی را کشته‌ام.

خواجه شهاب خنده‌ای کرد و پرسید:

ـ کلو فخرالدین از این گرفتاری تو خبر دارد؟

شمس‌الدین خندان جواب داد:

ـ حتماً. چون باید به‌کلی ناشنوا باشد که با این نعره‌های جارچی‌ها خبر نشده باشد!

در این موقع، ناگهان چهار مرد مسلح، که نمی‌دانم از کجا پیدا شدند، از اطراف هجوم بردند و ما را در میان گرفتند. یکی از آنها از

شمس‌الدین پرسید:
ـ شمس‌الدین حافظ تو هستی؟
و بعد از جواب مثبت او، به‌دیگران دستور داد:
ـ دست‌هایش را ببندید!
خواجه شهاب پرسید:
ـ تو کی هستی؟
آن مرد جواب داد:
ـ من نایب داروغه‌ام. باید شمس‌الدین محمد را به‌شحنه‌خانه ببریم.

من گیج و متحیر برجا مانده بودم. وقتی ما به‌میدان رسیده بودیم، ذیروحی آنجا نبود. این عملهٔ شحنه انگار ناگهان از زمین سبز شده بودند. چاره‌ای نبود جز اینکه بپذیرم که پنهانی در گوشه‌ای یا سوراخی مأموریت مراقبت رفت و آمد یکی از خانه‌های میدان را داشتند و با شنیدن نام شمس‌الدین ازکمین‌گاهشان بیرون جسته بودند. دو تن از آنها شانه‌های شمس‌الدین را گرفتند و شروع به‌بستن دست‌های او کردند. یکی از آنها طوری طناب را کشید که فریاد درد شمس‌الدین شنیده شد. من به‌عنوان اعتراض به‌پهلوی او زدم. برگشت و مشت خود را به‌طرف من بالا برد. ولی پرخاش تند خواجه شهاب حرکت او را متوقف کرد:
ـ خشونت موقوف!
سپس با لحن محکمی از آن کسی که خود را نایب داروغه معرفی کرده بود پرسید:
ـ اسمت چیست؟
آن مرد سری فرود آورد و گفت:

ـ چاکر خدمتگزار، سلمان.

خواجه شهاب انگشت خود را به‌تهدید بلند کرد و گفت:

ـ شمس‌الدین محمد از دوستان کلو فخرالدین است. تو مسئولی که او را به‌سلامت و بدون بی‌احترامی به‌شحنه‌خانه برسانی تا تکلیف کار روشن بشود.

در این میدان خلوت نمی‌دانم چطور و از کجا به‌سرعت جمعیتی به‌تماشا گرد آمدند که ما را در میان گرفتند. عملهٔ شحنه، شمس‌الدین اسیرِ کت‌بسته را جلو انداختند. خواجه شهاب و همراهان هم به‌راه افتادند. من از ترس اینکه مبادا عملهٔ شحنه به‌صرافت بیفتند که مرا هم به‌عنوان همراه و شریک جرم شمس‌الدین بگیرند، با استفاده از جابه‌جائی افراد در میان جمع، آهسته جا خالی کردم. ضروری بود که من آزاد بمانم تا برای آزادی او دست و پائی بکنم. ولی هنوز نتوانسته بودم خود را از میان میدان به‌کوچه برسانم که صدای فریاد نایب داروغه را شنیدم:

ـ رفیقش فرار کرد. بگیرش!

خطاب او به‌یکی از زیردستانش بود که دنبال من دوید. من با تمام قوا دویدم و در کوچه موفق شدم از او فاصله بگیرم. وقتی خودم را به‌در خانه رساندم و وارد شدم، دیگر صدای پای او را پشت سرم نمی‌شنیدم. ولی آیا ورود مرا به‌خانه ندیده بود؟ این یک نگرانی روی نگرانی بود.

پریشانی و آشفتگی خاطرم را نمی‌توانم وصف کنم. علی‌الخصوص که به‌علت تمکین به‌خواسته شمس‌الدین خود را سخت گناهکار می‌دانستم و سرزنش می‌کردم.

شبی دوزخی را به‌صبح رساندم. تنها راه نجاتی که به‌نظرم

می‌رسید خبر رساندن به‌مولانا عبید و توسل به‌عقل و درایت او بود. ولی اگر آن گزمه که دیشب دنبالم کرد، در آن حوالی برای گرفتنم کمین کرده باشد، چه می‌شود؟ این نگرانی وادارم کرد که با همهٔ تشویش خاطر تمام روز از خانه بیرون نرفتم و شبی بدتر از شب پیش را صبح کردم.

روز دوم با احتیاط بسیار به‌طرف خانهٔ عبید به‌راه افتادم. آن قدر پریشان خاطر بودم که راه صد بار رفته را گم کردم. مولانا خانه نبود و اسحق و بنفشه از او خبری نداشتند. تا عصر بی‌حاصل آنجا ماندم ناچار با همان بارِ تشویش و پریشانی خاطر به‌خانه برگشتم.

اندیشهٔ شمس‌الدین سختی نکشیده در غل و زنجیر شحنه لحظه‌ای از ذهنم دور نمی‌شد. برای خلاصی او چه می‌توانستم بکنم؟ اگر عبید از شهر رفته باشد چه کنم؟ لحظه‌ای به یاد کلو فخرالدین افتادم. ولی خیلی زود او را از ردیف چاره‌سازها خارج کردم. به‌خود گفتم وقتی سبب عمده و اولیهٔ این گرفتاری، مهمانی خانهٔ او بوده، هرگونه وساطت او کار را مشکل‌تر و پیچیده‌تر می‌کند. گذشته از اینکه خصومت بین کلو فخر و شحنه ناصرالدین عمر راز پنهانی نیست. اگر اقتدار امیرمبارزالدین به‌مصلحتی باعث سازش موقت آنها شده، در رابطه آنها تغییری نداده است. دست التماس و استغاثه به‌درگاه احدیت برداشتم که زودتری قوام‌الدین صاحب‌عیار را برساند. در آن اوضاع و احوال جز اقتدار و منزلت او نزد امیرمبارز، راه نجاتی نمی‌دیدم.

جوجه شاعر

صبح روز بعد پریشان‌تر و آشفته‌تر از همیشه، به‌سوی خانهٔ عبید به‌راه افتادم. مولانا عبید که تازه از سفرهٔ بامدادی برخاسته بود، وقتی مرا دید گفت که قصد داشته اسحق را پی من بفرستد. ضرورتی نبود که از زندانی شدن شمس‌الدین بگویم چون از آن آگاه بود. جزئیات ماجرا را حکایت کردم و از بار گناه تمکین به‌خواستهٔ شمس‌الدین که سنگینی آن را بر دوش خود احساس می‌کردم، گفتم. مولانا به‌میان سخنم دوید و گفت:

ـ زیاد خودت را ملامت نکن! این ناشنیده پندی که ما می‌شناسیم، هرطور بود کار خودش را می‌کرد، چه همراهش می‌رفتی و چه نمی‌رفتی.

وقتی به‌غیبت روز گذشته‌اش اشاره کردم، گفت که آن روز مدتی پیش جهان خاتون بوده است. و ماوقع را حکایت کرد.

جهان خاتون او را نزد خود خوانده و با کمال پریشانی خاطر خبر زندانی شدن شمس‌الدین را که از زبان شخص دارو‌غه کلو عمر، شنیده، به‌او داده است.

فردای روزی که عملهٔ شحنه شمس‌الدین را گرفتند، کلو عمر به‌دیدار جهان خاتون رفته و با رضایت خاطر آشکاری خبر گرفتاری او را به‌زن جوان داده و گفته است که «جوجه شاعر» را که مدام به‌نفع ارباب فراری‌اش شاه شیخ دست و پا می‌کند، گرفته و زندانی کرده‌اند. پیداست که می‌خواهد هرقدر بتواند جرایم دوست بیگناه ما را سنگین‌تر کند که آسان‌تر بتواند به‌مقصود برسد.

طاقت نیاوردم. به‌میان کلام مولانا دویدم و با هیجان پرسیدم:

ـ این همه خباثت و ناجوانمردی چرا؟

مولانا ابروئی بالا برد و گفت:
ـ باید تا حالا علت را فهمیده باشی. این مرد از آن دسته آدمیانی است که حاضرند دنیائی را به‌آتش بکشند که به‌منظورشان برسند. جهان خاتون را می‌خواهد. فهمیده است این زن گوشه چشمی به‌شمس‌الدین دارد و حاضر است برای نجات جان شاعر محبوبش خیلی کارها بکند. زن بیچاره دیروز وقتی خبر را شنیده با همه درد ضربت ناگهانی، سعی کرده خود را بی‌اعتنا نشان بدهد. ولی کلو عمر زیرک‌تر از آن است که این ظاهر بی‌اعتنا را باور کند. با خونسردی ـ گفته که بخت شمس‌الدین بلند است که امیرمبارز که به‌سرکوبی شورش اوغانی‌ها رفته، در شهر نیست. ولی چند روز دیگر که برمی‌گردد، او ناچار باید وابستگان شاه شیخ فراری را که به‌مقدسات اهانت کرده‌اند به‌حضور سلطان برای مجازات اعزام کند.
ـ حضرت مولانا تصور می‌کند که امیرمبارز دستش را به‌خون شاعری که آوازه و شهرتش همه جا هست، آلوده کند؟
عبید سری تکان داد و گفت:
ـ اگر آب دم دست باشد که دستش را بعد از گردن زدن آب بکشد، آری. از قضا، جهان خاتون هم از جناب شحنه همین سؤال را کرده، می‌دانی چه جوابی شنیده؟
ـ می‌توانم حدس بزنم.
ـ نه، نمی‌توانی. برای اینکه بتوانی باید این مرد را بهتر بشناسی! گفته که امیرمبارز از شعر و شاعری نفرت دارد. حتی شعر میرکرمانی را که، ضمن هزار خدمت دیگر، در مدحش قصیده‌ها گفته، گوش نمی‌دهد. چند سکه به‌دامن او پرت می‌کند و می‌رود. با این وصف خیال می‌کنی به‌شمس‌الدین حافظ که، مهملاتش به‌کنار، شخص او را

هجو کرده، رحم می‌کند؟ و وقتی جهان خاتون اعتراض کرده که شمس‌الدین هیچ وقت امیرمبارز را هجو نکرد، جواب داده که چند شاعر صاحب‌نام شهادت کتبی داده‌اند که شنیده‌اند شمس‌الدین دو روز پیش از فرار شاه شیخ، خطاب به او گفته است:

به‌صبر کوش تو ای دل که حق رها نکند
چنین عزیز نگینی به‌دست اهرمنی

بعد، با زهرخند مخصوص خودش گفته: حالا که می‌بینی حق رها کرده و مانده دست نگین‌دار و گردن باریک فرشته!

گفتم:

- یعنی می‌فرمائی که راهی برای نجات شمس‌الدین نمانده است؟
- چند روزی فرصت هست. در این چند روز یا باید خواجه قوام‌الدین صاحب‌عیار، که زورش به کلو عمر می‌چربد، به شیراز برسد. یا در این مدت این شاهزاده خاتون دندان روی جگر بگذارد و به‌همسری جناب شحنه رضایت بدهد. چون شحنه به او فهمانده که: یا گردن شمس‌الدین و تیغ سرد امیرمبارز یا حجلۀ عروسی و آغوش گرم او!

پرسیدم:

- یعنی جز این دو راه امیدی به‌نجات شمس‌الدین نیست، حضرت مولانا؟
- شاید باشد. اما من نمی‌بینم. به‌هرحال تا آنجا که بتوانم تلاش می‌کنم.
- من چه می‌توانم بکنم؟
- فقط دعا به‌درگاه باری‌تعالی!

گفتم:

ـ گمان نمی‌کنی بتوانیم به‌بعضی علاقه‌مندان و شیفتگان شعر شمس‌الدین متوسل بشویم شاید در...
عبید کلامم را برید:
ـ کدام علاقه‌مندان و شیفتگان؟ آن اقلیتی که شعر او را می‌فهمند و قدر می‌شناسند که زور و قدرتی ندارند. آنهائی هم که زور و قدرت دارند که، به‌قول آن بزرگوار، میان لحن موسیقار و نهیق حمار فرق نمی‌کنند. در میان این جماعت اخیر، یک عده‌ای هستند که تظاهر به‌فهمیدن و خوش آمدن می‌کنند. از اینها هم که شمس‌الدین دست رد به‌سینه هیچ‌کدام نزده است. صوفی و قاضی و مفتی و محتسب را که به‌تیغ قلم قتل عام کرده است. آن چندتائی هم که از قلمش جان به‌در برده‌اند، برای تفریح و خنده از خودش رنجانده است. حساب کن در این اواخر در عین گرفتاری، چند دسته گل به‌آب داده است...
به‌میان کلامش رفتم:
ـ فکر نمی‌کنم برای تفریح و خنده...
عبید هم به‌نوبهٔ خود حرفم را قطع کرد:
ـ نه، صبر کن! رکن صاین را که می‌شناسی. مشاور و ندیم مخصوص عزیزکردهٔ امیرمبارزالدین است که از قضا شاعر هم هست. اما شاعری که معتقد است اگر شیخ سعدی زنده بود از خجالت شعر او جرأت نمی‌کرد شعر بگوید. در این حال، شمس‌الدین در دکّهٔ شاه عاشق قناد، در حضور جمع، شعر مهمل بالای سردر حمام باغ نو را به‌رکن صاین نسبت داده که همه خندیده‌اند. شعر را لابد دیده‌ای:
در ایـن گـرمابه آئی شـوخ بـرتن   از آن بیرون روی چون گل ز شستن
تا کی به‌گوش رکن برسد، اگر تا حالا نرسیده باشد! تو خبر این خنده و شادی در دکان قناد را نشنیده‌ای؟

گفتم:
- نه، ولی من...
عبید با بلند کردن دست کلامم را برید:
- باز هم صبر کن! کلو فخرالدین که دیده‌ای چه اظهار اخلاصی - حالا راست یا دروغ - به‌شمس‌الدین می‌کند. یک روز دیدم از دست او آتش گرفته بود. پیش از زندان، یک روز که تصادفاً به کلو فخرالدین برخورده، به‌او گفته که خبر خصوصی و محرمانه دارد که امیرمبارزالدین فردا بی‌سر و صدا به‌شهر برمی‌گردد. کلو فخرالدین هم که می‌خواهد هرطور هست خودش را پیش امیرمبارز عزیز کند، به‌خیال اینکه در افتخار استقبال از او تنها باشد، بدون اینکه در این باب از دیگری سؤالی بکند یا به‌کسی چیزی بگوید، با خدم و حشم و نوکر و دستگاه و مطبخ و یک گله گوسفند برای قربانی جلوی پای امیر، به‌اتفاق فقط سرهنگ سلطان، تا چند فرسخی به‌استقبال رفته و در بیابان خیمه و بارگاه و سایه‌بان برپا کرده و آشپزخانه به‌راه انداخته است. و عاقبت، آخر شب چون خبری نشده خسته و منفعل به‌شهر برگشته. البته او به‌روی خود و کسی نیاورده است. من تصادفاً از موضوع مطلع شدم. آدم برای خنده و تفریح پیرمرد صاحب نفوذ را این طور ویلان و سرگردان می‌کند و از خودش می‌رنجاند؟
گفتم:
- به‌یقین کلو فخرالدین همهٔ حکایت را به‌حضرت مولانا نگفته است. لابد علتی داشته است. شمس‌الدین وقتی به‌آدم‌های متظاهر و سالوس برمی‌خورد، نمی‌تواند بدون گوشمالی صفت ناپسند آنها به‌راه خود برود. این که می‌گوید برای خنده است، تعبیری از این شوق غیرقابل مقاومت او به‌تأدیب ناهنجاری‌های خلق و خوی

آدمیان است که هم در شعرش و هم در برخوردهایش جلوه می‌کند.
- این قدر در دفاع از رفیقت فلسفه‌بافی نکن! بعد که دیدمش، موضوع کلو فخرالدین را با او مطرح کردم، وقتی فهمید که کلو فخر واقعاً تا چند فرسخی به‌استقبال رفته و تا شب منتظر مانده، از خنده کمرش دوتا شد.
پرسیدم:
- به‌حضرت مولانا نگفت که قضیه چه بوده و چرا این خبر ساختگی را به کلو داده است؟
عبید خنده‌ای کرد و گفت:
- چرا. در جواب ملامت من گفت برای اینکه اولاً آدمی که به‌لحن محرمانه از من ـ که حتی یک بار هم با امیرمبارز روبه‌رو نشده‌ام ـ راجع به تاریخ مراجعت او سؤال می‌کند، شایستهٔ چنین جواب محرمانه‌ای است. ثانیاً کلو فخر که آن قدر شوق استقبال امیرمبارز را داشت، یک زمانی در مجلس شاه شیخ ـ من شاهد بودم ـ دست به‌آسمان بلند کرد و گفت خدایا، اگر روزی بخواهی سایهٔ این پادشاه عزیز ما را از سر شیراز کوتاه کنی، شب پیش از آن من و بچه‌هایم را مرگ بده!
گفتم:
- پس روشن است که قصد تأدیب خودخواهی و ریاکاری کلو فخر را داشته است.
عبید گفت:
- البته کلو فخر هم مستحق بوده. ولی قهقههٔ خندهٔ شمس‌الدین وقتی دانست که او را واقعاً با خدم و حشم به‌استقبال فرستاده، نشان می‌داد که تفریح و خنده محرک اصلی‌اش بوده است. مثال روشن‌تر برای اینکه بدانی که در این طنازی‌ها و شیطنت‌های او بیشتر حکایت

خنده و تفریح مطرح است، یکی اینکه یک روزی در مجلسی شنیدم که مطربی این بیت او را خواند:

راهی است راه عشق که هیچش کناره نیست

آنجا جز آنکه جان بسپارند چاره نیست

چند روز بعد در یک جای دیگری مطرب مصراع اول شعر را به‌این صورت خواند:

بحری است بحر عشق که هیچش کناره نیست.

وقتی از شمس‌الدین پرسیدم چرا نمی‌گوید کدام گفتهٔ اوست، می‌دانی چه جواب داد؟ با خنده گفت: عیبی ندارد که هردو باشد. چون فرق نمی‌کنند. ولی برای خنده بد نیست. وقتی پرسیدم چه خنده‌ای؟ جواب داد: همانطورکه حالا چندسال است بین منتصریه و خانقاه شیخ حسن راجع به‌آن عبارت روزبهان دعوا و ستیزه و بگومگوست، اگر اتفاقاً شعر من، مثل شعر شیخ اجل سعدی ماندگار شد، صدسال، دویست سال، سیصد سال بعد، بین ادبای اهل تحقیق اختلاف نظر پیدا می‌شود. یکی می‌گوید «بحر عشق» درست است و «راه عشق» غلط و آن یکی می‌گوید راه عشق درست است و بحر عشق غلط، و برسر بحر و راه به‌جان هم می‌افتند. جوان‌های آن موقع به‌زد و خوردشان می‌خندند و روح من از خنده‌شان شاد می‌شود.

غرض اینکه امروز برای کمک به‌نجات او و از این گرفتاری خیلی دست تنها هستیم. علی‌الخصوص که می‌دانی که این جماعت شاعران شیرین‌گفتار پخته‌خواری که کمال شعر شمس‌الدین را تاب نمی‌آورند، در این چند ماهه برای فرو نشاندن آتش غیظ و حسدشان مدام از او به‌عنوان ندیم و مشاور و مدّاح شاه شیخ یاد کرده‌اند و می‌کنند. در حالیکه شمس‌الدین نه مشاور بوده و نه مدّاح. غیر از

همان قصیدهٔ سپیده‌دم که صبا بوی لطف جان گیرد، مدحی از شاه شیخ ندارد. اصولاً مدّاح نیست. در غزل‌هایش، هم اگر در مقطع به‌نام بعضی بزرگان و امیران مثل حاجی قوام و جلال‌الدین و دیگران برمی‌خوریم، مدح نیست. درواقع تقدیم نامچهٔ غزل است برای ابراز اخلاص و امتنان از محبت و کمکی که آن بزرگ به‌شاعر کرده است. تقدیم نامچه‌ای است که به‌جای بالای صفحه، در آخر غزل آمده است. به‌هرحال نتیجه این است که بدگوئی‌ها در اذهان عامه اثر گذاشته است. به‌قول صاحب مرزبان‌نامه «چون گل بر دیوار زنی اگر در نگیرد نقش آن لامحاله باقی بماند» اثرش همین که امروز خیلی‌ها حتی آشنائی با او را انکار می‌کنند.

روزهای بعد، بیش از پیش به‌واقع‌بینی مولانا عبید پی بردم. علاقه‌مندان و دوستداران شعر او به‌کنار، دوستان و آشنایان مشترکمان، برای اینکه گوش خود را به‌شنیدن شرح احوال او آشنا نکنند، حتی از من پرهیز می‌کردند.

از تشویش و عذابی که در این روزهای بی‌خبری از حال شمس‌الدین متحمل شدم، می‌گذرم. مولانا عبید وعده داده بود که از هرخبری به‌دست آورد مرا آگاه کند. نگرانی و اضطراب بیش از حدّ بی‌بی خاور هم که مکرّر برای پرسیدن از حال شمس‌الدین، با چشم‌های اشک‌آلود به‌سراغم می‌آمد، باری اضافه بردوش احساسات من بود.

نامهٔ نیم‌خورده

صبح روزی که درِ خانه را به‌روی اسحق، پسر مولانا بازکردم انگار درِ آسمان به‌رویم باز شد. عبید مرا به‌خانه‌اش خواسته بود. در راه

مکرّر کوشیدم از اسحق خبری دربارهٔ علت احضارم بگیرم. ولی او اظهار بی‌اطلاعی می‌کرد.
مولانا عبید وقتی قیافهٔ امیدوار و نگاه منتظر مرا دید، گفت:
ـ زیاد شادمانی نکن! خبر خوشی نیست. خبری هست اما زیاد خوش نیست.
بنفشه را صدا زد و دستور داد که شربتی برای گلوی خشک من بیاورد. بعد، مرا نشاند و ادامه داد:
ـ دیروز در خانهٔ جهان ملک خاتون خبرها بوده است...
کنیز سیاه که با کاسهٔ شربت وارد شده بود، به‌میان کلام مولانا دوید:
ـ خانهٔ جادوگرها همیشه یک خبری هست!
مولانا با ملایمت او را روانه کرد و گفت:
ـ می‌دانی که بنفشه چشم دیدن جهان خاتون و طاقت شنیدن اسم او را ندارد. باری، یک شبی، یک آدم ژولیده‌ای خواستار دیدار جهان خاتون شده و گفته که برای او پیغامی دارد. درنتیجهٔ اصرار زیاده از حدّش، جهان خاتون او را پذیرفته است این مرد را، که همان بربط‌زن مهمانی خانهٔ کلو فخرالدین بوده شناخته است. سلیمان بربط‌زن وقتی به‌حضور جهان خاتون رسیده، برایش حکایت کرده که در زندان شحنه‌خانه به‌شمس‌الدین حافظ برخورده است.
قاضی، برای سلیمان حکم شلاق صادر کرده ولی چون شب رسیده، اجرای حکم را به‌صبح روز بعد موکول کرده‌اند. این مرد در آن شبی که در انتظار تحمل مجازاتش زندانی بوده شمس‌الدین را دیده است. شمس‌الدین از او خواسته که وقتی آزاد شد پیغامی برای کسی ببرد. سلیمان پذیرفته است. شمس‌الدین کاغذی به‌او داده که سربسته

به‌جهان خاتون برساند و او را متعهد کرده که جز به‌دست جهان خاتون به‌دیگری ندهد. ولی صبح، وقتی سلیمان شلاق خورده، با تن مجروح دردناک از شحنه‌خانه خارج می‌شده، نگهبان دم در او را نگه داشته و گفته که به‌دستور شحنه باید مراقبت کند که کسی نامه‌ای یا پیغامی از زندان به‌خارج نبرد. وقتی مشغول بازرسی بدنی او شده، بربط‌نواز بینوا از ترس لو رفتن نامهٔ شمس‌الدین، آن را در دهان گذاشته و سعی کرده بخورد. ولی نگهبان متوجه جویدن او شده و به‌زور تکه‌هائی از کاغذ را که هنوز فرو نداده بود، از دهانش بیرون کشیده است. سلیمان که مرگ را در برابر چشم دیده، از ترس جان لگدی به‌یک نقطهٔ حساس بدن نگهبان زده و وقتی او از درد به‌زمین غلتیده، با تمام قوا پا به‌فرار گذاشته است. طوری که جستجو و تعقیب عملهٔ شحنه به‌جائی نرسیده و پیدایش نکرده‌اند. بیچاره مدتی اینجا و آنجا پنهان شده، تا آنکه شب، با استفاده از تاریکی خود را به‌جهان خاتون رسانده و عذر قصور در رساندن پیام را خواسته و تقاضای بخشش کرده است. از متن پیام چیزی نمی‌دانسته زیرا آن را ندیده است. همین قدر گفته که غیر از او کسی نمی‌داند که گیرنده پیام چه کسی بوده است.

جهان خاتون از حال شمس‌الدین پرسیده است. سلیمان، که از شمس‌الدین به‌عنوان شاه شاعران زمانه یادکرده، او را با روحیهٔ خوب دیده است. تا آنجا که ضمن هم‌نشینی کوتاه با او شنیده که غزلی در پردهٔ عشاق زمزمه کرده است. سلیمان یک مصراع از آن را که به‌خاطر سپرده تکرار کرده است: جان بی‌جمال جانان میل جهان ندارد.

بنفشه که به‌عنوان خدمت و پذیرائی در اطاق می‌رفت و می‌آمد، فرصت را برای دخالت دوباره غنیمت شمرد و گفت:

- شمس‌الدین بی‌گناه هم آخر به‌آتش فتنهٔ این دختر جادوگر می‌سوزد!

مولانا عبید که با بردباری دخالت‌های بیجای این زن را تحمل می‌کند، گفت:

- بنفشه اگر باد به‌گوش شمس‌الدین برساند که تو از جهان خاتون بد می‌گوئی، دیگر محال است برایت شعر بخواند!

بنفشه خیزی برای پرحرفی برداشت ولی مولانا به‌او مهلت نداد:

- راستی، بنفشه، آن شعر شمع و پروانه سعدی را که شمس‌الدین گاهی می‌خواند، یادت هست؟ آنکه شمع بیچاره از نبودن یار عزیزش انگبین ناله می‌کرد؟

بگفت ای هوادار مسکین من برفت انگبین یار شیرین من

حالا، با این شربت سکنجبین تو، من همان ناله را از گلوی سرکه می‌شنوم که از نبودن انگبین ناله می‌کند.

اسحق به‌صدای بلند خندید. و بنفشه برافروخته از ایرادی که به‌سکنجبینش گرفته شده بود، کاسهٔ شربت را بلند کرد و برد. مولانا با لبخندی گفت:

- تنها راه به‌جوش آوردن غیرت بنفشه همین ایراد گرفتن به‌دستپختش است.

بعد از رفتن بنفشه از اطاق، عبید چند لحظه خاموش ماند. من بی‌صبرانه پرسیدم:

- عاقبت صحبت با بربط‌زن به‌کجا رسیده؟

- به‌کجا می‌خواستی برسد؟ مرد بیچاره برای طلب بخشش اتفاقی که گناه او نبوده پیش جهان خاتون رفته و عجله داشته که از آنجا برود. اما مسئله این است که قضیه بعد از رفتن او، روز بعد دنباله‌ای داشته

است. کلو عمر بی‌خبر باز به دیدن جهان خاتون رفته و برای اینکه کارد را بیشتر در زخم فرو کند، گفته که شمس‌الدین در توطئه‌ای برای کشتن امیرمبارز شرکت کرده که اگر خبرش به‌امیر برسد، دیگر برای نجات شمس‌الدین کاری از دست کسی، حتی خود او، برنمی‌آید. بعد حکایت کرده که شمس‌الدین به‌وسیله یک زندانی که آزاد شده پیغام رمزی برای توطئه‌گران فرستاده که کشف شده و با اینکه قاصد سعی کرده متن پیام را از بین ببرد کاملاً موفق نشده است.

جهان خاتون به‌شدت اعتراض کرده که هیچ‌کس باور نمی‌کند که شاعری که می‌گوید: درخت دوستی بنشان که کام دل به‌بار آرد ـ نهال دشمنی برکن که رنج بی‌شمار آرد، برای قتل دیگری توطئه کند. در مقابل، کلو عمر گفته که قول شاعر مناط فعلش نیست. یزیدبن معاویه هم از این اشعار مهر و محبت دارد. بعد به‌عنوان سند این توطئه، چند تکه پاره‌کاغذ را که گفته‌اند از دهن آن زندانی پیغام‌بر بیرون کشیده‌اند به‌او نشان داده است. تا آنجائی که به‌یاد جهان خاتون مانده و برای من حکایت کرد، غیر از تخلص حافظ و کلمات جویده و بریده مثل تیغ و کمر و کوی فلان، عبارت قابل خواندنش یکی این است که «من این دو حرف نوشتم چنان که غیر ندانست» و یکی «اسیر خویش گرفتی بکش چنان که تو دانی». جهان خاتون معتقد است، و شاید حق دارد که کلو عمر این کلمات و عبارت‌ها را، که اجزاء یک غزل است از میان تکه پاره‌های کاغذ، برای سنگین کردن بارگناه شمس‌الدین مخصوصاً انتخاب کرده است. و می‌خواست بداند من یا تو اگر چنین غزلی را می‌شناسیم، بکوشیم که لااقل باراین گناه تازه را از دوش شمس‌الدین برداریم. من، در راه مراجعت خانه به‌این کلمات و عبارت‌ها فکر می‌کردم. ولی غزلی را به‌یاد نمی‌آوردم. تنها، عبارت «اسیر خویش

گرفتی بکش چنان که تو دانی»، در ذهنم صدای آشنائی می‌کند. آیا شمس‌الدین این غزل را برای من خوانده و فراموشش کرده‌ام؟

گفتم:

ـ نه، حضرت مولانا، به‌حافظهٔ خود شک نفرما! این غزل تازه‌ای است که جز من و یکی از دوستان، کسی آن را نشنیده است. صدای آشنای «اسیر خویش گرفتی...»، در ذهن حضرت مولانا، از جای دیگر است. از یک غزل سعدی است که باید به‌یاد بیاورم.

چون کوششم برای به‌یاد آوردن غزل شیخ به‌جائی نرسید، مولانا پسرش را فرستاد که از اطاق دیگر غزلیات سعدی را بیاورد.

کتاب را بوسید و بردیده نهاد و گفت:

ـ این غزلیات شیخ به‌تنظیم ابی‌بکر بیستون رحمت‌الله علیه، هدیهٔ گرانبهای شاه شیخ است، که به‌عنوان صلهٔ یک قصیده به‌من بخشید.

و بعد از جستجوی کوتاهی در کتاب، چهره‌اش شکفت:

ـ بله از غزل شیخ اجل است با مطلع:

ندانمت به‌حقیقت که در جهان به‌چه مانی

جهان و هرچه درو هست صورتند و تو جانی

با شبیه همان پیغام عاشقانه:

من ای صبا ره رفتن به‌کوی دوست ندانم

تو می‌روی به‌سلامت سلام ما برسانی

که در نهایت می‌فرماید:

سر از کمند تو سعدی به‌هیچ روی نتابد

اسیر خویش گرفتی بکش چنان که تو دانی

مولانا کتاب را بست و گفت:

ـ باید ببینیم دفتر اشعار شمس‌الدین کجاست، که شاید در این

جنگ و جدال کمکمان کند.
گفتم:
- حضرت مولانا فکر می‌کند که شحنه واقعاً به شمس‌الدین پاک‌نهاد فرشته‌خصال ظن توطئه و آدم‌کشی برده باشد و...؟
عبید کلامم را برید:
- نه، فرزند. کلو عمر این قدر احمق نیست. با شمس‌الدین هم پدرکشتگی ندارد. حتی عاشق دلخستهٔ جهان خاتون هم نیست. حکایت خودپسندی آدم‌های حقیر قدرتمند است که در مقابل میل و هوسشان نباید مانعی ببینند که اگر ببینند، باید آسمان و زمین را به‌هم بدوزند که آن را از پیش پا بردارند. اگر می‌خواهم اصل غزل شمس‌الدین را پیدا کنم فقط به‌خاطر پریشانی خاطر جهان خاتون است که با چشم‌های گریان آن را از من خواسته است.
بنفشه که در راهرو به کاری مشغول بود و این کلام عبید را شنید، نتوانست جلوی زبان خود را بگیرد. از همان جا به‌صدای بلند گفت:
- گریهٔ این جادوگر را باور نکن! اشکش توی آستینش است!
عبید برای اولین بار با لحن تحکم گفت:
- بنفشه! می‌گذاری کارمان را بکنیم؟
بعد رو به‌من کرد:
- هان؟ چه فکر می‌کنی، گلندام؟
گفتم:
- دفتر اشعار شمس‌الدین پیش من است. ولی نمی‌دانم آیا حق دارم بی‌اجازهٔ او...
مولانا سخنم را قطع کرد:
- آن را به‌غریبه نمی‌دهی! یک غزلش را به‌کسی می‌دهی که اگر

سلیمان بربط‌زن بیشترش را نخورده بود، از چند روز پیش تمامش را بارها خوانده بود.

این دلیل مولانا دیگر جواب نداشت.

فوراً به‌خانه برگشتم و از دفتر اشعار شمس‌الدین غزل را برای او بردم و به‌فرموده‌اش، آن را به‌صدای بلند خواندم:

نسیم صبح سعادت بدان نشان کـه تـو دانی
گذر به‌کوی فلان کن در آن زمان که تو دانی

تـو پـیـک خـلـوت رازیّ و دیـده بـرسر راهت
به‌مردمی نه به‌فرمان چنان بران کـه تـو دانـی

بگـو کـه جـان ضـعیفم ز دسـت رفـت خـدا را
ز لعل روح‌فزایش ببخش از آن کـه تـو دانی

من این دو حرف نبشتم چنانکه غیـر نـدانست
تو هم ز روی کرامت چنان بخوان که تو دانی

خیال تـیـغ تـو بـا مـا حـدیـث تشـنه و آب‌ست
اسیر خویش گرفتی بکش چنان کـه تـو دانی

امــــیـد در کــمـر زرکـشـت چگــونـه نـبـندم
دقیقه‌ایست نگـارا در آن مـیـان کـه تـو دانـی

یکیست ترکی و تـازی دریـن مـعـامله حـافظ
حدیث عشق بیان کن بدان زبان که تـو دانی

عبید تبسم برلب گفت:

ـ حالا می‌فهمم که اشارهٔ کلو عمر به‌همدستان ترک و عرب توطئهٔ قتل از کجا آمده است! به‌هرحال باید این سند توطئهٔ قتل و جنایت را به‌جهان خاتون برسانیم. شاید در عالم خوش‌خیالی‌اش بتوانـد ایـن

جرم تازه را از سلسله جرایم شمس‌الدین حذف کند.

سپس در برابر اصرار من به‌تعجیل، به‌بردباری دعوتم کرد:

ـ باید صبر کنی. من وقتی لازم می‌شود، با هزار احتیاط از درِ پشت خانه به‌دیدن جهان خاتون می‌روم که عملهٔ شحنه که دائماً مراقب هستند، بوئی نبرند و گرفتار سوءظن خطرناک کلو عمر نشوم. امروز که می‌خواهم تو را هم با خودم ببرم باید بیشتر احتیاط کنم. باید منتظر بشویم تا هوا تاریک بشود.

تجاوز به‌حریم ملک

در فکر زورگوئی شحنهٔ خودخواه و بردباری عبید بودم. عاقبت برآشفتم:

ـ مگر این زن زندانی شحنه است، حضرت مولانا؟

ـ از زندانی بدتر، ملک شحنه است. یعنی کلو عمر جهان خاتون را مال و ملک خودش به‌حساب آورده و دیدار ما با او را تجاوز به‌ناموس خودش می‌داند، تجاوز به‌حریم ملک خودش می‌داند.

بنفشه که از خارج می‌آمد و چند جملهٔ آخری مولانا را شنیده بود، در صحبت دخالت کرد:

ـ بدبخت نمی‌داند که توی این ملک به‌دست خودش گورش را می‌کند!

عبید با خنده گفت:

ـ بنفشه، به‌جای اینکه برای مهمان ما یک لقمهٔ غذائی فراهم کنی، آمده‌ای از حرف ما ایراد بگیری؟ برو ببینم دختر، چه فکری برای غذای ما آدم‌های گرسنه و تشنه کرده‌ای!

عبید در برابر دخالت‌های بیجا و پرحرفی‌های این کنیز سیاه

تحمل عجیبی دارد. هیچ‌گاه غیظ نمی‌کند و تند نمی‌شود. البته باید قبول کرد که خانهٔ مولانا را بهتر از هرهمسری اداره می‌کند. درواقع فرمانروای بلاشریک خانه است. نه تنها به‌عبید که حتی به‌اسحق جوان سرکش امر و نهی و پرخاش می‌کند. شاید تنها کسی باشد که بدون واهمه از پیکان جواب‌های قتّال مولانا، گاه به‌او طعنه می‌زند.

در انتظار غروب آفتاب و تاریک شدن هوا بودیم. مولانا، به‌تمنای من، اسحق را فرستاد که شاید بتواند از دائی عطا، با رشوهٔ شیرینی و حلوا، خبری از سلامت شمس‌الدین بگیرد. زیرا آخرین خبری که از حال او داشتیم، همان گفتهٔ سلیمان بربط‌نواز به‌جهان خاتون بود که او را سالم دیده بود.

اسحق در مراجعت نتوانست خبری از شمس‌الدین بیاورد. تنها خبر نسبتاً خوشی که از دائی عطایش شنیده بود، این بود که در چند روز گذشته در زندان شحنه مرگ و میری نداشته‌اند.

٭

جهان خاتون وقتی ما را به‌حضور خواند، در شاه‌نشین اطاق پشت پردهٔ تور نشسته بود و سوسن گربه شمس‌الدین ـ یا کلپاسو به‌قول بی‌بی خاور ـ را روی زانوان داشت. من، به‌تکلیف مولانا، پیش رفتم و غزل شمس‌الدین را که بر تکه کاغذی رونویسی کرده بودم، تقدیمش کردم. با صدای آهسته غزل را تا آخر خواند. سپس لب فرو بست. من و مولانا نگاهی رد و بدل کردیم. ولی به‌احترام او خاموش ماندیم.

جهان خاتون پس از سکوتی طولانی، در حالیکه همچنان چشم برکاغذ داشت، زیرلب بیتی از شمس‌الدین را تکرار کرد:

حافظ چه طرفه شاخ نباتیست کلک تو

کش میوه دلپذیرتر از شهد و شکر است

باز مدتی به‌سکوت گذشت. زن جوان طوری به‌خود فرو رفته بود که انگار حضور ما را از یاد برده بود. غزلی که در دست داشت، هرچند تازه و ناشناخته بود، ولی می‌دانم که شمس‌الدین آن را پیش از اتفاق اولین دیدار با جهان خاتون، ساخته بود. در آن لحظه به‌گمانم، جهان خاتون به‌دنبال «بدان نشان که تو دانی»، به‌ذهن خود فشار می‌آورد که آن نشان را به‌یاد بیاورد. و در کلمات «کوی فلان»، کوی منزل خود را می‌دید. این هنر شمس‌الدین است که اگر در غزل به کسی، به‌محبوبی یا دوست عزیزی نظر دارد، آن را در چنان پردهٔ حریری از ابهام و ایهام می‌پیچد، که هرکس آن پرده را به‌شوق یافتن نام و نشان خود در پشت آن، بالا می‌زند.

پس از مدتی که به‌این حال در سکوت گذشت، جهان خاتون ناگهان با لحن برآشفته‌ای گفت:

ـ به‌این بهانه می‌خواهند بزرگ‌ترین شاعری که خدای بزرگ به پارسی‌گویان هدیه کرده، بکشند. اگر چنین فاجعه‌ای اتفاق بیفتد، از حالا تا آخر دنیا، داغ ننگ و رسوائی برپیشانی نه تنها شیرازی‌ها، که برپیشانی همهٔ آدمیان این مرز و بوم که نتوانسته‌اند این تحفهٔ الهی را حفظ کنند، نقش می‌بندد.

مولانا راه‌های گوناگونی را که برای نجات شمس‌الدین به‌نظرش می‌رسید مطرح کرد. ولی بن‌بست گشوده نشد. ـ امید بزرگ و نسبتاً مطمئن البته رسیدن خواجه قوام‌الدین صاحب‌عیار به‌شیراز بود که هیچ اطمینانی به‌آن نمی‌توانستیم داشته باشیم.

جهان خاتون وعده داد که ضمن ارائه غزل به کلو عمر برای دور کردن ظن توطئه، تمام کوشش خود را برای آزادی شمس‌الدین به کار ببرد و نتیجه را به ما خبر بدهد.

پیش از جدا شدن از او پرسیدم:
ـ آیا خاتون گرامی می‌تواند مطمئن باشد که کلو عمر تا مراجعت امیرمبارز به شمس‌الدین آسیبی نرساند؟
جهان خاتون جواب داد:
ـ بله، می‌توانم. برای اینکه کلو عمر در غیاب سلطان جرأت تصمیم شدیدی در این باب ندارد. اما برای من باقی ماندن شمس‌الدین در زندان نه تنها تا مراجعت امیرمبارز، که حتی یک روز، حتی یک ساعت غیرقابل تحمل است، دردناک است.
زن جوان لحظه‌ای سکوت کرد. سپس با صدائی لرزان از هیجان ادامه داد:
ـ این آدم بزرگ که فضای آسمان‌ها برایش کوچک است، در چاردیواری زندان چه می‌کند؟ این شاعر روشنائی و شادمانی ظلمت غمبار دخمهٔ شحنه‌خانه را چطور طاقت می‌آورد؟
عبید با لحن پدرانه‌ای او را دلداری داد:
ـ ای جان عزیز، این قدر بی‌تابی نکن! شمس‌الدین هم خدائی دارد. به قول خودش:

این دل غمدیده حالش به شود دل بد مکن

وین سر شوریده بازآید به‌سامان غم مخور

سپس کوشید که با لطیفه‌ها و مطایبه‌ها او را بخنداند. اما توفیقی نیافت گره پیشانی جهان خاتون وا نشد. با این وعده‌اش که ما را از حاصل گفتگوها مطلع سازد، او را تنها گذاشتیم.

٭

وقتی در خانه تنها ماندم، سیلی از افکار سیاه به مغزم هجوم آورد. واقعاً بر شمس‌الدین در زندان شحنه چه می‌گذشت؟ آیا زندانبان او

می‌توانست ذره‌ای از ظرافت روح و نازکی طبع لطیف او را درک کند؟ آیا نان و آبی به‌او می‌دادند؟

خبر زندانی شدن او منتشر شده بود. اما نحوهٔ انتشار، از منبع آن و خبثی که در آن درج کرده بودند، حکایت داشت. جرایمی که برای او می‌شمردند، به‌روشنی نشان می‌داد که مدّاحان و قصیده‌سرایان حرفه‌ای، آنهائی که عبید به‌مطایبه «شاعران شیرین‌گفتار پخته‌خوار» لقبشان داده بود ـ بار سنگین حقد و حسد خود را کاملاً خالی کرده بودند. به‌دروغ، از وابستگی‌اش به‌شاه فراری و نفوذ فوق‌العاده‌اش در مزاج او از یک طرف، و بی‌اعتقادی و بی‌اعتنائی‌اش به‌اصول اخلاقی و مبانی دین از طرف دیگر، حکایت‌ها نقل می‌شد و مردم عامی بی‌خبر، ابلهانه شنیده‌های خود را تکرار می‌کردند. این شایعات محیط خطرناکی به‌وجود می‌آورد. می‌ترسیدم که یک زندانی یا یک زندانبان نادان و متعصبی، به‌قصد خودنمائی و عزیز شدن به‌چشم حاکمان، آسیبی به‌او برساند.

بی‌تاب‌تر از من بی‌بی خاور بود که به‌گمان عذاب و شکنجه شمس‌الدین در زندان، می‌نالید و می‌گریست. می‌ترسید که مبادا مسافر فضولی خبر زندانی شدن او را در کازرون به‌مادر و خواهرش برساند. اما از محافظت خانه هیچ غافل نبود. به‌کمک و حمایت آن خویش ایلیاتی که شب‌ها در خانه می‌خواباند، زهر چشمی از اوباش گرفته بود. به‌طوری که دیگر حتی سیف سگزی خودی نشان نداده بود.

غانم شاعر، که از صبح تا شام همه جا می‌رفت و از همه جا خبر داشت، به‌من خبر آورد که دبّاغ جعفرآبادی و یکی از اتباعش به‌دارالرسائل شحنه‌خانه شکایت برده و گفته‌اند که خانهٔ شمس‌الدین

به‌مرکز اجتماع اوغانی‌های دشمن امیر مبدل شده است. غانم همچنین خبر داشت که کلو فخرالدین، برادر زن خود، خواجه شهاب را به‌وساطت و شفاعت شمس‌الدین نزد شحنه فرستاده که جواب مساعدی نشنیده است. فکر بازگشت امیرمبارز به‌شیراز پیش از آنکه به‌راه حلی برای مشکل شمس‌الدین رسیده باشیم، خواب و خوراک را برمن حرام کرده بود.

برای انصراف خاطرم از وحشت حدس و گمان‌های تیره و تار، از خانه بیرون رفتم. در باغ آرامگاه سعدی، که گردشگاه مورد علاقهٔ من و شمس‌الدین است،، ساعتی وقت گذراندم. ولی در تخفیف اشتغال خاطرم مؤثر نیفتاد. بعد از مدتی راه رفتن بی‌هدف در کوچه‌ها به‌خانه برگشتم و به‌سراغ اشعار شمس‌الدین رفتم. صفحه‌ای را باز کردم. خوشبختانه به‌غزلی مشحون از امید و شادمانی برخوردم که خواندنش به‌داد روحیهٔ خرابم رسید:

مژده ای دل که دگر باد صبا باز آمد
هدهد خوش‌خبر از طرف سبا باز آمد
برکش ای مرغ سحر نغمهٔ داوودی باز
که سلیمان گل از باد هوا باز آمد
لاله بوی می نوشین بشنید از دم صبح
داغ دل بود به‌امّید دوا باز آمد
عارفی کو که کند فهم زبان سوسن
تا بپرسد که چرا رفت و چرا باز آمد
مردمی کرد و کرم بخت خداداد به‌من
کان بت سنگدل از راه وفا باز آمد

چشــم مــن در ره ایــن قــافلهٔ راه بـماند
تــا بــه‌گــوش دلم آواز درا بـــاز آمـــد
گرچه حافظ در رنجش زد و پیمان بشکست
لطف او بین که به‌صلح از در مـا بـاز آمـد

٭

سه روز از دیداری که در معیت عبید با جهان خاتون داشتیم، می‌گذشت. نزدیک غروب، وقتی به‌خانه برگشتم، اسحق را آنجا در انتظار خود دیدم. پدرش از من خواسته بود که بی‌درنگ به‌حضورش بروم.

مولانا را آرام و گشاده‌رو دیدم. تا مرا دید بی‌تأمل گفت:

ـ فردا به‌شحنه‌خانه برو و دوستت را از این آدم‌خواران تحویل بگیر!

شور و شوق و هیجانم از شنیدن این خبر خوش ناگهانی قابل وصف نیست. اما در همان حال متوجه شدم که در وجنات مولانا از آن شادی و رضایت خاطری که در چنین موقعیتی انتظار می‌رفت، اثری ظاهر نبود. با نگرانی پرسیدم:

ـ بلائی براو نرسیده باشد؟

عبید سری تکان داد و گفت:

ـ نه، شاید گرسنه و تشنه مانده باشد ولی ظاهراً بلائی به او نرسیده است. چون بلاگردانی به‌دادش رسیده است. البته به‌شرط اینکه از حالا تا فردا زبان درازش را نگه دارد و دشمن تازه‌ای برای خودش نتراشد.

عبید چند لحظه خاموش ماند. بعد دنبالهٔ کلامش را گرفت:

ـ قسـمت شـاد حکـایت را شـنیدی. حالا بنشین تا قسمت

غم‌انگیزش را برایت بگویم.

بلاگردان

عبید با صدای آرامی ماوقع را برای من حکایت کرد:

ـ جهان خاتون بیچاره از آن لحظه‌ای که ما ترکش کردیم، آنچه در توان داشته برای نجات شمس‌الدین به‌کار گرفته است. چون ارائه اصل غزل «توطئه» در نرم کردن کلو عمر اثری نداشته، سعی کرده کلو فخرالدین را برای نجات شمس‌الدین به‌حرکتی وادارد. می‌دانی که فخرالدین در خاندان اینجو ریشه‌ای قدمی دارد. جهان خاتون هم، مثل شاه شیخ او را عمو فخرالدین خطاب می‌کند. بگذریم که این عمو بیشتر غصهٔ خودش و مال و منالش را می‌خورد تا غصهٔ برادرزاده را! باری، وقتی تحول تازهٔ وقایع را دانسته، بی‌تأمل نظر داده که از اجرای تمنیات کلو عمر گزیری نیست. و به‌عنوان یک مصلح خیرخواه، قبول همسری شحنهٔ کریه‌المنظر را برای تأمین سعادت خود دختر و تضمینی برای سلامت بازماندگان خاندان اینجو، لازم دانسته است. البته حدس می‌زنی که به‌سلامت املاک پهناور خود بی‌نظر نبوده است. عاقبت، جهان خاتون، درمانده از همه جا و از هرراه، دیروز کلو ناصرالدین عمر را به‌حضور خوانده و به‌او گفته که به‌تقاضای همسری‌اش تمکین می‌کند، به‌شرط اینکه شمس‌الدین بلاتأمل از زندان ازاد شود و شحنه علناً اظهار کند که بعد از تحقیق معلوم شده که جرایمی که به‌او نسبت داده شده، حاصل غرض‌ورزی دشمنانش بوده و شمس‌الدین از هرگناهی مبراست. در مقابل کلو عمر می‌تواند آناً پی عاقد بفرستد که عقد ازدواج آنها را جاری کند. کلو عمر شرایط این تعهد متقابل را پذیرفته ولی گفته که برای ازدواج

با او، که به‌هرحال برادرزادهٔ شاه فراریِ هنوز مدعی تاج و تخت است، باید منتظر اجازه صریح و مؤکد امیرمبارز بماند. و این امر موکول به‌مراجعت امیر به‌شیراز خواهد بود. جهان خاتون در مقابل دستور فوری آزادی شمس‌الدین، سوگند یادکرده که هرموقع کلو عمر بخواهد به‌عقد زوجیت او درآید.

مولانا پس از چند لحظه سکوت ادامه داد:

ـ اما، جهان خاتون از من تعهد خواسته که از موجبات آزادی شمس‌الدین چیزی به‌او نگویم. ضمناً یادآوری کرده که دیگر نمی‌تواند و نمی‌خواهد با شمس‌الدین روبه‌رو بشود. من هم به‌شرط همین تعهد ماوقع را برای تو حکایت می‌کنم. فردا که به‌استقبالش به‌شحنه‌خانه می‌روی، اگر از موجبات آزادی‌اش پرسید آن را به‌شفاعت من و دوستانش نزد کلو عمر نسبت بده و اگر هوای دیدار جهان خاتون را داشت به‌او بگو که چون به‌زودی به‌خانهٔ شوهر می‌رود، دیگر نمی‌تواند مرد غریبه‌ای را به‌خود راه بدهد.

باز مدتی خاموش ماند و به‌فکر فرو رفت. سپس سر بلند کرد و گفت:

ـ آن طور که من دیده‌ام شمس‌الدین به‌اقتضای هوای جوانی کششی به‌سوی جهان خاتون پیدا کرده که...

کلامش را بریدم:

ـ تنها به‌اقتضای هوای جوانی نیست. حضرت مولانا بهتر می‌داند که در شیراز ما، آن معدودی از زن‌ها که به‌شعر و ادب دسترس دارند، هیچ کدام مثل جهان خاتون امکان حضور در یک مجلس مردانه را ندارند. درنتیجه اتفاق نمی‌افتد که زنی ـ آن هم زنی صاحب‌جمال ـ که از شعر شمس‌الدین لذت می‌برد، آن را در حضور خود او تحسین

کرده باشد. این اتفاق مهم تأثیرگذار اکنون افتاده و تا عمق جان شمس‌الدین اثر گذاشته است. من هنوز از میزان این کشش شمس‌الدین به‌جهان خاتون اطلاع ندارم ولی...

عبید هم به‌نوبهٔ خود کلام مرا برید:

ـ تو که دوست نزدیک و خیرخواه شمس‌الدین هستی، باید مراقب باشی و تا این اشتیاق او بیش از این ریشه نگرفته هرچه می‌توانی در انصراف فکرش از این زن بکوشی. چراکه مشکل رقابت و خصومت خطرناک کلو عمر خبیث قدرتمند به‌کنار، نزدیکی این دو به‌مصلحت هیچکدام نیست. گذشته از اینکه از دو قبیلهٔ به‌کلی متفاوتند، مجالستشان خطری دائمی برای شمس‌الدین خواهد بود. می‌دانی که شاه شیخ فراری دست‌بردار نیست. تاکنون شش هفت بار با امیرمبارز درافتاده است. حالا هم دارد لشکر جمع می‌کند که تاج و تخت از دست رفته را پس بگیرد. اگر موفق بشود و به‌شیراز حمله کند، امیرمبارز تمام بستگان و نزیکان شاه شیخ را ـ حتی آنهائی را که بخشیده است ـ از دم تیغ می‌گذراند. ماندن خود جهان خاتون هم از ابتدا بی‌احتیاطی بزرگی بوده است. نمی‌داند که این گرفتاری‌اش با کلو عمر در برابر گرفتاری‌های احتمالی آینده‌اش چیزی نیست.

گفتم:

ـ به‌هرحال، من در این دو جلسه دیدار با جهان خاتون، در او نشان دلبستگی شدیدی به‌شمس‌الدین دیدم.

عبید سری تکان داد و گفت:

ـ طبیعی است. کسی که شعر شاعری را دوست دارد وقتی با شخص شاعر روبه‌رو می‌شود و در او جوانی و جمال هم ببیند، نمی‌تواند دل نبندد. ما هم در جوانی از این دلدادگان داشتیم. اما

جهان خاتون که زن پاکیزه‌ای است، حالا که با دیگری، به‌هرسبب، قول و قرار ازدواج دارد، میزان دلبستگی‌اش هرقدر باشد، دندان روی جگر می‌گذارد و می‌گذرد.

من بی‌حرکت و اندیشناک برجا مانده بودم. مولانا وقتی مرا چنین دید، تبسم تلخی برلب آورد:

ـ می‌دانم به چه می‌اندیشی، گلندام. به‌این بوالعجبی دل‌مشغولی که چگونه کسی مثل جهان خاتون در عین جوانی و جمال، برای نجات شمس‌الدین، تا حد گذشت از یک زندگی سعادتمند و قبول عذاب همسریِ مردی منفور، فداکاری می‌کند. آری، عجیب است ولی هست. همین گذشت‌ها و بزرگواری‌ها به‌خاطر و به‌احترام هنر است که بسیاری از زشتی‌های این دنیای هنرناشناس را می‌پوشاند.

مولانا چند لحظه لب فروبست. سپس گره برابروان، گفت:

ـ اما، انصاف که شاهد فاجعهٔ دلخراشی هستیم. متحیرم که این دختر جوان، آیت طراوت و زیبائی همراه با طبعی لطیف و قوهٔ شاعره، چطور و با چه قدرتی می‌تواند مصاحبت کلو عمر زشتروی بی‌فهم را تحمل کند؟ من هروقت این مرد را دیده‌ام به‌یاد توصیف حکیم ابوالقاسم فردوسی در شاهنامه از آن حاکم ری، منصوب خسرو پرویز افتاده‌ام که:

تنش زشت و بینی کج و روی زرد   بداندیش و کوتاه و دل پر ز درد

گفتم:

ـ همان‌طور که حضرت مولانا می‌فرماید، این وصلت واقعاً فاجعهٔ دلخراشی است.

عبید دستی برهم زد و گفت:

ـ گلندام، روزی را که با هم به‌خانهٔ جهان خاتون رفته بودیم، به‌یاد

داری؟ یادت می‌آید چه می‌گفت؟ صحبت از این بود که خطر قتل شمس‌الدین در پیش است. این زن گفت: اگر چنین فاجعه‌ای پیش بیاید داغ ننگ و رسوائی تا آخر دنیا برپیشانی شیرازی‌ها باقی خواهد ماند. حالا، من در این فکرم که اگر این گل بهاری زیردست و پای آن خنزیر تتاری له بشود، تا آخر دنیا داغ ننگ و رسوائی برپیشانی نه تنها شیرازی‌ها، بلکه قزوینی‌ها هم باقی خواهد ماند. چراکه این فاجعه در دوران عبیدالله زاکانیِ قزوینی ـ شیرازی اتفاق افتاده است. پس واجب است که برای حفظ آبرو هم که شده ـ یک تدبیری برای نجات او از این فاجعه بیندیشیم.

با تعجب گفتم:

ـ چه تدبیری، حضرت مولانا؟ کلو ناصرالدین عمر خواستار است و مصمم و جهان خاتون قسم خورده که هرلحظه او اراده کند تن به‌زوجیتش بدهد. تنها منتظر بازگشت امیرمبارز به‌شیراز هستند.

عبید گفت:

ـ نمی‌دانم چه تدبیری. ولی به‌عدل الهی متوکلم و معتقدم که به‌قول شمس‌الدین: حق رها نکند چنین عزیز نگینی به‌دست اهرمنی. به‌هرحال، در این فرصتی که تا مراجعت امیرمبارز مانده، باید هرطور هست، اگر شده شهر را هم به‌هم بریزیم، یک راه نجاتی پیدا کنیم. فداکاری این دختر را نباید بی‌جواب بگذاریم. فردا، اینجا بیا، با هم به‌چاره‌جوئی بنشینیم. اما شمس‌الدین را بگذار برای جبران خستگی و رنجوری زندان در خانه بخوابد. جلوی او نمی‌توانیم آزاد صحبت کنیم.

خبر خوش آزادی شمس‌الدین را پیش از همه برای بی‌بی خاور بردم. زیرا زن بیچاره از غصهٔ گرفتاری او روز و شبش را نمی‌فهمید. از

خواب و خوراک افتاده بود. هربار او را دیده بودم با چشم‌های اشکبار پرسیده بود: پس بچه‌ام کی برمی‌گردد؟

با شنیدن خبر، فریاد شادمانی‌اش به‌آسمان رفت. بلافاصله به‌طبخ غذا و تهیه وسائل ساختن رنگینک شیرازی ـ شیرینی مورد علاقهٔ شمس‌الدین ـ مشغول شد.

من برای مزاح گفتم:

ـ اما، بی‌بی این قدر شادمانی نکن! چون شمس‌الدین به‌خانه تنها برنمی‌گردد. پشت سرش کلپاسو هم وارد می‌شود. چون نگهداری گربه تا وقتی به‌عهدهٔ جهان خاتون بود که شمس‌الدین زندانی بود.

بی‌بی نه تنها قرولندی نکرد، که گفت:

ـ شمس‌الدین برگردد حاضرم کلپاسو جای خود، صدتا مار زنگی را پرستاری کنم.

بازگشت به‌روشنائی

شمس‌الدین را لاغر و تکیده با رنگ و روی پریده، ولی چشم‌های درخشان یافتم. عذاب جسمانی خوشبختانه به‌روحیهٔ شادش آسیبی نرسانده بود. از موجبات آزادی‌اش پرسید گفتم که براثر شفاعت مولانا و دوستانش بوده است. با خوشبینی همیشگی‌اش گفت که مطمئن بوده شحنه به‌بی‌گناهی‌اش پی می‌برده و نسبت به‌آزادی سریع خود هیچگاه شک نکرده است. بعد از احوال‌پرسی‌ها، اولین کلام جدی‌اش مربوط به‌جهان خاتون بود:

ـ دِ نگفتی، کاکو! مولانا خبری از جهان خاتون به‌تو نداد؟ نمی‌دانی پیغام من به‌او رسیده یا نه؟ از زندان یک پیغامی برایش فرستادم که...

کلامش را بریدم:

- نسیم صبح سعادت بدان نشان که تو دانی.
دهنش از تعجب بازماند:
- تو از کجا می‌دانی؟
- از آنجا می‌دانم که پیغامت را به‌جای قاصدت من به‌مقصد رساندم.
بعد برایش ماجرای کشف نامه‌اش در حلق سلیمان بربط‌زن و تعبیر عبارت «بکش چنانکه تو دانی» به‌توطئه برای قتل امیر، را حکایت کردم و گفتم که بختش واقعاً بلند بوده که از یک سو مرد بربط‌نواز موفق به‌فرار شده و از سوی دیگر شحنه گیرندهٔ پیغام را کشف نکرده است. به‌جای هرعکس‌العملی، خندهٔ بچگانه‌ای کرد و گفت:
- دِ نه! دفتر اشعارم را به‌تو نسپرده بودم که خیانت در امانت کنی!
گفتم:
- اگر سلیمان نامه‌ات را نخورده بو، چند روز زودتر به‌این امانت خیانت می‌شد. ولی از تو متحیرم که چطور به‌احتمال خطر برای بربط‌نواز بینوا فکر نکردی. اگر او را گرفته بودند، بی‌تردید سرش به‌باد می‌رفت.
با چهرهٔ ناگهان درهم کشیده گفت:
- حق با توست. از این خطر ابلهانه غفلت کردم. ولی باید اصرار و ابرام او را می‌دیدی. شبی که او را با سازش گرفته بودند، اول ساز را برسرش شکستند. بعد کارش به‌صبح افتاد. در زندان وقتی مرا شناخت آن قدر اظهار اشتیاق به‌انجام خدمتی کرد که وسوسه شدم. نیمی از نقدینه که برای سفر فراهم کرده بودم و زیر جامه‌ام پنهان کرده بودم به‌حارس دادم که وسیلهٔ تحریری، یعنی ذغالی و کاغذی برایم فراهم کرد و در تاریکی غزل را نوشتم. بقیهٔ نقدینه را خواستم

به‌سلیمان بدهم هرچه کردم نپذیرفت. گفت می‌خواهم برای شمس‌الدین حافظ خدمت حقیری انجام بدهم. صبح او را برای اجرای همان مجازاتی که انتظارش را داشت ـ نمی‌دانم چند ضربه شلاق ـ بردند. پیش از رفتن پنهانی چند دانه خرمائی که در شال کمرش پنهان کرده بود به من داد که غنیمت بزرگی بود. چون غذای زندان فقط نان جو و کشکاب بود. بعد، از حارس خبر پایان کار او را پرسیدم گفت بعد از مجازات آزاد شده و رفته است.

شمس‌الدین چند لحظه ساکت ماند سپس سؤالی را که از آغاز گفتگومان در ذهن داشت عنوان کرد:

ـ گفتی که وقتی غزلم را به‌دستش دادی سوسن در بغلش بود، اما نگفتی وقتی پیغامم را خواند چه گفت؟

ـ البته احسنت و آفرین گفت.

ـ همین؟

گفتم:

ـ چون دید مولانا نگران زندگی توست، گفت که اگر در این ایام آسیبی به‌شمس‌الدین حافظ برسد تا آخر دنیا داغ ننگ و رسوائی بر پیشانی شیرازی‌ها، که جان برای سلامت او نداده‌اند، خواهد ماند.

با نگاه منتظر و مشتاقی پرسید:

ـ همین؟

گفتم:

ـ این هم به‌یادم مانده که وقتی غزل را خواند زیرلب این بیت تو را زمزمه کرد:

حافظ چه طرفه شاخ نباتیست کلک تو

کش میوه دلپذیرتر از شهد و شکر است

شمس‌الدین به‌جای شادمانی از این تجلیل دلنشین، سری تکـان داد و با اخمی کودکانه گفت:
ـ فقط همین؟ حرف دیگری نزد؟
برای تنبیه این توقع زیاده از حد او گفتم:
ـ چرا. گفت به شمس‌الدین پیغام بفرستید که جهان ملک می‌گوید:

زمستانست و بی‌برگی بیا ای باد نوروزم

بیابانست و تاریکی بیا ای قرص مهتابم

به‌رغم لحن جدی، شوخی و مطایبه را گرفت. گفت:
ـ دِ نه، کاکو! منظورم این است که بدانم...
دنباله کلامش را گرفتم:
ـ ... که بدانم تیر جانسوز عشقم چطور بـر دل و جـان ایـن دخـتر نشسته و غم دوری‌ام چگونه سینهٔ دردمندش را شرحه شرحه کرده است.
بعد از خندهٔ صداداری گفت:
ـ خجالت دارد، گلندام. آدم رفیق گرمابه و گلستانش را که تازه از عذاب زندان شحنه خلاص شده می‌بیند، به‌جای ملاطفت و نوازش و دلداری، او را به‌سخره و ریشخند می‌گیرد؟
گفتم:
ـ نمی‌بینم که زیاد عذاب کشیده باشی! در سر و صورت و اندامت اثری از چوب و شلاق شحنه نمی‌بینم.
شمس‌الدین ایستاد و بازویم را گرفت:
ـ دِ نفهمیدی! به گمانم همان نهیبی که، یادت باشد، آن روز خواجه شهاب در آن میدان به‌عملهٔ شـحنه زد، کـار خـودش را کـرد. اگـر خوش‌رفتاری خاصی نکردند، بدرفتاری هم، آن طور که رسمشان

است، با من نکردند. تا آنجا که توانستم با استفاده از ته‌ماندهٔ ذغال غزلی را که در ذهن داشتم روی کاغذ بیاورم.
سپس در برابر اصرار من به‌شنیدن این غزل خنده‌ای کرد و گفت:
ـ صبر کن اول دست و روئی بشویم و چیزی بخورم و غزلی را که در تاریکی نوشته‌ام یک بار در روشنائی بخوانم، بعد.
به‌هیچ وجه حاضر نبود که شب اول آزادی را در جائی غیر از خانهٔ خودش سرکند. با دیدن اشک‌های شادی بی‌بی خاور انگار به‌آنی خستگی و کوفتگی زندان و ناملایمات چندروزه را فراموش کرد. با اشتهای بسیار به‌خوردن غذای دستپخت بی‌بی مشغول شد. بعد، وقتی از او خواستم که غزل ساختهٔ زندان را برایم بخواند، گفت که باید آن را بیاراید. ولی در عوض، غزلی را که می‌شناختم و در زندان آن را پیراسته بود، برایم خواند:

چــو ســرو اگــر بــخرامی دمــی بــه‌گــلزاری
خــورد ز غــیرت روی تــو هــرگلی خــاری

ز کــــفر زلف تــو هــرحــلقه‌ای و آشــوبی
ز ســحر چشــم تــو هــرگوشه‌ای و بــیماری

مرو چو بخت من ای چشم مست یار به‌خواب
کــه در پــی است ز هــرسویت آه بــیداری

نــثار خــاک رهت نــقد جان مــن هــرچند
کــه نــیست نــقد روان را بــر تــو مــقداری

دلا هــــمیشه مــــزن راه زلف دلبـــندان
چــو تــیره رای‌شدی کــی گشــایدت کــاری

سرم بــرفت و زمــانی بــه‌سر نــرفت ایــن کــار
دلم گــــــرفت و نـــــبودت دل گـــــرفتاری

چــو نــقطه گــفتمش انــدر مــیان دایــره آی
به‌خنده گفت که ای حـافظ ایـن چـه پـرگاری

وقتی به‌بیت آخر رسید چشم‌هایش بسته شد و به‌خواب رفت. به‌بی‌بی خاور گفتم به‌او یادآوری کند که تا وقتی خبر آزادی‌اش منتشر نشده، به‌ملاحظهٔ خطر اوباش، نباید از خانه پا بیرون بگذارد. به‌خانه برگشتم و بعد از مدتی، با خیال راحت سر به‌بالین گذاشتم.

بنفشهٔ زنگباری

صبح، خود را به‌سرعت به‌خانهٔ عبید رساندم. مولانا تنها در اطاق مشغول مالیدن روغن مومیائی برزانوانش بود. وقتی خبر بازگشت و سلامت شمس‌الدین را شنید، ابراز شادمانی بسیار کرد و گفت:

ـ خوب کردی که گذاشتی شمس‌الدین استراحت کند تا ما با خیال راحت یک فکری برای کارمان بکنیم. امروز یک فکر تازه‌ای به‌ذهنم رسیده که اجرایش به‌کمک تو هم محتاج است.

مولانا، اسحق را صدا زد. و بعد از اینکه مطمئن شد بنفشه در خانه نیست، او را نشاند و گفت:

ـ سبب‌ساز این فکر تازهٔ من کنجکاوی اسحق است. از بنفشه یک سؤالی کرده و یک جوابی شنیده که برای مقصودی که داریم به‌نظرم می‌تواند راهگشا باشد. اما پیش از شرح و توضیح این سؤال و جواب باید یک مقدمه‌ای بگویم. همان‌طور که لابد می‌دانی، این بنفشهٔ ما زن پرحرفی است. و ما، از آنجا که خانه‌مان را به‌نهایت خوبی و دلسوزی اداره می‌کند، پرحرفی‌هایش را گوش می‌دهیم اما نمی‌شنویم. چون صاحب قدرت تخیل فوق‌العاده‌ای است، بسیار افسانه‌ساز است. اگر

یک وقتی به‌مصلحتی دروغی بگوید، کافی است که آن را اینجا و آنجا سه چهار بار تکرار کند تا خودش هم باورش بشود. به‌طوری که دیده‌ای هروقت اسم جهان خاتون می‌آید شروع به‌بدگوئی می‌کند. این دختر را جادوگر و فتنه‌گر و مایهٔ شر و بدبختی می‌داند. دیروز، از قضا اسحق برای اینکه عاقبت بفهمد علت دشمنی او با جهان خاتون چیست، از او سؤال کرده و به‌حکایتش گوش داده است. وقتی برای من نقل کرد دیدم حکایتی است که ممکن است به‌درد کار ما بخورد.
مولانا بعد از این توضیح رو به‌اسحق کرد:
ـ حالا، تو بگو چه شنیدی، اسحق! آنچه از بنفشه شنیدی به‌دقت برای گلندام نقل کن! کلمه به کلمه همه را بگو!
اسحق گفت:
ـ بنفشه دیروز قر می‌زد که چرا این روزها این قدر صحبت جهان خاتون جادوگر در میان است. من از او پرسیدم که علت ناراحتی‌اش از این صحبت چیست و چرا این زن را جادوگر می‌شناسد. حکایتی گفت که نمی‌دانم چه قدر درست باشد. گفت: صاحب قبلی من پیش از خواجه امین‌الدین جهرمی، شاه شیخ بود. جزء کنیزهای شاه شیخ بودم. پادشاه زنگبار مرا برایش فرستاده بود. کنیز خاصه بودم. برای خودم کرّ و فرّی داشتم. آن موقع برادرزاده‌های دوقلویش، نرجس خاتون و جهان خاتون، بچه بودند، ده ساله بودند. آن واقعهٔ کشته شدن امیرشیخ حسن که اتفاق افتاد، این دو خواهر...
عبید کلام اسحق را برید:
ـ منظور آن ماجرای چند سال پیش است که عزّت ملک خاتون، زن شیخ حسن چوپانی، که به‌زور به‌این مرد شوهرش داده بودند و از او بدش می‌آمد، دو سه زن خدمتکار را با خودش همدست کرد وقتی

شیخ حسن خواب بود، به‌اتفاق به‌سرش ریختند و بیضه‌هایش را آنقدر فشردند تا جان داد و بعد که موضوع فاش شد، امرا و درباریان عزّت ملک خاتون را کشتند...

من با اینکه ماجرا را مکرّر، حتی از زبان خود مولانا شنیده بودم، به‌احترام او سخنش را قطع نکردم. ولی مولانا به‌این توضیح هم اکتفا نکرد و کلامش را دنباله گرفت:

ـ سلمان ساوجی دربارهٔ این واقعه شعری گفته که...

برای اینکه زودتر به‌اصل مطلب برسیم، جسارت کردم و در میان کلامش گفتم که شعر سلمان را قبلاً شنیده‌ام. اما مولانا از موضوع نگذشت و گفت:

ـ قاضی مظفرالدین قزوینی هم در تاریخ قتل امیرشیخ حسن گفته است:

نویان زمان شیخ حسن چوپانی   از حکم قضا و قدر یزدانی

در سال ذمد در شب روز مبعث   بردست زنش تباه شد پنهانی

چون متوجه بی‌صبری من شد، به‌اسحق اشاره کرد که ادامه بدهد. اسحق ادامه داد:

ـ بنفشه می‌گفت: وقتی امیرشیخ حسن کشته شد، این دختربچه‌ها که قضیه را شنیده بودند، مدام زیرگوشی دربارهٔ آن حرف می‌زدند و می‌خندیدند. من از این حرکت آنها بدم می‌آمد. مادرشان سلطان بخت خاتون هم چیزی به‌آنها نمی‌گفت. در حالیکه خودش مدام گریه می‌کرد. حق هم داشت چون امیرشیخ حسن عمویش بود و عزّت ملک خاتون زن عمویش هم دوستش بود. یک روزی که باز یک نفر از موضوع بلائی که سر امیرشیخ حسن آورده بودند، صحبت می‌کرد، دیدم این دخترها زیرگوشی پچ‌پچ و خنده و هرّ و کرّ می‌کنند. اوقاتم

تلخ شد با ترکه روی دست‌هاشان زدم...
مولانا روایت اسحق را برید و با خنده گفت:
ـ زن نادان متوقع بوده بچه‌های ده ساله برای بیضه‌های امیرشیخ حسن عزاداری کنند.
اسحق خندید و ادامه داد:
ـ می‌گفت: وقتی به‌دست‌هاشان ترکه زدم به‌گریه افتادند و به‌عموشان از من شکایت کردند. شاه شیخ هم که این دو دختر را خیلی دوست داشت و لوسشان می‌کرد، داد شلاقم زدند. بعد هم مرا فرستاد مطبخ. چند سال دود اجاق خوردم. آخرسر هم این خواهرها جادو کردند که شاه شیخ یک روز بی‌جهت مرا بخشید به‌خواجه امین‌الدین. جادوی اینها بود که باعث دربه‌دری من شد، وگرنه شاه شیخ مرا خیلی دوست داشت. من هم که نمی‌دانستم اینها جادوگرند و با اجنّه رفت و آمد دارند...
عبید دوباره به‌میان کلام پسرش دوید:
ـ به‌ان اصل موضوع برس! آن قول و قرار دو خواهر را بگو!
اسحق ادامه داد:
ـ می‌گفت: بعد که خواهرها بزرگ‌تر شدند، با هم قول و قرار گذاشتند و هم‌قسم شدند که اگر هرکدامشان را به‌زور به‌مردی که مورد رضایتش نباشد شوهر بدهند، خواهر دیگر کمک کند که شب زفاف، به‌اتفاق، همان بلائی را که عزّت ملک خاتون سر امیر شیخ حسن آورده بود، سر شوهر اجباری بیاورند. شاه شیخ یک وقتی، نرجس ملک خاتون را به‌یکی از سرداران خود، پهلوان مختار، که به‌سن پدر دختر بود، شوهر داد. در حالیکه این دختر عاشق بی‌قرار یک جوان هم‌سال خودش بود. اما، این ازدواج وقتی اتفاق افتاد که جهان خاتون

را مادرش با خود به‌سفر برده بود و موقع عروسی خواهرش در شیراز نبود. نرجس خاتون که به‌این وصلت هیچ راضی نبود شب زفاف زهر خورد. و وقتی جهان خاتون بالای سر او رسید مشرف به‌موت بود...

مولانا باز در میان صحبت اسحق گفت:

ـ البته فوت نرجس، خواهر جهان خاتون، واقعیتی است. اما زهر خوردن او نمی‌دانم چقدر با واقعیت تطبیق کند. چه بسا از ساخته‌های بنفشه باشد. باری، بگو!

ـ می‌گفت: جهان خاتون بالای سر خواهر محتضر خود قسم خورد که اگر او را هم به‌اجبار به‌مرد ناخواسته‌ای شوهر بدهند، به‌تنهائی به‌عهد و پیمان قدیم عمل کند. از قضا، سال بعد از فوت نرجس، شاه تصمیم گرفت که جهان خاتون را به‌وزیرش، خواجه امین‌الدین بدهد. دختر که جرأت مخالفت با ارادهٔ عموی تاجدارش را نداشت، از خواجه امین‌الدین هم، که هم‌سال پدر مرحومش بود، بدش می‌آمد، تصمیمش را گرفت. من همان موقع عروسی از نیّت این دختر خبردار شدم. یک صبح جمعه عروس را آوردند خانهٔ ما که خانهٔ داماد بود. قرار بود عصر شاه شیخ خودش بیاید عروس و داماد را دست به‌دست بدهد. من، چون از قول و قسم این جادوگر بالای سر نرجس خاتون خبر داشتم، مراقب بودم ببینم با کدام یکی از کلفت‌ها قرار مدار گذاشته. هرچه نگاه کردم چیزی دستگیرم نشد. اما توی جهاز عروس یک سنگ فسان پیدا کردم که مال تیز کردن کارد است. فهمیدم چون دیده دست تنها زورش نمی‌رسد که آن بلای شیخ حسن را سر خواجه امین بیاورد، نیّت بریدن دارد. خواجه را خبر کردم. باور نمی‌کرد. تا یک کنیز خاصه را فرستاد حجلهٔ عروسی را وارسید، زیر بالش عروس یک گزلیک پیدا کرد. گزلیک را ضبط کردند. شاه شیخ

آمد و عروس و داماد را صورت ظاهر دست به‌دست داد. اما خواجه امین به‌بهانهٔ دل درد به‌حجله نرفت و زفاف را به‌شب بعد واگذاشت. اما فرداشب هم توی حجله، زیر تشک یک کارد مطبخ پیدا کردند. بیچاره خواجه امین که نمی‌خواست سر و صدای قضیه بلند بشود، به‌روی خودش نیاورد. اما، آن چند ماه زنداری از ترس پایش را توی حجله نگذاشت. جهان خاتون هم که گمانم فهمیده بود مـن بـاعث شده‌ام که نتواند شوهرش را اخته کند، با من بیشتر دشـمـن شـد. تـا اینکه خواجه امین موقع رفتن از شیراز، برای اینکه مـن بـا ایـن زن جادوگر توی خانه نمانم که سر مـن تـلافی دربیاورد، مـرا بـه‌مولانا بخشید، بعد هم...

عبید کلام اسحق را قطع کرد:

ـ از بیزاری جهان خاتون از شوهرش تا اندازه‌ای خبر داشتم. اما این حکایت عهد و پیمان دو خواهر و گزلیک بردن در بستر زفاف برای قطع نسل امین‌الدین، نمی‌دانم چقدر از سـاخته‌های ذهـن پـربرکت بنفشه نباشد. هرچند دروغ یا راست، می‌تواند به‌درد ما بخورد. اگر باد خبری از این حکایت به‌گوش کلو ناصرالدین عمر برساند، چه بسا جهان خاتون را از بلای زوجیت ناخواسته‌اش معاف کند. اما مسئله این است که قصه چطور به‌گوش کلو عمر برسد که ظن توطئه‌ای نبرد؟

من دهن باز کردم که چیزی بگویم. مـولانا بـا بـلند کـردن دست ساکتم کرد و گفت:

- من پیام‌رسان را پیدا کرده‌ام. ولی مسئله این است که وقت بسیار کمی داریم. گویا امیرمبارز همین دو سه روزه به‌شیراز برمی‌گردد و باید تا آن موقع و حتی پیش از آن، کلو عمر از نیّت خیر عیال آینده‌اش مطلع شده باشد.

پرسیدم:
- برای رساندن پیام نظر حضرت مولانا به چه کسی رفته است؟
- به‌امیرالشعرا غانم شیرازی، خداوند خبررسانی و خبرچینی! می‌دانی که غانم از قافله سخت عقب افتاده و نتوانسته خود را در دربار تازه جا کند. علت هم نظر نامساعد کلو ناصرالدین عمر با اوست. و از آنجا که راه دربار امیرمبارزالدین از کوچهٔ کلو عمر می‌گذرد، غانم صبح تا شب در تقلا و تکاپوست که هرطور شده خودش را به کلو عمر نزدیک کند و به‌نحوی حماقت گذشته‌اش را جبران کند.
- حماقت گذشته؟
- حماقت عظیم گذشته! همان اوایل ورود امیرمبارز که کلو عمر قدرت گرفت، غانم که در گذشته در قطعه‌ای او را هجو کرده بود، برای جبران و به‌عنوان دلبری، یک قصیده در مدحش ساخت. در این قصیده، حالا روی حماقت یا به‌علت تنگی قافیه، یک بیتی بود که می‌توانست معنی بدهد که کلو ناصرالدین عمر شایستگی سلطنت فارس را دارد. کلو عمر از ترس اینکه مبادا این بیت، در ذهن امیرمبارز کار کند و درنتیجه به‌خود او ظنی ببرد، در حضور جمع دستور داد فراش‌هایش غانم را به‌چوب بستند. و از آن موقع دیگر به‌خود راهش نداده است. حالا اگر از خبر وصلت آیندهٔ کلو عمر مطلع بشود و از طرفی دلسوزی بنفشه برای اسافل اعضاء شوهر اجباری جهان خاتون را بشنود، بهانهٔ خوبی برای خدمتگزاری و تقرب به‌شحنه به‌دست می‌آورد...

به‌میان کلام او دویدم:
- اگر لازم باشد من می‌توانم غانم را به‌بهانه‌ای اینجا بیاورم.

مولانا سری به‌رضایت فرود آورد و گفت:

ـ به‌یقین غانم امروز که از آزادی شمس‌الدین مطلع بشود به‌دیدنش خواهد رفت. تو آنجا می‌توانی پیدایش کنی. اگر بگوئی که قصد داری به‌اتفاق شمس‌الدین به‌دیدن من بیائید شما را تنها نخواهد گذاشت و اینجا می‌توانیم او را پای صحبت بنفشه بنشانیم.

ولی سخن خود را قطع کرد و چند لحظه ساکت ماند. سپس در حالیکه به‌عادت همیشگی با موهای سفید ابروانش ور می‌رفت گفت:

ـ اما این صحنه‌سازی یک عیب پیدا می‌کند آن هم حضور شمس‌الدین است. در حالیکه کلو عمر ظن مهر و محبتی بین جهان خاتون و شمس‌الدین برده، اگر غانم ضمن گزارش اطلاعاتش اشاره‌ای هم به‌حضور شمس‌الدین بکند ممکن است کلو عمر در اصالت موضوع به‌تردید بیفتد. هرچند غانم برای مهم جلوه دادن خود، معمولاً منبع خبرش را بروز نمی‌دهد، ولی بهتر است احتیاط کنیم. شرط احتیاط این است که شمس‌الدین را در خانه بگذاری که بیشتر استراحت کند.

ـ چطور می‌توانم او را بگذارم؟ به‌حدی اشتیاق دیدار مولانا را دارد، که همان دیروز اگر از فرط خستگی از پا نیفتاده بود، به‌حضرتت می‌آمد.

عبید گفت:

ـ از این گذشته، شمس‌الدین دو سه روزی مطلقاً نباید در ملاء عام دیده بشود. اوباش که احضار او را از زبان جارچی‌ها شنیده بودند از حکم آزادی و رفع اتهامش مطلع نشده‌اند. باید مدتی در خانه بماند تا ما خبر آزادی و بی‌گناهی‌اش را منتشر کنیم. غانم را باید پیدا کنی و وانمود کنی که او تو را پیدا کرده است. پیدا کردنش هم کار سختی

نیست، خانه‌های رجالی می‌رود که همه می‌شناسیم. کافی است وقتی او را دیدی بگوئی که قصد دیدن مرا داری تا دنبالت راه بیفتد. کمتر اتفاق افتاده که کسی در راه خانهٔ ما به‌غانم برخورده باشد و غانم همراهش نیامده باشد.

گفتم:

- پس نظر حضرت مولانا این است که موضوع را از شمس‌الدین پنهان کنیم؟

- نه، می‌توانی تلاش ما برای نجات جهان خاتون را برایش حکایت کنی، بدون اینکه فعلاً از موجبات خلاصی‌اش از زندان و فداکاری این زن چیزی بگوئی.

- وقتی از علت این کوشش ما می‌پرسد چه بگویم؟

- می‌توانی بگوئی که دختر بیچاره از ترس جان به‌زوجیت کلو عمر رضایت داده و فلان کس - یعنی من - به‌حکم سابقهٔ ارادت و مودت با پدر و عمویش، می‌خواهد از این ازدواج اجباری نجاتش بدهد. همین و بس. اما وقتی تو و غانم اینجا برسید، من از در عقب خانه بیرون می‌روم که حکایت بنفشه را در غیاب من بشنود. من بعد می‌آیم.

پرسیدم:

- اما وقتی با غانم رسیدیم، چطور بنفشه را به‌حرف بیاورم که ظن تبانی نرود.

- کافی است از خبر عروسی جهان خاتون چیزی بگوئید. بنفشه خودش فرصت را برای نقل حکایت پیش می‌آورد.

توطئهٔ کارد و گزلیک

بعد از جدا شدن از مولانا، یکسر به‌خانهٔ شمس‌الدین رفتم. تازه

دیده از خواب گشوده بود. خواب راحت عمدهٔ آثار خستگی و کوفتگی را از سر و رویش زدوده بود. ماجرای تلاش عبید برای نجات جهان خاتون از وصلت اجباری را همانگونه که مولانا خواسته بود، برای او حکایت کردم. پیام و توصیهٔ منع مطلق خروج از خانه را رساندم و دنبال مأموریتم به‌راه افتادم.

غانم شیرازی را، همان طور که انتظار داشتم در دکان قنادی شاه عاشق شاعر ـ که معمولاً محل گرد آمدن شاعران و قوّالان و اهل هنر است ـ یافتم. از شمس‌الدین پرسید. خبر آزادی‌اش را به‌او دادم. ابراز شادمانی کرد. وقتی عزم رفتن کردم، از مقصدم پرسید. گفتم که قصد دارم به‌دیدار مولانا عبید بروم و خبر خوش آزادی شمس‌الدین را به‌او بدهم.

بی‌تأمل گفت که او هم اشتیاق دیدار مولانا را دارد و به‌راه افتاد. در راه از این طرف و آن طرف گفتم و خبر عروسی را برای صحنهٔ آخر در خانهٔ عبید گذاشتم.

مولانا همزمانِ رسیدن ما از در دیگر بیرون رفته بود. بنفشه و اسحق را در خانه تنها یافتیم. گفتند مولانا برای کاری از خانه بیرون رفته و زود برمی‌گردد. به‌گمانم که حضرت غانم سلاح تملق و چاپلوسی برای جلب محبت را دربارهٔ بنفشه هم به‌کار برده بود. زیرا کنیز سیاه از دیدن او اظهار شادمانی بی‌اندازه‌ای کرد. به‌انتظار مراجعت مولانا نشستیم. خوشبختانه غانم خود صحبت جهان خاتون را پیش کشید و من فرصتی یافتم که موضوع عروسی را عنوان کنم. گفتم که به‌زودی لوت و حلوای عروسی مفصلی خواهیم خورد. وقتی دانست که عروسی جهان خاتون با کلو ناصرالدین عمر است، آشکارا ناراحت شد که چرا خبر قبل از من به‌او نرسیده است. برای

رفع ناراحتی‌اش گفتم که همین امروز اتفاقاً کلو فخرالدین را دیده‌ام و از او شنیده‌ام.

اما مهم این بود که خبر عروسی به گوش بنفشه رسید و بی‌تأمل خود را از راهرو به اطاق انداخت و برای کلو عمر شروع به غمخواری و دلسوزی کرد. به‌آسانی به‌هدف نزدیک می‌شدیم. چون اولین عکس‌العمل غانم سؤال دربارهٔ علت این دلسوزی بنفشه بود. که در جواب، کلوعمر را آدم ساده‌دل مظلومی قلمداد کرد که می‌خواهد به‌دست خود گورش را بکند.

و در برابر کنجکاوی غانم، فرصت را برای تکرار همان حکایتی که برای اسحق نقل کرده بود، البته با تفصیل بیشتری، غنیمت شمرد. از خنده‌های بیجای دو دختر بچه به‌واقعهٔ مرگ امیرشیخ حسن، تا قول و قرار بعدی آنها و عهد و پیمان جهان خاتون بالای سر خواهر محتضر خود و کارد و گزلیک‌های تیز و برنده در بستر زفاف خواجه امین‌الدین و سنگ فسان در میان جهاز عروس و نقش مهم خودش در نجات نسل امین‌الدین، همه را با جزئیات حکایت کرد و در نهایت گفت:

ـ خدا کند این کلوعمر را خودش خواسته باشد. چون پناه برخدا اگر ناراضی باشد!

من، که با تظاهر به بی‌خبری از این ماجرا، تمام حکایت را با علاقه و اظهار تعجب‌های گاه‌گاه، گوش کرده بودم، گفتم:

ـ اگر نمی‌خواست که رضایت نمی‌داد.

بنفشه در جواب من گفت:

ـ مگر خواجه امین‌الدین را می‌خواست که رضایت داد؟ از ترس شاه شیخ بود. حالا هم اگر خدانخواسته از ترس کسی باشد...

و پس از لحظه‌ای مکث، پرسید:

ـ داماد چه سنّی دارد؟
جواب دادم:
ـ باید پنجاه سال داشته باشد.
بنفشه سیلی به‌صورت خود زد و گفت:
ـ وای! به این پیری؟ چه شکل و شمایلی دارد؟
من ساکت ماندم و عملاً جواب را به‌عهدۀ غانم گذاشتم، که پس از چند لحظه تردید، گفت:
ـ برای مرد شکل و شمایل هیچ اهمیتی ندارد.
بنفشه سری تکان داد و گفت:
ـ پس بیچاره هرشب باید از حجله کارد و گزلیک جمع کند!
در این موقع مولانا که از خانه زیاد دور نرفته بود، عصازنان وارد شد. از دیدن من و غانم اظهار شادمانی کرد. بنفشه تا چشمش به اربابش افتاد گفت:
ـ نبودی بشنوی که چه خبرهاست! یک بخت برگشته‌ای می‌خواهد جادوگر را بگیرد.
من خبر آزادی شمس‌الدین و خبر مربوط به ازدواج داروغه را بازگو کردم. مولانا بعد از اظهار شادمانی از آزادی شمس‌الدین گفت:
ـ به‌به! خوش خبر باشی، گلندام! به‌خصوص که خیلی وقت است شیرینی و سور عروسی نخورده‌ایم.
برای اینکه به بنفشه فرصت تفسیر و تحلیل تازه‌ای ندهد، رو به او کرد:
ـ اما، تو چه زن خانه‌ای هستی، بنفشه؟ چه پذیرائی از مهمان‌های ما کرده‌ای؟ چرا یک شربتی برای آنها نیاورده‌ای؟
بنفشه جواب داد:

ـ شربت نداریم. مایه‌اش را گرفته‌ام. ولی هنوز نرسیده‌ام بپزم.
ـ یک میوه‌ای می‌آوردی، از آن حلوای مسقطی می‌آوردی.
و بلافاصله رو به‌ما گفت:
ـ حتماً می‌دانید که حلوای مسقطی دستپخت بنفشه در شیراز نظیر ندارد.
بنفشه گفت:
ـ میوه نداریم. حلوامان هم تمام شده.
ـ چرا میوه نخریدی؟ چرا حلوا نپختی؟
بنفشه با لحن تندی جواب داد:
ـ چقدر سؤال می‌کنی! فرصت نکردم. خانه نبودم.
ـ کجا بودی؟
ـ رفته بودم سرسلامتی زن حاجی عطار که برادرش مرده.
عبید خندید و گفت:
ـ صبر کن تا این را از رسالهٔ دلگشا برایت بخوانم.
سپس از زیر تشکچه‌اش دفترش را بیرون کشید، از کناری چینی شیشه‌اش را برداشت، صفحه‌ای را باز کرد و خواند:
«درویشی به‌در خانه‌ای رسید. پاره نانی بخواست. دخترکی در خانه بود گفت نیست. گفت چوبی هیمه‌ای. گفت نیست. گفت پاره‌ای نمک. گفت نیست. گفت کوزه‌ای آب. گفت نیست. گفت مادرت کجاست؟ گفت به‌تعزیت خویشاوندان رفته است. گفت چنین که من حال خانهٔ شما می‌بینم، ده خویشاوند می‌باید که به‌تعزیت شما آیند»
حالا، بنفشه خاتون، این طور که من این خانه را می‌بینم، چندین زن حاجی باید به‌سرسلامتی تو بیایند.
بنفشه سر تکان داد و چهره درهم کشید و غر زد:

- چشم صاحب‌خانه روشن!
بعد به‌راه افتاد و گفت:
- بروم ببینم توی مطبخ پرنعمت اربابم چه پیدا می‌کنم.
بعد از رفتن او بود که عبید توانست از ما احوال‌پرسی کند و از خبرهای تازه بپرسد. غانم در جواب او گفت:
- خبر خوش، همان آزادی شمس‌الدین از زندان است که برای همهٔ ما اهل شعر و ادب مایه خوشوقتی است.
عبید گفت:
- البته که خبر خوشی است. به‌یقین سوءتفاهمی بوده که با درایت و کاردانی شحنه رفع شده است.
غانم گفت:
- آزادی شمس‌الدین غیرمنتظره نبود. همه می‌دانستند که گناهی نکرده است. ولی غیرمنتظره خبر ازدواج کلو عمر با جهان خاتون است که کسی فکرش را نمی‌کرد.
عبید گفت:
- به‌هرحال، کلو عمر انتخاب خوبی کرده است. جهان خاتون زن بسیار خوبی است. هم صاحب‌جمال و جوانی است، هم اهل شعر و ادب است، واقعاً مبارکشان باشد. برما هم مبارک باشد که بعد از مدت‌ها جنگ و جدال، دوباره به‌یک جشن و سرور و پایکوبی می‌رسیم.
غانم انگار می‌خواست چیزی بگوید. ولی مردّد بود که چطور آن را عنوان کند. عاقبت گفت:
- ولی، حضرت مولانا، یک چیزهایی دربارهٔ اکراه جهان خاتون از وصلت با مردان مسن شنیده‌ام که اگر...

عبید با تظاهر به‌تعجب کلام او را برید:
ـ چی؟ مردان مسن؟ کدام مرد مسن؟ کلو عمر که مسـن نیسـت. نباید بیشتر از سی و چهار پنج سال داشته باشد.
غانم متعجب عبید را نگاه کرد:
ـ سی و چهار پنج سال؟ چه می‌فرمائی، حضرت مـولانا؟ پسـر بزرگش را که من مکرّر دیده‌ام حدود سی و پنج سال دارد.
ـ عجب! ظاهرش که نمی‌نماید. به‌هرحال، از قدیم گفته‌اند: زن راضی، مرد راضی، گور پدر قاضی!
غانم پس از لحظه‌ای تردید گفت:
ـ ولی، حضرت مولانا، مـمکن است جهان خـاتون قلبـاً راضـی نباشد.
عبید خنده‌ای کرد و گفت:
ـ غلط نکنم، پای قصه‌های این بنفشۀ ما راجع به‌جهان خاتون و قضیۀ امیرشیخ حسن نشسته‌ای!
غانم جواب داد:
ـ اگر نیمی از قصه‌اش واقعیت داشته باشد...
عبید نگذاشت حرفش را تمام کند:
ـ به‌فرض اینکه همۀ این حکایت بنفشه کـه مـا هـم شـنیده‌ایـم، واقعیت داشته باشد، دلیلی ندارد که جهان خاتون از ازدواج با مرد مقتدر ثروتمندی مثل کلو عمر ناراضی باشد. به‌فرض این هم که آن طور که باید راضی نباشد، چطور می‌شود تصور کرد کـه یـک زن ضعیف و ظریف از عهده یک سالارمردی مثل کلو عمر، برآید؟ این طور نیست، گلندام؟
مولانا عبید همچنان مشغول نقش بازی بود. چون به‌من خطاب

کرده بود گفتم:

- البته به‌نظر من هم بعید است که...

ولی غانم به‌میان کلام من دوید و ایراد کرد:

- البته اگر هجوم و حمله از نوع توطئهٔ عزّت ملک خاتون علیه امیرشیخ حسن باشد، شدنی نیست. چون محتاج زور بازوست. ولی توطئه با کارد و گزلیک قدرتی نمی‌خواهد. از عهدهٔ یک دست ظریف هم برمی‌آید.

عبید گفت:

- اما، حضرت غانم، تا آنجا که من می‌دانم، جهان خاتون بعلت شکل و شمایل زشت و مکروه خواجه امین‌الدین شوهر تحمیلی‌اش طاقت روبه‌رو شدن با او را نداشت. از طرفی این مرد آدمی بسیار خسیس بود که هردرم از مالش به‌جانش بسته بود. در صورتی که کلو عمر - نمی‌گویم یوسف ثانی است - چهرهٔ ناخوشایندی ندارد و مثل او لئیم‌الطبع نیست.

مولانا در نقش بازی، به‌خاطر کمک به‌زن مظلوم، حد و مرز را پشت سر گذاشته بود. زیرا کراهت منظر کلو عمر، نه با زشتی امین‌الدین، که با هیچ صورتی قابل مقایسه نبود.

و بعد از این اغماض مصلحتی دربارهٔ داماد آینده، به‌عنوان تکملهٔ کلامش اجزاء اصلی حکایت را یادآوری کرد:

- به‌نظر من همهٔ این شایعات کارد وگزلیک و قمه زیر بالش و قول و قسم و عهد و پیمان بریدن، را یک دشمن ساخته و پرداخته که به‌گوش بنفشه رسیده و روی سادگی باور کرده. چه بسا نه کاردی در میان بوده نه گزلیکی.

در این موقع بنفشه که توانسته بود شربتی برای مهمانان فراهم

کند، کاسه به‌دست وارد شد. چون عبارت آخری مولانا را شنیده بود، با سر و صدا نسبت به‌تردیدی که مولانا دربارهٔ صحت اطلاعاتش ابراز می‌کرد، اعتراض کرد:

ـ من روی سادگی باور کرده‌ام؟ چند تا شاهد می‌خواهی برایت بیاورم که کارد و گزلیک توی حجله را شنیده باشند؟

ولی بگومگو در این باب دنباله پیدا نکرد. زیرا غانم ناگهان به‌یاد یک کار فوری افتاد و بلند شد. کار فوری او را البته ما حدس می‌زدیم. با عجله شربت را سر کشید و رفت.

عبید جرعه‌ای شربت نوشید و بعد از اینکه بنفشه را پی کاری فرستاد گفت:

ـ غانم اگر شده صبح تا شب این طرف و آن طرف برود و آسمان را به‌زمین بدوزد، خودش را به کلو عمر می‌رساند. این اواخر هرچه سعی کرده کلو عمر به‌او روی خوش نشان نداده. ولی این دفعه فرصتی بی‌نظیر برای نزدیکی با شحنه که راه نزدیکی با امیر است، به‌دست آورده که آسان از دست نمی‌دهد.

وقتی خواستم به‌راه بیفتم، گفت:

ـ حالا رفیقت را اگر خستگی‌اش در رفته بیاور ببینم در چه حال است. ولی یادت باشد که از فداکاری جهان خاتون به‌خاطر او، چیزی نمی‌گوئی و تلاش ما برای نجات دختر از چنگال شحنه، به‌ملاحظهٔ دوستی است که من با پدر و عمویش داشته‌ام.

مراجعت ملکانه

با شمس‌الدین که سلامت و خلق خوش خود را تقریباً باز یافته بود، به‌دیدار عبید رفتیم. در راه، ترفند مولانا به‌خاطر جهان خاتون،

براساس افسانه‌پردازی بنفشه و قصهٔ کارد و گزلیک ـ را برای شمس‌الدین حکایت کردم که او را خنداند و خلق خوشش را خوشتر کرد.

مولانا، ضمن شنیدن گزارش حال او در زندان شحنه، جا به‌جا، برایش لطیفه‌ها حکایت کرد و من صدای قهقههٔ شمس‌الدین را که روزها بود نشنیده بودم، شنیدم.

عبید که با حوصله تمام حکایت گرفتاری او در زندان را گوش کرده بود، در نهایت گفت:

ـ از گلندام شنیدم که در زندان تاریک غزلی سروده‌ای. دلم می‌خواهد بدانم شاعرِ شادمانی ما در ظلمت زندان زیر عذاب شحنه چه گفته است.

شمس‌الدین غزل تازه‌اش را که من هنوز نشنیده بودم خواند:

به‌جان او که گرم دسترس به‌جان بودی
کمینه پیشکش بندگانش آن بودی
اگر دلم نشدی پای‌بند طرّهٔ او
کی‌ام قرار درین تیره خاکدان بودی
به‌رخ چو مهر فلک بی‌نظیر آفاق است
به‌دل دریغ که یک ذرّه مهربان بودی
بگفتمی که بها چیست خاک پایش را
اگر حیات گرانمایه جاودان بودی
درآمدی ز درم کاشکی چو لمعهٔ نور
که بردو دیدهٔ ما حکم او روان بودی
به‌بندگی قدش سرو معترف گشتی
گرش چو سوسن آزاده ده زبان بودی

ز پرده نالهٔ حافظ برون کی افتادی
اگر نه همدم مرغان صبح‌خوان بودی

عبید او را تحسین کرد و گفت:

ـ اما، اگر می‌دانستی که جانت تا چه حد بسته به‌موئی بود، پیشکش کردنش را این قدر منت نمی‌گذاشتی!

شمس‌الدین گفت:

ـ می‌دانم چه خطری را از سر گذرانده‌ام.

ـ نه، نمی‌دانی که خطر چه نزدیک بود.

بعد خندید و ادامه داد:

ـ اگر می‌دانستی بدون هیچ اگر و مگر پیشکشش می‌کردی.

ـ می‌دانم و می‌خواهم بدانم چه کسی یا چه کسانی به‌خواهش مولانا از من شفاعت کرده‌اند که از آنها حق‌گزاری کنم.

عبید گفت:

ـ تو آنها را نمی‌شناسی و حق‌گزاری را من به‌جای تو کرده‌ام. حالا شکر خدا که خطر از سرت گذشته به‌شرط اینکه چندی زبان به‌دهن بگیری و کاری به‌کار قاضی و مفتی و محتسب نداشته باشی.

و برای اینکه بیش از این به‌شمس‌الدین فرصت کنجکاوی دربارهٔ واسطهٔ آزادی‌اش ندهد، دنبالهٔ سخن را گرفت:

ـ شنیدم در زندان خیلی گرسنگی کشیدی، یاد آن همشهری‌ام افتادم که پیش معبری رفت و گفت: در خواب دیدم از پشکل شتر بورانی می‌سازم تعبیرش چیست؟ معبر گفت: دو دینار بده تا تعبیرش را بگویم. گفت اگر دو دینار داشتم خودم بادمجان می‌خریدم و بورانی می‌ساختم که مجبور نشوم بورانی از پشکل شتر بسازم.

منظور مولانا حاصل شد. شمس‌الدین آن چنان به‌خنده افتاد که موضوع صحبت را از یاد برد و وقتی آرام گرفت، موضوع دیگری را پیش کشید. از اوضاع شهر پرسید. عبید گفت:

ـ شیراز به‌همت شحنهٔ کاردان، کلو ناصرالدین عمر، در امن و امان است و امیرمبارز هم همین دو سه روزه به‌شهر برمی‌گردد.

ولی شمس‌الدین عاقبت سؤالی را که از بدو ورودمان در ذهن داشت مطرح کرد:

ـ حضرت مولانا، شنیدم که کلو ناصرالدین عمر با تمام قدرتش جهان ملک خاتون را زیر فشار گذاشته است. از جان این دختر بیچاره چه می‌خواهد؟

عبید جواب داد:

ـ همان که هر مرد توانائی به‌حکم طبیعت، از یک زن زیبا می‌خواهد. شما شاعر جماعت وقتی دل به‌کسی می‌دهید، با سوز و گداز عاشقانه از قبیل «بیا و نوگل این بلبل غزلخوان باش»، محبوب را به‌طرف خودتان می‌کشید. شحنه جماعت، به‌زور بازو و خنجرگذاری اقدام می‌کند.

ـ ولی این زن که راضی نیست.

ـ به‌همین سبب است که ما مشغولیم که به‌نحوی داماد را از این وصلت منصرف کنیم. که دختر بیچاره بعد از یک بار تحمل شوهر ناخواسته، دوباره گرفتار نشود و بتواند با مرد مورد علاقه‌اش زندگی کند.

شمس‌الدین با ظاهر بی‌اعتنا پرسید:

ـ مرد مورد علاقه‌اش را ما می‌شناسیم؟

عبید جواب داد:

ـ نه، فقط شنیده‌ام یکی از شاهزادگان خاندان مادری‌اش، یعنی از همان چوپانیان است.
و چون حدس می‌زد که این شنیده‌اش به گوش شمس‌الدین خبری ملال‌آور است، بلافاصله افزود:
ـ گران گوشی به قزوینی گفت: شنیده‌ام زن گرفته‌ای. گفت: سبحان‌الله، تو که چیزی نمی‌شنوی این خبر از کجا شنیدی!
صدای خندهٔ شمس‌الدین، بنفشه را که تازه از بیرون آمده بود، به اطاق کشید. با دیدن او فریاد شادمانی زد. بعد از خوش و بش و احوالپرسی، نظر خود را دربارهٔ علت گرفتاری شمس‌الدین ابراز کرد:
ـ همان روز که اینجا صحبت این دختر جادوگر را می‌کردی، دلم به شور افتاد. گفتم ببین کی نحوستش یقهٔ این جوان بی‌گناه را بگیرد. شکر خدا که خلاص شدی. اما به‌جای تو یک بدبخت دیگر گرفتار شد. لابد شنیدی که این بیچاره کلو عمر را جادو کرده که آمده خواستگاری‌اش. من اگر دستم به‌این کلوی مادرمرده می‌رسید حالی‌اش می‌کردم که باید از این زن که نظر کردهٔ امیرلشکر اجنه است بگذرد. بهش می‌گفتم که اگر نتوانست این جادوگر را دست به‌سر کند، دست کم وقتی توی حجله می‌رود، ضماد و مرهم یادش نرود.
بعد نشست و شروع به‌نقل حکایت قول و قرار جهان خاتون و قصهٔ کارد و گزلیک و سنگ فسان کرد. عبید چند لحظه طاقت آورد ولی عاقبت سخن او را برید و گفت:
ـ بنفشه، اگر برای شمس‌الدین یک شربت و حلوائی بیاوری بهتر از این قصه‌هاست. شمس‌الدین ماجرای کارد و گزلیک توی حجله را از خود خواجه امین‌الدین شنیده است. برو باباجان، برو دختر!
بنفشه قرولندکنان به‌راه افتاد. صدای او را تا مسافتی می‌شنیدیم:

ـ خواجه امین که همه چیز را مثل من نمی‌دانست، خواجه که سنگ فسان توی جعبه جهاز این جادوگر ندیده بود. خواجه که...
شمس‌الدین بعد از مدتی سکوت با اندکی حجب از عبید پرسید که آیا می‌تواند یک بار دیگر جهان خاتون را ببیند. مولانا سری تکان داد و گفت:
ـ اگر از شرّ کلو عمر خلاص بشود، شاید بتوانی. ولی تا آن موقع عملهٔ شحنه خانهٔ او را در محاصره دارند.
شمس‌الدین گفت:
ـ ولی من نگران حال سوسن هستم. نمی‌شود یک جوری برای دیدن سوسن...
عبید خندان کلام او را برید:
ـ گفتم که تا وقتی سایهٔ کلو عمر روی سر این زن است، اگر در آن اطراف پیدایت بشود، عملهٔ شحنه سایهٔ خودت و گربه‌ات را به تیر می‌زنند. گربهٔ بی‌گناهت سرنوشت همان گربهٔ خانهٔ زال را پیدا می‌کند که غلامان سلطان زدندش به تیر. پس فعلاً به‌خاطر حفظ سلامت او هم شده، فکرش را نکن. و یادت نرود که گربه در آغوش جهان خاتون جایش گرم‌تر و غذایش چرب‌تر از خانهٔ توست.
و انگار برای انصراف خاطر او از این فکر، به‌سراغ هم‌شهریانش رفت:
ـ قزوینی خر گم کرده بود. گرد شهر می‌گشت و شکر می‌گفت. گفتند شکر چرا می‌کنی؟ گفت برای اینکه برخر ننشسته بودم وگرنه من هم امروز چهارم روز بود که گم شده بودم.
به‌رغم اشتغال خاطر، خندان از مولانا جدا شدیم.
شمس‌الدین را، که برای رفتن به‌خانه‌اش بی‌تابی می‌کرد، به‌اصرار

پیش خودم نگه داشتم.
صبح روز بعد، با غریو کوس و نقاره از بازگشت امیرمبارزالدین به‌شهر، آگاه شدیم.

※

دومین روزی بود که امیرمبارز به‌شهر برگشته بود و ما خبری از جائی نداشتیم. منتظر خبر بودیم. اما هیچکدام، نه من و نه شمس‌الدین، نمی‌دانستیم دقیقاً انتظار چه خبری را می‌کشیدیم. من شمس‌الدین را حتی‌المقدور تنها نگذاشته بودم. زیرا می‌ترسیدم به‌رغم قولی که به‌عبید در باب احتیاط و بیرون نرفتن از خانه تا انتشار خبر برائتش داده، هوس گردش یا کنجکاوی او را به‌کوچه بکشاند. خوشبختانه دیگر از اوباش مهاجم خبری نشده بود. می‌گفتند علت آرامش آنها این است که عملۀ شحنه، به‌دنبال شکایت جمعی از کسبه بازار، سیف سگزی را زندانی کرده‌اند. دبّاغ جعفرآبادی هم، بر‌اثر شکایتی که به‌نواب قاضی کرده و نتیجه‌ای نگرفته بود، موقتاً ساکت بود. با وجود این به‌امنیت شهر اعتباری نبود.

وقت را با شمس‌الدین به‌بازی شطرنج می‌گذراندیم. بعد از آن عذاب و اضطراب کشندۀ چندروزه، او و من هردو، به‌چنین استراحتی نیازمند بودیم.

عاقبت من، خسته از انتظار و آشفته از بی‌خبری، به‌قصد دیدار عبید به‌راه افتادم. شمس‌الدین علاقه و اصرار داشت همراه من بیاید. قولی که به‌مولانا داده بود. به‌یادش آوردم. برای اینکه مرا موافق کند، به‌عنوان رشوه، غزلی را که شب‌های اخیر ساخته برایم خواند. زیر بار نرفتم. به‌قرائن حالاتش بعد از آزادی از زندان، می‌توانم حدس بزنم که این غزل را به‌شوق چه کسی سروده است. آن را نقل می‌کنم:

از من جدا مشو که توام نور دیده‌ای
محبوب جان و مونس قلب رمیده‌ای
از دامن تو دست ندارند عاشقان
پیراهن صبوری ایشان دریده‌ای
از چشم بخت خویش مبادت گزند از آنک
در دلبری به‌غایت خوبی رسیده‌ای
منعم کنی ز عشق وی ای مفتی زمان
معذور دارمت که تو او را ندیده‌ای
آن سرزنش که کرد تو را دوست حافظا
بیش از گلیم خویش مگر پا کشیده‌ای

امیرالشعرا

عبید خانه نبود. اسحق هم غایب بود. گرفتار پرحرفی بنفشه شدم. بعد از تحسین و تمجید امنیت حاکم برشهر به‌برکت وجود بااقتدار شحنه کلو عمر، و دلسوزی برای آیندهٔ تیره و تار او در مصاحبت جادوگر، گفت:

ـ کاشکی یک شیر پاک خورده‌ای پیدا می‌شد دست مرا می‌گرفت می‌برد پیش این بندهٔ بخت‌برگشتهٔ خدا، تا بهش حالی می‌کردم که چه خاکی می‌خواهد به‌سر خودش بریزد.

گفتم:

ـ غصهٔ کلو عمر را نخور! ما نمی‌گذاریم به‌وجود داروغه‌ای که شهرمان را این قدر امن و امان کرده گزندی برسد. مطمئن باش هرطور شده به‌او هشدار می‌دهیم.

ـ باید بهش حالی کنید که هرشب، نه فقط شب اول، هرشبی که

می‌خواهد به‌حجله برود، پیش‌تر آدم بفرستد همه جا را، از زیر بالش تا زیر تشک، تا توی آفتابه لگن را بگردند، کارد و گزلیک را ضبط کنند. یک تعویذ چشم‌زخم هم به‌کمرش ببندد. خودش هم می‌رود توی حجله چهارچشم مراقب باشد.

ـ ولی بنفشه خاتون، شحنهٔ بیچاره که نمی‌تواند هرشب با زره و کلاه خود به‌سراغ زنش برود.

ـ برای همین می‌گویم باید بهش برسانید که اصلاً این جادوگر را، فدای سرش، رد کند برود پی کارش.

خوشبختانه در این موقع صدای پای مولانا شنیده شد و بنفشه به‌استقبال او دوید. عبید بنفشه را پی کاری فرستاد. من برایش توضیح دادم که ناراحت از بی‌خبری، آمده‌ام ببینم آیا مولانا در این مدتی که از ورود امیرمبارز به‌شهر می‌گذرد چیزی شنیده یا اطلاعی از جائی به‌او رسیده است. سری تکان داد و گفت:

ـ به‌جستجوی خبر تازه بی‌جهت به‌سراغ من آمده‌ای. الان کلید حل مشکل ما در دست امیرالشعرا غانم است که باید ببینیم وظیفهٔ سخن‌چینی‌اش را خوب انجام داده یا نه!

*

از مولانا جدا شدم و هرجا را به‌ذهنم می‌رسید در جستجوی غانم زیر پا گذاشتم. او را هیچ جا نیافتم. شاه عاشق قنّاد، که همیشه از آمد و رفت‌های غانم باخبر بود گفت که از دو روز پیش او را ندیده است.

ناامید به‌خانه برگشتم. شمس‌الدین به‌خانه خودش رفته بود. به‌طرف خانه ا و به‌راه افتادم. سخت نگران بودم که مبادا حادثه‌ای غانم را از خبرچینی خوش‌عاقبتی که انتظارش را می‌کشیدیم، باز داشته باشد.

شمس‌الدین تا مرا دید شادمان به‌سویم آمد و با خنده گفت:
- دِ نفهمیدی، کاکو! نفهمیدی امروز به کی‌ها برخوردم.
با تعرض گفتم:
- مگر قرار نبود که روز روشن از خانه بیرون نروی؟
همچنان خندان گفت:
- دِ نگفتی کی‌ها را دیدم و چی گفتم.
- بگو کی را دیدی!
- اول امیرالشعرا غانم را دیدم. بعد...
خبر مهمی بود. به‌میان صحبتش دویدم:
- خوب، بگو چی شد؟ چی گفت؟
- گفت که فردا در حضور امیرمبارزالدین قصیده می‌خواند.
نفس راحتی کشیدم. گفتم:
- پس معلوم می‌شود راهش به‌دربار امیرمبارز باز شده است.
شمس‌الدین پس از خنده صداداری گفت:
- اما، من یک خبثی و شرارتی درکارش کردم.
- تو شرارت کردی؟
- برای خنده و تفریح، وقتی گفت که برای امیرمبارز قصیده مدحیه ساخته که فردا باید بخواند، پرسیدم چند بیت، جواب داد بیست و پنج بیت. چون می‌دانیم که امیرمبارز از شعر بدش می‌آید و یکی دو بیت اول را هم به‌زور گوش می‌دهد، این شرارت را کردم که با قیافهٔ غصه‌دار گفتم: چی؟ فقط بیست و پنج بیت در مدح سلطانی که خودش را بزرگ‌تر از سلطان محمود غزنوی می‌داند؟ بعد گفتم مگر حکایت چوب خوردن عمارهٔ مروزی از سلطان محمود را نشنیده‌ای؟ عماره برای چی چوب خورد؟ برای اینکه قصیده‌اش فقط چهل بیت

بود. قصیده مدحیه، از زمان سلطان محمود باید دست کم پنجاه بیت باشد وگرنه توهین به‌سلطان است. از شاه شیخ بگذر که اعتنائی به‌این تشریفات نداشت. غانم مضطرب شد با عجله رفت. گمانم رفت که قصیده‌اش را تکمیل کند. بعد پشیمان شدم که چرا بدبخت را آزار دادم. چون می‌گویند امیرمبارز اگر شعر طولانی بشود نه تنها گوش نمی‌کند که شاعر را چوب می‌زند.

گفتم:

ـ غصهٔ او را نخور! اگر کمی در کار شعر زحمت بکشد برای آینده شاعری‌اش در دربار امیرمبارز بی‌فایده نیست. از طرفی اگر امیرمبارز همان بیت اول را گوش کند غانم خودش را سعادتمند می‌داند، حتی اگر چوب هم بخورد. ولی برای ما به‌هرحال خبر خوشی است. معلوم می‌شود غانم از مرحلهٔ کلو عمر، با وسیله‌ای که ما در اختیارش گذاشتیم، گذشته که به‌امیرمبارز رسیده. اما دیگر چه کسی را دیدی؟

ـ از غانم که جدا شدم، نزدیک باب نو، به‌یک آدم نحیفی که از یک خانهٔ محقری بیرون می‌آمد، برخوردم. سلامم کرد. نشناختم. اما وقتی جُلی را که به‌سر کشیده بود، کمی باز کرد، شناختم. حدس بزن کی بود، کاکو! استاد سلیمان بربطزن. نمی‌دانی چه شادی‌ها کردم. رویش را بوسیدم. در فکر بودم که محبتش را چطور جبران کنم. اما نایستاد. عجله داشت برود. می‌گفت می‌ترسد. روزها از خانه بیرون نمی‌آید و امروز ناچار شده بیرون بیاید. بعد گفت که اگر یک وقتی بخواهم سازش را بشنوم و دنبالش بفرستم، هرطور باشد خواهد آمد. و موقع رفتن از من یک غزل خواست.

چون هوا رو به‌تاریکی می‌رفت دیگر فرصتی نبود که خبر راجع به‌غانم را به‌عبید برسانم. پیش از برگشتن به‌خانه، از شمس‌الدین

خواستم برای انصراف از دل‌مشغولی به‌وقایع احتمالی آینده، برایم غزلی بخواند. این غزلش را خواند:

هــزار جــهد بکـردم کــه یــار مــن بــاشی
مــرادبــخش دل بـی‌قرار مــن بــاشی

چــراغ دیــدهٔ شب زنــده‌دار مــن گــردی
انــــیس خــاطر امّــیدوار مــن بــاشی

چــو خســروان ملاحت بــه‌بندگان نــازند
تــو در مــیانه خــداونــدگار من بــاشی

از آن عــقیق کــه خــونین دلم ز عشــوهٔ او
اگــر کــنم گــله‌ای رازدار مــن بــاشی

در آن چمن که بتان دست عــاشقان گــیرند
گــرت ز دست بــرآیــد نگــار مــن بــاشی

شــود غــزالهٔ خورشید صید لاغــر مــن
گر آهوئی چو تو یک دم شکار من باشی

سه بوسه کز دو لبت کــرده‌ای وظــیفهٔ مــن
اگــر ادا نکــنی قــرض‌دار مــن بــاشی

من ایــن مــراد بــبینم بــه‌خود کــه نــیم‌شبی
بــه‌جای اشک روان در کنار مــن بــاشی

من ار چه حــافظ شهــرم جــوی نمی‌ارزم
مگر تــو از کرم خــویش یــار مــن بــاشی

صبح روز بعد با عجله خود را به‌خانهٔ عبید رساندم که خبر تازه را به‌او برسانم و تفسیرش را دربارهٔ آن بشنوم. وقتی خبر قصیده‌خوانی غانم را به‌او رساندم، شادمانی کرد و گفت:

- انگار سق سیاه بنفشه دارد کار خودش را می‌کند. اولاً غانم با رساندن خبر کارد و گزلیک به کلو عمر، عزّت راه یابی به دربار امیر را پیدا کرده است. ثانیاً در حالی که برای مهم جلوه کردن در انظار، معمولاً منبع خبرش را بروز نمی‌دهد، ظاهراً این دفعه، شاید به‌زور پس‌گردنی، مجبور شده منبع خبر را معرفی کند. و ثالثاً به‌قرینه‌ای، قضیهٔ کارد و گزلیک، کلو عمر را به‌فکر انداخته است.

بی‌صبرانه پرسیدم:

- چه قرینه‌ای، حضرت مولانا؟

- می‌دانی که دائی اسحق، عطاءالله، نوکر محرم کلو عمر و در واقع امین خلوت اوست. من هیچ وقت، چه آن موقع که زنم زنده بود، چه بعد از آن، تحمل این آدم نوکرمنش را نداشته‌ام. او هم شوقی به دیدار من ندارد. اسحق گاهی او را می‌بیند. از جمله، آن روزهائی که شمس‌الدین زندانی بود، سعی می‌کرد با رشوهٔ شیرینی و حلوا از او خبری دربارهٔ زندانی بگیرد. از قضای اتفاق، دائی عطا، بعد از عمری، دیروز ناگهان دلش برای من تنگ شد و به‌دیدنم آمد. مقداری مهمل گفت و لاجرم مهمل شنید. اما موقع رفتن از بنفشه خواست که با او برود و برایش حلوای مسقطی بپزد، چون مهمان دارد. حدس زدم که از حلواپزی بنفشه منظوری دارد. وقتی بنفشه برگشت فهمیدم حدسم درست بوده است. چون معلوم شد دائی عطا، در تمام مدتی که بنفشه مشغول حلواپزی بوده، از او راجع به‌قضیهٔ کارد و گزلیک جهان خاتون در حجلهٔ عروسی، تحقیق می‌کرده است. طبیعی است که بنفشه که گوش شنوای آماده‌ای پیدا کرده، تمام قضیه را ـ احتمالاً با شاخ و برگ اضافی ـ برای او حکایت کرده است. تردیدی نیست که دائی عطا از طرف کلو عمر مأموریت داشته در باب کارد و گزلیک

محرمانه تحقیق کند. می‌بینی که قضیه کارد و گزلیک دارد به‌یک مسئلهٔ ملک و ملت بدل می‌شود.

جای شمس‌الدین خالی بود که به‌مزاح و مطایبه‌ای که مولانا در این باب کرد، قهقههٔ خنده را سر بدهد. وقتی آنچه از آن به‌یادم مانده بود، جسته گریخته برای او نقل کردم، از خنده دوتا شد.

غصهٔ کلو فخرالدین

قرار بود روز بعد به‌اتفاق شمس‌الدین به‌دیدن مولانا برویم. صبح، پدرم مرا به‌کاری واداشت. و نیم روز وقتی به‌خانهٔ او رسیدیم، بیرون رفته بود و اهل خانه نمی‌دانستند کجا رفته است.

فردای آن روز من پیش شمس‌الدین بودم که اسحق پی ما آمد. به‌خانهٔ ما رفته بود. چون مرا نیافته بود به‌آنجا آمده بود. پدرش ما را احضار کرده بود. بی‌درنگ به‌راه افتادیم.

مولانا عبید را در حال روغن‌مالی زانوها، ولی سرحال دیدیم. خندان، دو بیت شکوه‌آمیز از یکی از قصائدش را، که می‌شناختیم، خواند:

ملالت آرد اگر شرح آن دهم که به‌من
چه می‌رسد ز جفای سپهر بدفرجام
ز رنج و درد چنان گشته‌ام که یک نفسم
نه ممکنست قعود و نه ممکنست قیام

و بعد از آنکه بنفشه را فرستاد که تنقلی برای ما فراهم کند، گفت:

ـ مثل اینکه کارها در طریق خوبی پیش می‌رود. دیروز کلو فخرالدین پی من فرستاد و به‌ناهار دعوتم کرد. به‌فرمودهٔ خودش، دلش هوای دیدن مرا کرده بود. ولی مسئله‌ای داشت که عاقبت عنوان

کرد. بعد از مقدمه‌ای گفت که همیشه نگران سرنوشت جهان خاتون و تنهائی‌اش بعد از جدا شدن از خواجه امین و فرار عمویش شاه شیخ، بوده است. چند روز پیش که کلو ناصرالدین عمر به‌او خبر داده که قصد دارد این دختر را به‌زنی بگیرد، از این خبر شادی‌ها کرده و به‌میمنت آن عده‌ای از فقرا را اطعام کرده است. ولی حالا به‌نظرش می‌رسد که در این امر خیر اشکالی پیش آمده است. زیرا کلو عمر که چند روز پیش رضایت دختر و اشتیاق خودش را به‌اطلاع او رسانده، حالا، بعد از چند روز، دربارهٔ علت جدائی جهان خاتون از شوهرش، از او تحقیق کرده است. درنتیجه فخرالدین گمان می‌برد که در این فاصله، دختر شرط تازه‌ای پیش کشیده یا مهریهٔ کلانی خواسته، یا به‌هرحال رفتار نامناسبی کرده که موجب سوءظن کلو عمر شده است.

مولانا، که روغن‌مالی زانوها را تمام کرده بود، به‌مخده‌ای تکیه کرد و گفت:

ـ جوان‌ها، قدر زانوهای بی‌دردتان را بدانید!

من اتفاق برخورد شمس‌الدین به‌غانم و شوخی او دربارهٔ تعداد ابیات قصیده را حکایت کردم. عبید خندید و گفت:

ـ غانم اگر فحش هم بشنود، پس گردنی هم بخورد، همین قدر که به‌درگاه سلطان راه یافته و امکان بیرون ریختن تملق حبس شده در سینه را پیدا کرده، در عرش خوشی سیر می‌کند. هیچ غصهٔ او را نخورید! اما، کلو فخرالدین که می‌ترسد خدای نخواسته این وصلت فرخنده عقب بیفتد، حالا از من خواسته که به‌عنوان ریش سفید محل و دوست خانوادگی، جهان خاتون را نصیحت کنم که قدر این خواستگار مقتدر و ثروتمند را بداند و کاری نکند که از سعادت همنشینی با کلو عمر خوک‌بینی محروم بشود.

من پرسیدم:
- این پیرمرد که از نعمت‌های دنیا بی‌نیاز است، چه نفعی دارد که یک زن بیگناه را به‌عذاب همسری کسی که نمی‌خواهد مبتلا کند؟ حال آنکه ادعای صوفیگری هم دارد.

شمس‌الدین زیرلب گفت:
- نقد صوفی نه همه صافی بی‌غش باشد.

عبید گفت:
- طمع مال و مقام است. با نسبت دوری که با خاندان اینجو دارد، با این وصلت نوعی خویشی هم با کلو عمر پیدا می‌کند که به‌خیال خودش ضامن حفظ مال و منالش و شاید وسیلهٔ گرفتن مقام تازه‌ای بشود. در حالی که با این مزاج امیرمبارز هیچ معلوم نیست چه بر‌سر خود کلو عمر بیاید.

مولانا لحظه‌ای خاموش ماند. سپس دنباله کلامش را گرفت:
- من بیشتر از غصهٔ همنشینی این دختر با شوهر نامتناسب، نگران جان او هستم. چون شنیده‌ام شاه شیخ مشغول تدارک یک حمله به شیراز برای پس گرفتن تاج و تخت است. اگر این حمله اتفاق بیفتد، امیرمبارز از خاندان اینجو، یک نفر را از بزرگ و کوچک زنده نمی‌گذارد. از امیرعلی سهل، پسر ده سالهٔ شاه شیخ تا جهان خاتون برادرزاده‌اش و دیگران، همه را از دم تیغ می‌گذراند. اگر به‌خواست خدا کلو عمر از این وصلت بگذرد، باید کاری کرد که دختر در اولین فرصت از شیراز برود.

شمس‌الدین چهره درهم کشید. به‌گمانم تصور شیراز بدون جهان خاتون، که او را روشنائی شهر می‌نامید، خاطرش را تاریک کرد.

در این موقع بنفشه با دست خالی به‌اطاق برگشت و گفت:

- توی مطبخ هرچه نگاه کردم چیز قابلی نبود. امروز باید بروم بازار یک چیزهائی بخرم.
عبید خندید و گفت:
- خانهٔ ماست دیگر!
و همچنان خندان، دفترچه‌اش را که دم دستش بود باز کرد و خواند:
«جنازه‌ای را به‌راهی می‌بردند. درویشی با پسر برسر راه ایستاده بود. پسر از پدر پرسید که بابا در این جنازه چیست؟ گفت آدمی. گفت کجایش می‌برند؟ گفت به‌جائی که نه پوشیدنی باشد نه خوردنی، نه نان و نه هیزم و نه آتش، نه زر و سیم، نه بوریا و گلیم. گفت بابا، مگر به‌خانهٔ ما می‌برندش؟»
بعد، در میان خندهٔ ما، دفتر را بست و گفت:
- نشانی‌های خانهٔ ما تحت توجهات بنفشه خاتون است.
مزاح مولانا صدای بنفشه را درآورد:
- اوهو! چه خبر شده! چه باد و بُروتی!
و با اشاره به‌در و دیوار و سقف اطاق محقر، اضافه کرد:
- هی خانهٔ ما، خانهٔ ما! انگار خانهٔ فغفور چین است! نانش نداره اشکنه ـ بادش درخت را می‌شکنه!
عبید خندید و گفت:
- بسیارخوب، بنفشه خاتون. تنقل طلب ما. برو آن دو تای مرا بیاور حالی بکنیم.
بنفشه ساز را که در شالی پنهان کرده بود آورد. عبید آن را گرفت و گفت:
- امروز زیاد خسته شده‌ایم. شمس‌الدین، به‌میمنت خبرهای نسبتاً

خوب، یک غزل ناب باب دل بخوان که حالمان را جا بیاورد. از آن غزل‌های شاد.
و خود، آرام شروع به‌نواختن دوتا کرد.
شمس‌الدین خواند:

صبــا بـــه‌تهنیت پــیر مـی‌فروش آمــد
که موسم طرب و عیش و نـاز و نــوش آمـد
هوا مسیح نـفس گشت و خـاک نـافه‌گشای
درخت سـبز شـد و مـرغ در خـروش آمد
تـــنور لاله چنان بـرفروخت بـاد بـهار
که غنچه غرق عرق گشت و گل به‌جوش آمد
به‌گوش هوش نیوش از من و به‌عشرت کوش
که این سخن سحر از هـاتفم بـه‌گوش آمـد
ز مـرغ صبح نـدانـم کـه سـوسن آزاد
چه گوش کـرد کـه بـاده زبان خموش آمد
ز فکـر تـفرقه بـازای تـا شـوی مـجموع
به‌حکم آن که چـو شد اهرمن سروش آمد
چه جای صحبت نامحرم است مـجلس انس
سـر پـیاله بـپوشان کـه خـرقه‌پوش آمد
ز خـانقاه بــه‌میخانه مـی‌رود حـافظ
مگر ز مستی زهد ریـا بـه‌هوش آمد

وقتی مولانا ساز را زمین گذاشت و زبان به‌تحسین غزل گشود، شمس‌الدین تبسم برلب گفت:
ـ انگار حضرت مولانا با قزوین به‌کلی قطع ارتباط کرده، چون

خبری از همشهری‌هایش...

عبید که منظور او را می‌دانست فرصت نداد کلامش را به‌انجام برساند، خندید و گفت:

- جمعی قزوینیان به‌جنگ ملاحده رفته بودند. در بازگشتن هریک سر ملحدی برچوب کرده می‌آوردند. یکی پائی برچوب می‌آورد. پرسیدند که این را که کشت؟ گفت من. گفتند چرا سرش نیاوردی؟ گفت تا من رسیدم سرش را برده بودند.

وظایف خطیر شحنگی

عازم حرکت از خانه، برای رفتن نزد شمس‌الدین بودم که اسحق رسید. گفت پدرش از من خواسته که فوراً و تنها به‌دیدنش بروم. دو روز طولانی در انتظار خبری از جانب او گذرانده بودیم. با شمس‌الدین قرارگذاشته بودیم که بیاید به‌اتفاق پیش عبید برویم. با این پیغام مولانا، منتظر رسیدن شمس‌الدین نشدم. مولانا را شاد و سردماغ دیدم. تا مرا دید گفت:

- خبرهای خوب دارم که خواستم اول به‌تو بدهم و بعد به‌شمس‌الدین. بنفشه را هم پی کاری فرستادم که با تو تنها صحبت کنم.

و بعد از آنکه به‌من اجازه نشستن داد، دنبالهٔ کلامش راگرفت:

- مثل اینکه توطئهٔ ما به‌نتیجه رسیده است. چون بعد از اینکه قاصد ما پیغامش را با امانت تمام به‌مقصد رسانده...

با جسارت کلامش را بریدم:

- از غانم خبر تازه‌ای به‌مولانا نرسیده است؟

و بعد از عذرخواهی از اینکه کلامش را قطع کرده‌ام، افزودم:

ـ شمس‌الدین نگران عواقب مزاحی است که با غانم دربارهٔ تعداد ابیات قصیده کرده است.

عبید گفت:

ـ بیخود نگران است. چون غانم به‌وسیلهٔ کلو عمر به‌امیرمبارز معرفی شده و با اینکه شنیده‌ام که امیرمبارز فقط دو بیت قصیده‌اش را گوش کرده و سر بیت دوم هم با مهترش دربارهٔ علیق اسب‌ها مشغول صحبت شده، غرق شعف و افتخار است. دور شهر می‌گردد و خبر این باریابی شرف‌خیز را به‌همه می‌دهد. اما خبر خوش این است که انگار وحشت از کارد و گزلیک بُرّنده زیر بالش عروس، داماد را از شوق دامادی انداخته است. دیروز دوباره دل نازک کلو فخرالدین برای من تنگ شده بود و باز به‌ناهار دعوتم کرد. خیال کردم می‌خواهد نتیجهٔ نصیحت من به‌جهان خاتون را بداند ـ نصیحتی که البته من نکرده بودم ـ ولی دیدم کار از کار گذشته، چون وقتی مرا دید با قیافهٔ غمزده‌ای گفت که ناصرالدین عمر به‌او خبر داده که به‌علت اشتغالات و مشکلات وظائف خطیر شحنگی شهر بزرگ شیراز، از ازدواج با جهان خاتون منصرف شده است، و به‌او مأموریت داده که موضوع را به‌اطلاع دختر برساند. فخرالدین که از این پیشامد سخت غصه‌دار شده، معتقد است که سنگینی وظائف شحنگی بهانه است و به‌یقین حرف یا حرکت نامناسبی از طرف دختر موجب این انصراف شده است.

گفتم:

ـ و لابد از حضرت مولانا خواسته که جهان خاتون را وادارند یک جوری دوباره دل کلو عمر را به‌دست بیاورد؟

عبید بدون اینکه به‌سؤال من جوابی بدهد، افزود:

ـ پیداست که نگران شده مبادا امیرمبارز از نظر عفو و بخشش نسبت به‌وابستگان خاندان اینجو پشیمان بشود. من هم نگران شده‌ام ولی نه برای او، بلکه برای جهان خاتون از یک طرف و برای شمس‌الدین از طرف دیگر.

پرسیدم:

ـ برای این دو تن با هم چطور...

کلامم را برید:

ـ با هم نه. هرکدام به‌سببی. برای جهان خاتون به‌این جهت نگرانم که دیروز مسافری که از راه رسیده بود، به‌من خبر آورد که امیرشیخ حسن ایلکانی یک لشکر دوهزار نفری را به‌کمک شاه شیخ فرستاده و ممکن است شاه شیخ به‌محض رسیدن این قوا، به‌شیراز حمله کند. هرچند یقین دارم که کاری از پیش نمی‌برد، ولی در صورت حملهٔ او به‌شیراز، جان بستگان شاه شیخ، از پسربچه‌اش امیرعلی سهل تا جهان خاتون خواهرزاده‌اش در خطر حتمی است. یادمان نرفته که موقع محاصرهٔ شیراز، چون مجدالدین بندامیری نقض عهد کرده بود، امیرمبارز هرکس با مجدالدین نسبتی داشت، از زن و مرد و بزرگ و کوچک را از دم شمشیر گذراند. حتی پسر هفت ساله‌اش را به‌دست خودش کشت. درنتیجه وضع خطرناک است. می‌خواهم هرطور هست این دختر را وادارم از شیراز برود. حالا که از عروسی معاف شده اجازه خروجش هم نباید اشکال داشته باشد.

پرسیدم:

ـ برای شمس‌الدین چرا؟

ـ برای اینکه از جای دیگر خبر شدم که خواجه قوام‌الدین صاحب عیار که برای حفظ و حمایت شمس‌الدین همهٔ امید ما به‌اوست، به‌آن

زودی که خیال می‌کردیم به‌شیراز برنمی‌گردد. درنتیجه جان شمس‌الدین از طرف جماعت شاعران شیرین‌گفتار پخته‌خوار و صوفیان صومعه‌دار و غیره که حقد و کینهٔ کلوعمر هم به‌آن اضافه شده در خطر است. دیروز شنیدم که جمعی از دشمنان او در اجتماعی از آزاد شدنش سخت شکوه کرده‌اند و آخرکار طوماری تهیه کرده‌اند که در آن بی‌شرمانه، به‌شمس‌الدین حافظ قرآن، به‌استناد بعضی ابیات غزل‌هایش، عنوان منافق و کافر داده‌اند. طومار را می‌خواهند نزد شیخ‌الاسلام بافقی به‌فیروزآباد بفرستند.

گفتم:

ـ خطر این شاعران شیرین‌گفتار...

نگذاشت جمله را تمام کنم:

ـ خطری جدی است. خبرهائی که از آوازهٔ شعر شمس‌الدین از روم و هند و بغداد می‌رسد، مثل کاردی به‌جگر این شاعران شیرین‌گفتار که شهرتشان از دروازهٔ سعادت‌آباد شیراز تجاوز نکرده، فرو می‌رود. از طرفی این جوان ناشنیده پند هم، نه می‌تواند زبان دشمن تراشش را نگه دارد، و نه حاضر است با مدّاحی سلطان جدید حمایت او را جلب کند. جهان خاتون را راضی کردم که برای حفظ جان از شیراز برود و گربهٔ شمس‌الدین را هم با خودش ببرد. به‌او گفتم که با رفتن از شیراز هم جان خودش و هم جان شمس‌الدین را نجات می‌دهد. زیرا وقتی او برود شمس‌الدین هم دنبالش خواهد رفت.

پرسیدم:

ـ به‌همین عبارت فرمودی؟

ـ بله، و گل چهره‌اش شکفت و از شادی عرش اعلی را سیر کرد.

گفتم:

ـ حضرت مولانا، دلم می‌خواهد بدانم جهان خاتون با خبر آزادی‌اش چگونه برخورد کرد؟

ـ خبر خوش انصراف کلو عمر را فخرالدین، البته با خلق تنگ و شماتت و ملامت بسیار به‌او داده بود. ولی وقتی، متحیر از تحول ناگهانی وضع، دانست که آزادی فرخنده‌اش نتیجهٔ توطئهٔ ماست، برای شکرگزاری تقریباً به‌پای من افتاد. به‌او توضیح دادم خلاصی‌اش را مدیون من تنها نیست. بلکه جماعتی، برای پرهیز از داغ ننگ برپیشانی، فعالیت کردند. گفتم که مثل لشکریان امیرمبارز که از فارس و ترک و عرب و افغان و هندو تشکیل شده، موفقیت توطئه، حاصل همکاری جماعتی است مرکب از عبیدالله قزوینی ـ گلندام فیروزآبادی ـ غانم شیرازی ـ دائی عطای کازرونی ـ بنفشه زنگباری و جمعی دیگر. و وقتی جزئیات توطئهٔ کارد و گزلیک براساس روایت بنفشه را برایش حکایت کردم، آنقدر خندید که نزدیک بود نفسش بگیرد.

پرسیدم:

ـ از اصل حکایت کارد و گزلیک چه می‌گوید؟

عبید خندید و گفت:

ـ می‌گوید: وجود کارد دروغ نیست، ولی نه برای دیگری، بلکه به‌قصد جان خودم کارد آماده داشتم. این بار هم تصمیمم این بود که شب پیش از عقد ـ بعد از هشداری به‌شمس‌الدین برای حفظ خودش از انتقامجوئی کلو عمر ـ شبانه از شیراز فرار کنم. یکی از خدمتکاران باوفایم وسائل فرارم را آماده کرده بود. اما کارد برای وقتی بود که نقشه فرارم ناموفق می‌ماند. زیرا که مرگ برایم بیشتر از زندگی با کلو عمر قابل تحمل است.

گفتم:
- به‌هرحال، گذشت او برای نجات شمس‌الدین، به‌بهای زندگی با کلو عمر یا مرگ یا دربه‌دری تمام می‌شد. این گذشت فوق‌العاده را به‌تمام معنی یک فداکاری عاشقانه است.

عبید سری تکان داد و گفت:
- اگر فداکاری عاشقانه هم باشد، بیشتر عشق به‌هنر است تا به‌شخص هنرمند. می‌گوید شمس‌الدین حافظ خورشیدی است که تازه از افق سرکشیده، باید بگذارند بماند تا به‌اوج آسمان برسد. معتقد است که هنر او سرمایهٔ ابدی و ازلی نسل‌های آینده خواهد بود. من به‌این رسیده‌ام که حتی اگر شمس‌الدین این جوانی و جمال را نداشت جهان خاتون برایش همین قدر گذشت می‌کرد. یا کلو عمر با این هیبت هولناکش، اگر هنر شمس‌الدین را داشت جهان خاتون همسری‌اش را با منت می‌پذیرفت.

پرسیدم:
- اگر جهان خاتون برود و شمس‌الدین حاضر به‌ترک شیراز نشود...؟

عبید کلامم را قطع کرد:
- اگر او برود شمس‌الدین هم می‌رود. شیخ اجل فرمود:

عشق و درویشی و انگشت‌نمائی و ملامت
همه سهل است تحمل نکنم بار جدائی

گفتم:
- ممکن است راه بیفتد. ولی من نمی‌بینم که بتواند دوری از شیراز را زیاد تحمل کند.
- لازم نیست زیاد تحمل کند. اولاً صاحب‌عیار بالاخره به‌شیراز

برمی‌گردد. ثانیاً دولت سلاطین فارس در این روزگار آنقدرها پایدار نیست. اگر استثناء سلطنت شاه شیخ را که چند سالی طول کشید، کنار بگذاری، از بیست سی سال پیش شیراز هر یک سال و دو سال سلطان جدیدی داشته است.

گفتم:

ـ ولی حضرت مولانا که نظر خوشی به نزدیکی شمس‌الدین به جهان خاتون نداشت.

ـ بله، نداشتم. ولی حالا به عنوان راه نجات از نظرم برگشته‌ام. اگر دنبال او برود، عاشق بشود، عاشق‌تر هم بشود، از عشق هم سر بخورد و رنج بکشد، بهتر از این است که سرش را از دست بدهد.

در این موقع شمس‌الدین که به دنبال من آمده بود و بنفشه که پی کاری از خانه بیرون رفته بود، با هم رسیدند. عبید تا صدای سلام و احوالپرسی آنها را از حیاط شنید، گفت:

ـ برای هر دو خبر خوش دارم. برای شمس‌الدین خبر کوتاه شدن سایهٔ کلو عمر از سر جهان خاتون و برای بنفشه نجات خیرخواهانهٔ اسافل اعضاء شحنهٔ خدمتگزار شهر.

چهرهٔ شمس‌الدین با شنیدن خبر انصراف کلو عمر از وصلت با جهان خاتون، لحظه‌ای شکفت و چشمانش برق زد. ولی این شکفتگی دیری نپائید. به گمانم بعد از کنار رفتن تصویر نامتناسب شحنه از روی چهرهٔ زن، صورت موهوم شاهزاده‌ای که ما قبلاً به عنوان نامزد، برای انصراف فکر او از جهان خاتون ساخته بودیم، خودنمائی کرد.

من در فکر بودم که حالا که نمی‌خواهیم به تفرقه‌اندازی بین آنها ادامه بدهیم، چطور حکایت ساختگی را از ذهن شمس‌الدین برانم و

چگونه شماتت او را در برابر خلافگوئی خودم تحمل کنم. خوشبختانه مولانا با استفاده از غیبت بنفشه، که رفت شربت و تنقلی برای ما بیاورد، توضیح داد که جهان خاتون حکایت موهوم نامزدی با شاهزادهٔ چوپانی را برای رهائی از اصرار و ابرام کلو عمر عنوان کرده بود، که ما هم باورکرده بودیم.

بنفشه کاسه شربت به‌دست و شکرگویان، پیش ما برگشت. چون اسم جهان خاتون را شنیده بود، گفت:

- خدا را هزار مرتبه شکر که دعای من مستجاب شد. کلو عمر بیچاره خلاص شد. تا دوباره نحوستش دامن کلام مادرمردهٔ دیگری را بگیرد.

عبید خندید و گفت:

- خاطرجمع باش تا سق سیاه تو هست این دختر شوهر پیدا نمی‌کند. حالا بلند شو دوتای مرا بیاور بده دست شمس‌الدین که به‌میمنت نجات نسل شحنهٔ محبوبت یک غزل دلگشا برامان بخواند.

شمس‌الدین برای خواندن غزل پاداش مرسومش را مطالبه کرد:

- حضرت مولانا خبری از همشهریانش...؟

عبید نگذاشت کلامش را به‌پایان برساند. گفت:

- قزوینی می‌گفت که سنگ صد درم من را دزدیده‌اند. گفتند خوب بنگر شاید در ترازو باشد. گفت و با ترازو.

بنفشه برگشت و ساز را به‌دست شمس‌الدین که به‌قهقهه می‌خندید داد.

لحظه‌ای در ذهن خود دنبال غزل دلگشا گشت و آرام شروع به‌خواندن کرد:

ترا که هرچه مراد است در جهان داری
چه غم ز حال ضعیفان ناتوان داری
بخواه جان و دل از بنده و روان بستان
که حکم برسر آزادگان روان داری
میان نداری و دارم عجب که هرساعت
میان مجمع خوبان کنی میان‌داری
بیاض روی ترا نیست نقش در خور از آنک
سوادی از خط مشکین برارغوان داری
بنوش می که سبک روحی و لطیف مدام
علی‌الخصوص در این دم که سر گران داری
مکن عتاب ازین بیش و جور بردل ما
بکن هرآنچه توانی که جای آن داری
به‌اختیارت اگر صدهزار تیر جفاست
به‌قصد خون من خسته در کمان داری
بکش جفای رقیبان مدام و جور حسود
که سهل باشد اگر یار مهربان داری
به‌وصل دوست گرت دست می‌دهد یک دم
برو که هرچه مراد است در جهان داری
چو گل به‌دامن ازین باغ می‌بری حافظ
چه غم ز ناله و فریاد باغبان داری

کیسه و قاطر باری

سه روز بعد، عبید احضارم کرد. تا مرا دید بی‌مقدمه گفت:

ـ این دفعه اگر لازم بشود باید دست و پای این پسر را ببندیم و در

کیسه روی گردهٔ قاطر از شهر روانه‌اش کنیم.
پرسیدم:
ـ اتفاق تازه‌ای افتاده‌است؟
ـ دیگر چه می‌خواستی بشود؛ از آن طرف شاعران شیرین‌گفتار پخته خوار، که حتی یک لحظه از سنگ‌اندازی در کار شمس‌الدین فارغ نیستند و هرروز عیب و ایراد و گناه تازه‌ای برایش می‌تراشند. و از این طرف زبان خودش که هیچ قیدوبندی ندارد. برای من خبر آوردند که در دکّهٔ لطف‌الله حلوائی چند تن از شاگردان دارالتعلیم صحبت را به توبهٔ امیر مبارز کشانده‌اند و شمس‌الدین تحت تأثیر محیط بحث، همان غزلی را که در آن به توبهٔ امیر، مبارز اشاره کرده بود ـ و ما به هزار زحمت رفع و رجوع کرده بودیم ـ به‌همان صورت خطرناک اولی خوانده‌است. همان که از فسق محتسب گفته بود.
بیش از این لازم نبود توضیحی بدهد. منظورش همان غزل و بیت خطرناک‌ش بود که قبلاً در این یادداشت‌ها آورده‌ام:

محتسب شیخ شد و فسق خود از یاد ببرد
قصهٔ ماست که در هرسربازار بماند

و شمس‌الدین براثر نصیحت و توصیه و حتی فشار عبید آن‌را به این صورت اصلاح کرده بود:

خرقه‌پوشان دگر مست گذشتند و گذشت
قصهٔ ماست که در هرسربازار بماند

عبید سخنش را پی گرفت:
ـ شنیدم که جوان‌ها این بیت فراموش شده را تازه کرده‌اند و اینجا و آنجا به‌عنوان ملامت و مذمت سلطان جدید می‌خوانند. تو به او چیزی نگفتی؟

جواب دادم:

ـ شمس‌الدین شاید از ترس سرزنش من، از دیدار با این شاگردان چیزی به‌من نگفت. عبید گفت:

ـ به‌هرحال، به‌ضرورت رفتن او از شیراز بیشتر از پیش معتقد شده‌ام. البته هنوز از جدائی از شیراز و وضع بی‌مثالش ناله سر می‌دهد. به‌او گفته‌ام که حرفت را قبول دارم که میان جعفرآباد و مصلی ـ عبیرآمیز می‌آید شمالش، ولی دبّاغ جعفرآبادی را هم که برای اخراجت از خانه پدری در تکاپوست و دست‌بردار نیست، به‌یاد داشته باش. هرچند گمان نمی‌کنم که در او اثر زیادی کرده باشد. حالا تنها وسیله‌ای که برای روانه کردنش در دست داریم، قدرت جاذبه جهان خاتون است. امیدوارم کشش این دختر بتواند موقتاً جاذبهٔ نسیم باد مصلی و آب رکناباد را خنثی کند.

پرسیدم:

ـ رفتن جهان خاتون از شیراز قطعی است؟

ـ بله، او عاقل‌تر از شمس‌الدین است. وقتی خطر ماندن را برایش روشن کردم. پذیرفت. از امیر اجازه‌اش را هم گرفته‌اند.

گفتم:

ـ آن‌طورکه من شمس‌الدین را می‌شناسم، اگر باز جهان خاتون را ببیند و جذبهٔ حضورش را احساس کند، ارادهٔ ماندنش سست می‌شود.

عبید گفت:

ـ من هم همین عقیده را دارم. خودش هم اشتیاق دیدار این زن را بسیار دارد. به‌او گفتم که کلو عمر هرچند از وصلت با جهان خاتون منصرف شده ولی از فرط خودخواهی نزدیکی دیگری را هم به‌این

زن طاقت نمی‌آورد. به‌دلیل اینکه هنوز عملهٔ شحنه را از دور خانه‌اش برنداشته است. من، به‌هرحال ترتیب این دیدار را داده‌ام. که اگر او را مصمم به‌رفتن نکرد، ناچار باید به‌فکر کیسه و قاطر باری باشیم.
ـ این دیدار کجا می‌تواند اتفاق بیفتد، حضرت مولانا؟
عبید گفت:
ـ مشکل محل ملاقات بود که حل کردم. چون نه در خانهٔ خود آنها و نه اینجا ممکن نبود، کلو فخرالدین را تشویق کردم که یک مهمانی، مثل آن دفعه در باغش ترتیب بدهد. این پیرمرد هم که هنوز امیدوار است اتفاقی بیفتد که جهان خاتون از سفر منصرف بشود، قبول‌کرده است.

پرسیدم:
ـ انصراف جهان خاتون از ترک شیراز دیگر چه نفعی برای او دارد؟
ـ نمی‌دانم. شاید فکر می‌کند اگر بماند امیدی هم می‌ماند که دوبارهٔ وصلت با کلوعمر عملی بشود و او احساس امنیت بیشتری بکند.
ـ مهمان‌ها هم معین شده‌اند؟
عبید خندید و گفت:
ـ مهمان‌ها را من معین کرده‌ام. خودمان هستیم. البته برای اینکه مجلس مزه‌ای هم داشته باشد از او خواستم غانم را هم دعوت کند تا از فتوحاتش بگوید. غانم با خبر بردن به کلوعمر باعث بهم خوردن ازدواج شده. البته انعامش را از داماد گرفته و حالا، لابد منتظر است از عروس هم پاداش خدمتش را بگیرد. چون ممکن نیست کراهت جهان خاتون از وصلت با آن مرد زوشترو را حدس نزده باشد و ارزش خدمتی که از این بابت کرده نداند. در نتیجه، حالا غمزه‌های دلبری‌اش حتماً دیدنی است.

گفتم:
- امیدوارم دیگر صحبت از دایرهٔ شعر و ادب بیرون نرود که مشکل تازه‌ای پیدا کنیم.
- نه، من نمی‌گذارم. حتی خواستم سرهنگ سلطان هم باشد، هرچند او مهمان ثابت کلو فخرالدین است. گفتم سلیمان بربط زن را هم پیدا کنند که حال و هوای مهمانی پیش تجدید بشود. ضمناً بی‌ساز هم نمائیم.

وقتی بلند شدم که به‌خانه برگردم، مولانا عبید با تأکید فراوان خواست که شمس‌الدین را پیدا کنم و پیش او بفرستم که باز حسّاسیت وضع را حالی‌اش کند.

شمس‌الدین به‌دنبال دیدار تازه با عبید این واقعیت را پذیرفته بود که ماندنش در شیراز رفتن به‌استقبال خطری جدی است و برای اولین‌بار به ترک شهر رضایت داده بود. ولی وقتی مرا دید سر شکوه و شکایت را باز کرد. گرفتار مجادله با نفس خود بود. به‌لحن ملامت و تعرض از من می‌پرسید: «مادرم را چطور تنها بگذارم؟» که به‌یادش می‌آوردم که مادرش با بودن دخترش و من و تحت مراقبت بی‌بی‌خاور تنها نخواهد بود. انگار دو بازوی ترازوی احساساتش، دلبستگی به‌شیراز از یک طرف و ضرورت گریز از خطر به‌اضافه کشش جهان خاتون از طرف دیگر، هم وزن و متعادل بودند. گاه با چهرهٔ شکفته از زندگی در امنیت و نزدیکی محبوب سخن می‌گفت و ساعتی بعد، غمزده، از درد دوری از خانه و کاشانه و دوستان یاد می‌کرد.

در گذشته، حُکّام و قدرتمندان شهرهای مختلف مکرّر

شمس‌الدین را به‌دیارشان دعوت کرده بودند و می توانستیم مطمئن باشیم که هرجا برود تنها و سرگردان نخواهد ماند. با وجود این مولانا عبید در نامه‌هائی، او را به‌دوستانی که در شهرهائی که فکر می‌کردیم مقصد جهان خاتون و در نتیجه مقصد او باشد ـ توصیه کرد. به‌سفارش عبید، قرار شد برای احتراز از فتنه و فساد دشمنان، شمس‌الدین از دروازهٔ دیگری به‌عنوان سفر به کازرون برای بازگرداندن مادرش خارج بشود و بعد خود را به کاروان جهان‌خاتون برساند. و هیچکدام، نه جهان‌خاتون و نه شمس‌الدین، در مهمانی به‌سفر خود اشاره‌ای نکنند. تا در صورت لزوم خود مولانا در این بابت چیزی بگوید. ضمناً عبید به‌بهانه‌ای کلو فخرالدین را قانع کرده بود که در خانه‌اش از سفر جهان خاتون صحبتی نکند.

❅

روز مهمانی کلو فخرالدین، وقتی به‌شمس‌الدین رسیدم، او را همچنان در تلاطم روحی یافتم. می‌توانستم علت را حدس بزنم. گاه به‌شوق دیدار جهان‌خاتون در عرش شادمانی پرواز می‌کرد و کمی بعد با فکر ترک شیراز به‌چاه اندوه فرو می‌افتاد.

در راه خانهٔ کلو فخرالدین، زمانی دراز به‌سکوت گذشت. سکوتی که من محترم داشتم و نشکستم. خودم به‌این مهمانی و نتیجه‌اش می‌اندیشیدم. عبید و کلو فخرالدین، هرکدام از این مهمانی انتظار متضادی داشتند. عبید امیدوار بود که جاذبهٔ جهان‌خاتون موجب شود که شمس‌الدین در تصمیم ترک شیراز پایدار بماند و از مهلکه دور بشود. کلو فخرالدین که از آن مهمانی اول به‌اشتیاق جهان‌خاتون نسبت به‌شمس‌الدین پی برده بود چون از سفر شمس‌الدین خبر نداشت، امیدوار بود که دیدار شمس‌الدین پای رفتن زن جوان را

سست کند. و من با بزرگترین غصهٔ عمرم که جدائی از شمس‌الدین برای اولین‌بار بود، دست به گریبان بودم.

سکوت طولانی را صدای شمس‌الدین شکست. شنیدم که بیتی از سعدی را زمزمه کرد:

می‌روم وز سر حسرت به‌قفا می‌نگردم

خبر از پای ندارم کـه زمـین مـی‌سپـرم

من جرأتی یافتم و گفتم:

ـ شیخ اجل اگر از سر حسرت به‌قفا می‌نگریسته حق داشته است. ناله‌اش از تنهائی و مهجوری است. اما برای تو، شمس‌الدین، جـای حسرت نیست. چون دنبال یار می‌روی.

بازویم را گرفت و گفت:

ـ دِ نگفتی، کاکو! این یاران شیراز را که می‌گذارم چه کنم؟ نسیم بادمصلی و آب رکناباد را دیگر کجا پیدا کنم؟

گفتم:

ـ به‌سفر ابدی که نمی‌روی! از شرّ طاعون امیر مبارز می‌گریزی که سلامتت به‌خطر نیفتد. وانگهی، جهان خاتون می‌رود و شهر خـالی می‌ماند. مگر تو نبودی که می‌گفتی:

باغ گل و مل خوش است لیکن   بی صحبت یـار خـوش نبـاشد

مـثل مـعمول، کـه وقتـی بیتـی از سروده‌هایش را مـی‌شنود، چشم‌هایش برقی زد و چهره‌اش شکفت تبسمی بر لب‌هایش نقش بست. به‌این طرف و آن طرف نگاه کرد. چون کوچه‌باغ را خلوت دید، دو دانگ شروع به خواندن غزلش کرد:

گل بی رخ یـار خـوش نباشد   بی باده بـهار خـوش نباشد

طـرف چمن و طواف بستان   بی لاله عذار خـوش نباشد

رقصیدن سرو و حالت گل	بی صوت هزار خوش نباشد
با یار شکرلب خوش اندام	بی بوس و کنار خوش نباشد
باغ گل و مل خوش است لیکن	بی صحبت یار خوش نباشد
هرنقش که دست عقل بندد	جز نقش نگار خوش نباشد
جان نقد محقّرست حافظ	ار بهر نثار خوش نباشد

مهمانی آخرین دیدار

در سرای کلو فخرالدین بساط مهمانی را در همان تالار حوضخانه پهن کرده بودند. من و شمس‌الدین را غلامی تا سرسرا هدایت و همراهی کرد. آنجا منتظر ماندیم که مثل دفعهٔ پیش صاحبخانه به‌استقبالمان بیاید. غانم و سرهنگ سلطان زودتر رسیده بودند. صدای جرّ و بحث آن‌ها را می‌شنیدیم. مثل معمول مشغول بدگوئی از دوران گذشته و تعریف و تمجید آبادانی و امنیت تازه تحت توجهات سلطان جدید بودند که اگر گزارشی به‌خارج می‌رود، مساعد باشد. عاقبت حاجی کمال، خوانسالار کلو فخرالدین به‌پیشواز ما آمد و بعداز عذرخواهی از غیبت صاحبخانه که برای امری فوری بیرون رفته بود، به‌تالار هدایتمان کرد. وقتی وارد شدیم، چهرهٔ عبوس دو مهمان نشان میداد که باز به‌هم پریده بودند.

هنوز مشغول تعارف و احوال‌پرسی بودیم که صدای عبید را از سرسرا شنیدیم که شاد و سرحال می‌خواند:

رسید مژده که آمد عبیدزاکانی	بگیر باده و بگشا گره ز پیشانی

مولانا انگار می‌خواست با این ورود پر سر و صدا پیشاپیش به‌مجلس حال و هوای شادی بدهد. خوانسالار به‌استقبال او رفت و واردش کرد.

وقتی چشم عبید به‌شمس‌الدین افتاد تظاهر کرد که او را بعد از آزادی از زندان ندیده است. در آغوشش کشید و گفت:
- خدا را شکر، شمس‌الدین، که از بگیر و ببند شحنه جان‌بدر بردی. از زندان برای ما چه سوغاتی آورده‌ای؟
و بدون اینکه منتظر جواب او بشود، غانم را در آغوش فشرد:
- مبارکت باشد، حضرت غانم، که شایستهٔ تبریک و تحسینی. شنیدم، در حضور پادشاه قصیده خوانده‌ای و بسیار مورد توجه قرار گرفته‌ای.
و باز، بی‌آنکه به‌شاعر فرصت جوابی بدهد، به‌سرهنگ پرداخت:
- می‌بینی، حضرت سرهنگ، که امیر مبارزالدین مظفری، بخلاف گمان تو اهل شعر و ادب هم هست.
سرهنگ که به‌زحمت بسیار هیکل سنگین خود را از جا بلند کرده بود، گردن برافراشت که جوابی بدهد. ولی عبید به‌او هم مجال نداد و رو به من کرد:
- نفهمیدی کلو فخرالدین کجا رفته؟
و بی اعتنا به‌جواب من، خطاب به‌خوانسالار گفت:
- این چه حکایتی‌است، حاجی؟ ما را به‌مهمانی می‌خوانند. می‌آئیم می‌بینیم میزبان در خانه نیست، کسی هم به‌ما نمی‌گوید که کجا رفته است. ما آدم‌های پائین‌مرتبه جای خود، حتی به‌سرهنگ، رئیس سابق و محترم و وزین جانداران شاه شیخ هم نمی‌گویند.
سرهنگ چهره در هم کشید. چون دوست ندارد سمت رئیس جانداران شاه‌شیخ یادآوری شود. مولانا به‌کسی فرصت نمی‌داد که چیزی بگوید. مثل اینکه می‌خواست مجلس را از آغاز در دست خود داشته باشد و به‌میل خود اداره کند.

خوانسالار که مردی آداب‌دان است و با عبید سابقهٔ آشنائی قدیم دارد، به‌مقابله با یکه‌تازی او آمد. با لبخندی گفت:
ـ رئیس جانداران جای خود، اگر جاندار ساده‌ای هم از من سؤال می‌فرمود، به‌عرضش می‌رساندم که کلو فخرالدین به‌دلداری اهل و عیال خواجه شهاب رفته و زود برمی‌گردد.
عبید سری تکان داد و گفت:
ـ عجب! خواجه شهاب هم مرحوم شد؟ رحمت‌الله علیه. اواخر از وجنات و حالاتش پیدا بود که رفتنی است.
ـ نه، حضرت مولانا، مرحوم نشده. دیروز ناگهان حضرت سلطان براو خشم گرفته و به‌زندانش انداخته است.
عبید زیرلب، بطوری که فقط من و شمس‌الدین شنیدیم، زمزمه کرد:
ـ اللهم اشغل الظالمین بالظالمین.
بعد به‌صدای بلند گفت:
ـ با خشم چنین سلطانی کار تمام است، معطلی جایز نیست. باید حلوایش را بار بگذارید. نفهمیدی علت خشم سلطان چه بوده؟
ـ نمی‌دانم، حضرت مولانا.
سرهنگ سلطان و غانم، بخلاف ما، از واقعه خبر داشتند. سرهنگ گفت:
ـ درست معلوم نیست. شایع است که مسئلهٔ توفیر باج و خراج میبد و آن نواحی بوده. یک حرف‌هائی و یک حساب‌هائی است که ما سردر نمی‌آوریم. فقط دیوانی‌ها و اهل درم و دینار می‌فهمند.
غانم پی کلام او را گرفت:
ـ می‌گویند مسئلهٔ برداشت غلات جنوب هم هست. البته این‌ها

شایعات است. چون بینی و بین‌الله کسی تا امروز از خواجه شهاب نادرستی ندیده است.
سرهنگ هم تأیید کرد:
ـ من حاضرم در باب درستی و پاکی خواجه شهاب قسم بخورم.
غانم گفت:
ـ من هم در برابر خدا و خلق به‌امانت و صداقت این مرد شهادت می‌دهم.
شمس‌الدین آهسته زیرگوش من نجوا کرد:
ـ با من بیا!
بعد، با ظاهری جدّی به‌صدای بلند گفت:
ـ من معتقدم که حضرت مولانا در شرفیابی پس‌فردا به‌حضور سلطان، این شهادت غانم و سرهنگ را به‌اطلاع او برساند که حقی ناحق نشود.
عبید با ارتباط فکری نزدیکی که با شمس‌الدین دارد، نکته را گرفت و سری به‌تأیید فرود آورد. من هم به‌اشارهٔ شمس‌الدین گفتم:
ـ شهادت وظیفهٔ اخلاقی است: البته خطر غضب امیر هم هست که حتی ولیعهدش را بخاطر یک شهادت و شفاعت بیجا شلاق زده‌است.
سرهنگ و غانم که پیشنهاد شمس‌الدین و احتمال شرفیابی عبید را جدّی گرفته بودند، با نگرانی آشکاری اعتراض کردند. سرهنگ گفت:
ـ نه، حضرت مولانا، تمنا دارم در این باب چیزی نفرمائی.
غانم هم در تأیید او گفت:
ـ نه، مصلحت نیست ما در این کار دخالت کنیم. خود کلو

فخرالدین بهتر از ما می‌تواند از خویشاوندش دفاع کند.

عبید، بعد از نگاهی به‌سوی شمس‌الدین به‌نشانی همداستانی، سری تکان داد و گفت:

ـ شمس‌الدین حق دارد. شهادت شما که غریبه هستید مسموع‌تر است تا شهادت خویشاوندش. من، چون خطر غیظ و غضب امیر مبارز هستم، دخالتی نمی‌کنم. ولی گزارش این شهادت‌های حق‌طلبانه لابد یک‌جوری به‌امیر می‌رسد. بگذریم.

شمس‌الدین به‌زحمت خنده‌ای را که در گلو داشت خفه می‌کرد. با عبید زیرچشم نگاه خندانی رد و بدل کردند. عبید، برای عوض کردن موضوع صحبت، خطاب به‌خوانسالار گفت:

ـ درست نفهمیدم منتظر چه کسانی هستیم. دیگر چه کسانی امروز دعوت دارند؟

خوانسالار جواب داد:

ـ حضرت مولانا حتماً خبر دارد که امروز سعادت حضور جهان ملک‌خاتون را خواهیم داشت که...

عبید به‌میان کلام او دوید:

ـ ساز و مطرب چطور؟

ـ فرصت نشد که به‌عرض مولانا برسانم که نوکرها خوشبختانه بربط زن را، در نشانی که شمس‌الدین داده بود، پیدا کرده‌اند. خودش را با لباس مبدل و سازش را پنهان در جعبهٔ میوه آورده‌اند. حالا او را برده‌اند که سر و وضعش را مرتب کند و به‌حضور مهمانان بیاید. می‌روم او را به‌خدمت بیاورم.

غانم خواست چیزی دربارهٔ جهان‌خاتون بگوید. ولی با اولین کلمات او: این خاتون گرامی...

عبید کلامش را قطع کرد:

ـ حضرت امیرالشعرا، کی می‌خواهی باریابی به‌حضور سلطان را برای ما حکایت کنی؟ از این و آن بسیار شنیده‌ایم ولی باید از زبان خودت بشنویم.

ولی غانم فرصت نکرد به‌او جوابی بدهد. خوانسالار به‌تالار برگشت و گفت:

ـ این هم استاد سلیمان، که حال و هوای شاد مجلستان را تأمین کند.

سلیمان وارد شد. شمس‌الدین برخاست و به‌استقبال رفت و او را در آغوش فشرد. عبید هم با عذرخواهی که به‌علت درد پا نمی‌تواند از جا برخیزد، با او تعارف گرمی کرد. سرهنگ سلطان و غانم هم ناگزیر، بعنوان ادب تکانی به‌خود دادند. سلیمان درحالیکه دست شمس‌الدین را همچنان در دست داشت با هیجان گفت:

ـ شمس‌الدین بزرگ، حافظ بی‌بدیل، آن غزلی را که آن روز به‌من کرم کردی، حالا از برمی‌دانم. هروقت اجازه بفرمائی برایت می‌خوانم.

شمس‌الدین نگاهی بسوی عبید انداخت. مولانا گفت:

ـ اجازه نمی‌خواهد استاد، هروقت بخوانی برما منت می‌گذاری.

سرهنگ گفت:

ـ فکر نمی‌فرمائی بهتر باشد ساز و آواز را بگذاریم بعد از غذا که کلو فخرالدین هم برگشته باشد؟

عبید گفت:

ـ تو که نباید زیاد گرسنه باشی، حضرت سرهنگ، چون نوش‌جانت، می‌بینم مرتباً مشغول چشیدن هستی. به‌خاطر

امیرالشعراغانم، از قول منوچهری دامغانی می‌گویم که:
مجلسی خواهم با بربط و با چنگ و رباب
با ترنج و بهی و نرگس و با نقل و کباب

بعد رو به‌سلیمان کرد:

ـ ما منتظریم استاد.

بربط نواز در پردهٔ اصفهان شروع به‌نواختن کرد. شمس‌الدین با علاقه چشم به‌دهان او دوخته‌بود. در این موقع کلو فخرالدین بی سر و صدا وارد شد. با اشارهٔ دست‌ها، مهمانان را از تعارف و تواضع منع کرد و در گوشه‌ای نشست. سلیمان بعد از پیش‌درآمد کوتاهی، شروع به‌خواندن کرد:

ببرد از من قرار و طاقت و هوش	بتی، شیرین لبی، سیمین بناگوش
نگاری، چابکی، شنگی، پریوش	حریفی، مهوشی، ترکی قباپوش
ز تاب آتش سودای عشقش	بسان دیگ دایم می‌زنم جوش
چو پیراهن شوم آسوده خاطر	گرش همچون قبا گیرم در آغوش
اگر پوسیده گردد استخوانم	نگردد مهرش از جانم فراموش
دل و دینم، دل و دینم، ببرده‌ست	برو دوشش، برو دوشش، برو دوش
دوای تو، دوای توست حافظ	لب نوشش، لب نوشش، لب نوش

شعر خوش همراه با نغمهٔ دلنشین بربط و صدائی که اگر عالی نبود، ظرافت‌های غزل را بخوبی میرساند، همه را، حتی غانم را که طاقت شنیدن شعر دیگری جز منوچهری دامغانی یا خودش، را ندارد، تحت تأثیر قرار داده بود. سرهنگ سلطان هم ناچار دست از خوردن کشیده بود.

سلیمان که کوشیده بود با صدای ضغیفش غزل را تا آخر بخواند،

در میان اظهار تحسین و تمجید حاضران، عرق پیشانی را پاک کرد. شمس‌الدین از جابر خاست و روی او را بوسید. عبید به‌شادی او جامی بلند کرد. در این موقع کلو فخرالدین به‌اشارهٔ خوانسالار، بیرون رفت و چند لحظه بعد برگشت و گفت:

ـ حضرت مولانا، به‌من خبر دادند که جهان‌خاتون به‌خانه فرود آمد و تا لحظه‌ای دیگر به‌ما می‌پیوندد. شمس‌الدین نگاه مشتاق خود را به‌در دوخت. عبید خندید و گفت:

ـ نمی‌دانم این را شنیده‌ای یا نه، حضرت کلو، که در باب فرود آمدن، دور از جان مهمان تو، می‌گویند مجد همگر زنی زشترو در سفر داشت. روزی در مجلسی نشسته بود. غلامش دوان بیاید که: خواجه، مژده، که خاتون به‌خانه فرود آمد. گفت مژده در آن بودی که خانه به‌خاتون فرود آمدی.

همه، حتی سرهنگ سلطان عبوس خندیدند. اما شمس‌الدین آن‌چنان غایب بود که انگار از ورای دیوار و در، نزدیک شدن جهان‌خاتون را می‌دید.

باد بهار بوستان

به‌اشارهٔ صاحبخانه، خوانسالار جلوی دری که در کنج تالار قرار داشت و به‌اندرونی باز می‌شد، پردهٔ توری آویخت و بیرون رفت. لحظه‌ای بعد جهان‌خاتون از آن در، قدم به‌تالار گذاشت. به‌احترام او برخاستیم. عبید عذر بیحرکتی بعلت پا درد را خواست. زن جوان در همان کنج پشت پردهٔ تور نشست و گفت:

ـ این باد بهار بوستانست ـ یا عید وصال دوستانست؟ از بخت بلندم شاکرم که باز سعادت دیدار شاعران شیرین‌سخن را نصیبم

کرده‌است.
عبید خنده‌ای کرد و گفت:
ـ ما به‌روی دوستان از بوستان آسوده‌ایم.
گر بهار آید و گر بادخزان آسوده‌ایم
جهان‌خاتون گفت:
ـ گمان نمی‌برم بتوانید میزان شادی کسی را که ملالت تنهائی مداومش را با حضور بزرگترین شاعران عصر می‌شکند، حدس بزنید. اما در عین حال از خبر مغضوب شدن خواجه شهاب، که این جا شنیدم مغموم شدم.
عبید گفت:
ـ ما هم ساعتی پیش همین جا خبرش را شنیدیم و هنوز نتوانسته‌ایم از کلو فخرالدین شرح قضیه را بشنویم.
کلو فخرالدین میوه‌ای در دهان گذاشت و گفت:
ـ اذا جاءالقضا ضاق‌الفضا. بله، مغضوب شده است. ولی گناه خود اوست که موجبات تکدر خاطر امیر را فراهم آورده‌است.
سرهنگ گفت:
ـ شنیده‌ام امیر در حضور جمع به‌او فحاشی کرده و شلاقش زده است.
عبید پرسید:
ـ معلوم هست چه کرده؟
کلو فخرالدین که پیدا بود عجله دارد زودتر موضوع صحبت را عوض کند. گفت:
ـ یک کارهای شتابزده‌ای کرده که ظاهراً مایهٔ خسارت بیت‌المال شده است. فرمود:

هرکه پا از حدّ خود برتر نهد   سر دهد برباد و تن برسر نهد

عبید پرسید:

ـ در زندان چه حالی دارد؟

کلو فخرالدین که انگار می‌خواست هرچه بیشتر از نزدیکی و خویشی با خواجهٔ مغضوب تبری کند، جواب داد:

ـ من زندان نرفتم. سری به‌اهل و عیالش زدم که مشکلی نداشته باشند.

غانم که فوراً حال و هوای تازه را تشخیص داده بود، گفت:

ـ البته همیشه یک صحبت‌هائی دربارهٔ فعل و انفعالات خواجه شهاب بوده که...

سرهنگ به‌میان کلام او دوید:

ـ صحبت‌هائی که به‌حیثیت و اعتبار حضرت کلوفخر هم لطمه زده است.

کلو فخرالدین گفت:

ـ من هیچ‌وقت در جریان کارهایش نبودم. یعنی اصولاً هیچ نزدیکی و قرابتی با او احساس نمی‌کردم. البته برادر عیال من است. گاهی می‌آمد یک سر پیش خواهرش می‌رفت و کم اتفاق می‌افتاد که من و او با هم روبه‌رو بشویم. یعنی هیچ سنخیتی بین من و او نبوده و حتی‌الامکان از او پرهیز می‌کردم.

سرهنگ گفت:

ـ بخلاف تو که ظاهر و باطنت یکی است، آدم صاف و صادق و یک‌روئی نبود.

غانم گفت:

ـ اساساً کارش براساس دورئی می‌گشت. نه دوستی‌اش معلوم بود

نه دشمنی‌اش. منوچهری دامغانی دربارهٔ این جور آدم‌ها می‌فرماید:

یا باش دشمن، یا دوست باش ویحک

نه دوستی نه دشمن اینت سیاهکاری

عبید که ظاهراً سر خود را به‌خوردنی گرم‌کرده بود، خنده در نگاه، این ادعا نامه‌ها را گوش می‌داد. و گاه نگاه‌های مشعوفی به‌ما، من و شمس‌الدین از طرفی، و جهان‌خاتون از طرف دیگر، می‌انداخت. شمس‌الدین که خنده درگلو این گفتگو را دنبال می‌کرد، زیر گوش من گفت:

ـ دِ نشنیدی، کاکو! همین‌ها بودند که یک ساعت پیش به‌بی‌گناهی‌اش قسم می‌خوردند.

آهسته گفتم:

ـ چرا خود کلوفخر را نمی‌گوئی که خویش نزدیک شهاب است؟

شمس‌الدین عاقبت طاقت نیاورد خاموش بنشیند. به‌میان صحبت آن‌ها دوید:

ـ اما خواجه شهاب به‌گردن من حقی دارد. روزی که عملهٔ شحنه دستگیرم کردند، از آن‌جا می‌گذشت. وقتی دید شروع به‌اذیت و آزار من کرده‌اند، به‌آن‌ها پرخاش کرد و گفت که باید زندانی را محترمانه به‌شحنه خانه برسانند. که گمانم همین دخالت او سبب شد در زندان زیاد آزارم ندادند و دست و پایم را در غل و زنجیر نگذاشتند.

کلو فخرالدین سری تکان داد و گفت:

ـ شرح واقعه را شنیده‌ام. عملهٔ شحنه را از خشم من ترسانده است. به‌احترام من بوده که ملاحظه‌ات را کرده‌اند. وگرنه خواجه شهاب پیش کسی وزن و اعتباری ندارد که حرفش تأثیری در...

عبید کلام او را قطع کرد:

ـ امیدوارم هرچه زودتر مشکل خواجه شهاب حـل بشـود. ولی شب شعر و شادی ما نباید فدای این ماجرا بشود. آن‌قدر از این واقعه گفتید که نتوانستیم به‌خاتون گرامی خیر مقدمی بگوئیم. عمری است که سعادت دیدارش را پیدا نکرده‌ایم.
جهان‌خاتون تبسم بر‌لب گفت:
ـ سبب اینست که به‌قول شیخ اجل:

شبی نپرسی و روزی کـه دوسـتـدارانـم

چگونه شب به‌سحر می‌برند و روز به‌شام

عبید گفت:
ـ من کمتر از خانه بیرون می‌روم پای راه رفتن ندارم. امروز هم کلو فخرالدین محبت‌کرده و وسیله‌ای دنبالم فرستاده است.
ـ اما خانه‌ات با خانهٔ ما فاصله‌ای ندارد. می‌توانی پیاده بیائی.
عبید خندید و گفت:
ـ حکایت آن کلی است که از حمام بیرون آمد. کلاهش را دزدیده بودند. با حمامی ماجرا می‌کرد. گفت تو این‌جا آمدی کلاه نداشتی. گفت: ای مسلمانان، این سر از آن سرهاست که بی‌کلاه به‌راه توان برد؟
سپس عصای خود را بلند کرد و نشان داد:
ـ حالا، این پاهای من از آن پاهاست که پیاده به‌راه توان برد؟
من نگاهی بسوی شمس‌الدین انداختم. زیرا بخلاف انتظار صدای خنده‌اش را که دنبال هرلطیفهٔ عبید می‌آید، نشنیدم. طوری مشغول تماشای جهان‌خاتون بود که انگار آن را نشنید. هرچند که در آن کنج و پشت پردهٔ تور از جمال زن جوان چیز زیادی نمایان نبود.
جهان‌خاتون بعد از خنده‌ای آرام، گفت:
ـ بهرحال، من امشب در آسمان سعادت پرواز می‌کنم. دیدار یک

جای مولانا عبیدزاکانی و شمس‌الدین حافظ نعمتی و غنیمتی است که به‌شمشیر میسر نشود سلطان را.

و پس از لحظه‌ای کلامش را دنبال گرفت:

ـ و البته محمد گلندام و حضرت غانم شیرازی و حضرت...

شمس‌الدین به‌میان سخن او دوید:

ـ بفرما امیرالشعراغانم. چون به‌دربار سلطان راه‌یافته و بیش از پیش شایستهٔ امیرالشعرائی است.

غانم به‌علامت امتنان سری فرود آورد و گفت:

ـ از لطف دوستان ممنونم. ولی تمنا دارم این لقب را تکرار نفرمایند زیرا مخصوص امیرالشعرا رکن‌الدین هروی است. اگر بشنود با من دشمن می‌شود.

سرهنگ سلطان فرصت را برای نیش زدن به‌غانم غنیمت شمرد:

ـ قرار است قصیده‌ای را که در حضور سلطان خوانده برای ما هم بخواند.

سرهنگ قصد آزار غانم را داشت. اصرار او براینکه غانم قصیده‌اش را در حصور جهان‌خاتون بخواند، برای این بود که شنیده بود که قصیده بیش از مدح امیر مبارز، به‌مذمّت سلاطین اینجو اختصاص داشته است. خوشبختانه برای غانم، صحبت برپایهٔ دیگری گشت. جهان‌خاتون گفت:

ـ اما شمس‌الدین چرا خاموش است؟ نه از گل می‌گوید و نه از سوسن!

اشارهٔ زن جوان به‌بچه گربهٔ مهمانش، با تکیه برلفظ سوسن، آشکار بود. شمس‌الدین این ابراز آشنائی را گرفت و به‌جای جواب، متبسّم، مطلع مناسب یکی از غزل‌هایش را خواند:

بی تو ای سرو روان با گل و گلشن چه کنم

زلف سنبل چه کشم عارض سوسن چه کنم؟

ولی غانم که نمی‌خواست هیچ فرصتی برای خودنمائی را از دست بدهد، به‌او مهلت نداد که حرفش را دنبال کند. گفت:

ـ منوچهری دامغانی راجع به‌گل سوسن ابیات زیبائی دارد. مثلاً می‌فرماید:

وان گل سوسن مانندهٔ جامی ز لبن   ریخته معصفر سوده میان لبنا

سرهنگ سلطان که لقمهٔ درشتی در دهن داشت، طاقت نیاورد که دخالت نکند. همچنان، گفت:

ـ باز غانم از این رفیق دامغانی‌اش شعری خواند که هیچ‌کس معنی‌اش را نفهمد.

غانم گردن برافراشت که به‌او جواب بدهد. اما جهان‌خاتون فرصت نداد:

ـ چرا شمس‌الدین از حکایت زندانش نمی‌گوید؟ آن چند روز را در آن جهنم چگونه گذراندی؟ زیاد عذابت دادند؟

شمس‌الدین نگاه دزدانه‌ای به‌سلیمان بربطزن انداخت و جواب داد:

ـ در آن جهنم به‌فرشته‌ای برخوردم که عذاب را از یادم برد.

غانم به‌میان صحبت دوید:

ـ امروز دیگر عذاب و شکنجه در کار نیست. کلو ناصرالدین‌عمر شکنجه در زندان را منع‌کرده است.

تیر او به‌سنگ خورد. نتوانست صحبت را از شمس‌الدین بگرداند. جهان‌خاتون گفت:

ـ اما عملهٔ عذاب جائی نرفته‌اند. وقتی در دخمهٔ شحنه خانه با

زندانی بی‌پناهی روبرو می‌شوند چه کسی می‌تواند دستشان را ببندد؟ اسیر خویش گرفتی بکش چنان که تو دانی!

شمس‌الدین که اشارهٔ ظریف او به‌غزل زندان راگرفته بود، تبسمی از رضایت خاطر برلب آورد و گفت:

ـ بهرحال، عذاب زندانِ مسعود سعدسلمان نبود که بگویم: نالم به‌دل چونای من اندر حصارنای...

سرهنگ سلطان لقمه‌ای راکه در دهان داشت به‌زحمت فرو داد و کلام او را قطع کرد و پرسید:

ـ غذای زندان چه بود؟

شمس‌الدین نگاه خندانی به‌عبید انداخت و جواب داد:

ـ یک مرغ بریان ظهر و یکی شب. البته این غذای زندانی عادی است. برای رجال مهم مثل سردار و سرهنگ و امثالهم، یک برّه کباب عصرانه هم می‌دهند.

عبید دنبال کلام او را گرفت:

ـ شب‌چره هم بورانی و حلوای مزعفر.

غانم بعد از خندهٔ صداداری گفت:

ـ سرهنگ نگران روزی است که خدای نخواسته مثل خواجه شهاب پایش به‌زندان برسد.

سرهنگ با چهرهٔ گرفته، سری به‌نشانهٔ تحقیر تکان داد و لقمهٔ درشت دیگری در دهان گذاشت. اما وقتی متوجه شد که جهان‌خاتون درکنج خودش بی‌صدا می‌خندد و شمس‌الدین و من، خنده درگلو او را نگاه می‌کنیم و از طرفی، بربط زن با چهرهٔ متبسم متوجهٔ ماست، خلقش تنگ شد. و خطاب به‌غانم گفت:

ـ چرا مهمل می‌گوئی؟ من چه کرده‌ام که مثل خواجه شهاب نگران

زندان باشم؟ امثال خواجه شهاب تاوان نادرستی و دغل‌کاری‌شان را می‌دهند. من جز انجام وظیفه با شرافت و امانت چه کرده‌ام؟
عبید به‌میان صحبت دوید:
ـ وظیفه‌شناسی سرهنگ را همه شاهد بوده‌اند.
شمس‌الدین دنبال سخن او راگرفت:
ـ دلیل وظیفه‌شناسی‌اش اینکه شاه شیخ هنوز زنده است.
غانم سری تکان داد و گفت:
ـ یعنی شاه‌شیخ اگر فرار نکرده بود و به‌امید جاندارانش در شیراز می‌ماند، هنوز زنده بود؟
صاحبخانه که متوجه شد سرهنگ به‌خود فشار می‌آورد که برای جواب دادن، لقمهٔ تازه را فرو بدهد، دخالت کرد:
ـ خیال می‌کنم وقت آن باشد که دیگر زندان و عذاب زندان را بگذاریم و به‌شعر و ادب بپردازیم.

شعر و ادب

عبید گفت:
ـ حق با حضرت کلو فخرالدین است. با اجازهٔ شمس‌الدین یک بیت از غزلش را دست‌کاری می‌کنم و می‌گویم:

مجلس انس و بهار و بحث شعر اندرمیان

صحبت زندان و زندانی گران‌جانی بود

بعد رو به‌نوازنده کرد:
ـ استاد سلیمان چرا خاموشی؟
صدای بربط بلند شد. غانم از فرصت برای خودنمائی استفاده کرد و گفت:

ـ شب شعر و ادب است. من هم همین را می‌خواستم بگویم. حالا با اجازهٔ مولانا، غزلی را که تازگی ساخته‌ام و هنوز نشنیده‌اید...

شمس‌الدین که همیشه غزل خوانی غانم را، به‌قصد خنده و تفریح، تشویق می‌کند به‌میان صحبت او دوید:

ـ به‌به! سراپا گوشیم حضرت غانم، شعری بخوان که با آن رطل‌گران توان زد.

ولی در این موقع جهان‌خاتون که ظاهراً گوش خود را به‌پیشنهاد غانم و تأیید شمس‌الدین آشنا نکرده بود، گفت:

ـ گوش کنید! در آن ایامی که شمس‌الدین در زندان بود، یکی از خدمه در میان اثاث بجا ماندهٔ شاه شیخ یک کتاب گلستان سعدی پیدا کرده بود که برای من آورد. من لای صفحات آن یک برگ کاغذ پیدا کردم که یکی از غزلیات شمس‌الدین به‌خط خوش خود اوست. غزلی که نشنیده بودم. حالا، اگر مولانا اجازه بفرماید آن‌را برای شما بخوانم.

بربط نواز پرده بگرداند و مقام تازه‌ای را پیش گرفت. جهان‌خاتون کاغذ چند تا شده را بازکرد و این غزل را خواند:

سرو چمان من چرا میل چمن نمی‌کند

همدم گل نمی‌شود یاد سمن نمی‌کند

دل به‌امید وصل تو همدم جان نمی‌شود

جان به‌هوای کوی تو خدمت تن نمی‌کند

تا دل هرزه‌گرد من رفت به‌چین زلف او

زان سفر دراز خود عزم وطن نمی‌کند

پیش کمان ابرویش لابه‌همی کنم ولی

گوش‌کشیده است ازان گوش به‌من نمی‌کند

با همه عطف دامنت آیدم از صبا عجب
کز گذر تو خاک را مشک ختن نمی‌کند
چون زنسیم می‌شود زلف بنفشه پرشکن
وه که دلم چه یاد آن عهدشکن نمی‌کند
ساقی سیم ساق من گر همه دُرد می‌دهد
کیست که تن چو جام‌می جمله دهن نمی‌کند
کشتهٔ غمزهٔ تو شد حافظ ناشنیده پند
تیغ سزاست هرکه را درد سخن نمی‌کند

در مدتی که جهان‌خاتون شعر می‌خواند، سراپای وجود شمس‌الدین چشم شده و به‌دهان او ـ که پشت پردهٔ تور درست دیده نمی‌شد ـ دوخته بود و وقتی آن‌را تمام کرد، آهسته گفت:

ـ آفرین برتو که شایستهٔ صد تحسینی.

عبید به‌صدای بلند گفت:

ـ آفرین برنفس دلکش و لطف سخن حافظ ناشنیده پند.

جهان‌خاتون با اشارهٔ دست بربط نواز را نشان داد و گفت:

ـ بعد از آفرین برلطف سخن شاعر، آفرین این استاد هنرمند را فراموش نکن!

تردیدی نبود که سلیمان را از اولین لحظهٔ ورود شناخته بود. ولی از آن‌جا که در دیدار شبانه بعد از فرار نوازنده از دست عملهٔ شحنه، با او عهدکرده بود که حکایت دیدار و پیام‌رسانی‌اش را بکلی فراموش کند، هیچ اظهار آشنائی نمی‌کرد.

غانم که ازکنار ماندن در این مبادلات شعری احساس غبن می‌کرد، به‌میدان صحبت آمد و گفت:

ـ از قضا،غزل من هم تقریباً شبیه همین مضمون را دارد که اگر حوصلهٔ شنیدنش را داشته باشید...

سرهنگ سلطان به‌میان سخن او دوید:

ـ حضرت غانم، استادی تو در قصیده است. چرا به‌جای غزل آن قصیده‌ای راکه در حضور سلطان خوانده‌ای نخوانی؟

غانم که سوءنیت او را بخوبی درک کرده بود، چهره درهم کشید و با لحن تندی گفت:

ـ آن را هروقت مقتضی بدانم می‌خوانم.

و با زهرخندی اضافه کرد:

ـ باید خدا را شکر گفت که حضرت سرهنگ سلطان، بعد از چندین سال حضور در مجالس شعر و ادب شاه شیخ،عاقبت تفاوت غزل و قصیده را در یافته است.

خندهٔ بی‌اختیار شمس‌الدین جهان‌خاتون را هم به‌خنده انداخت ـ کلو فخرالدین سعی کرد موضوع صحبت را عوض کند، ولی سرهنگ دست برنداشت. گفت:

ـ تفاوت زیادی ندارند. هردو برای تملق است غزل تملق کوتاه به‌معشوق است. قصیده تملق و دروغ بلند بالا به‌سلطان وقت.

غانم دندان‌ها را برهم فشرد. لحظه‌ای در جواب او مردّد ماند. سپس رو به‌عبید کرد:

ـ حضرت مولانا، چرا خاموش مانده‌ای؟ چرا به‌سرهنگ سلطان درس ادب نمی‌دهی؟

عبید که ته دل از این جدال آن‌ها هیچ ناراضی نبود و از خنده و شادی شمس‌الدین و جهان‌خاتون و من لذتی هم می‌برد، به‌جویدن میوه‌ای که در دهان داشت طوری ادامه داد که گوئی می‌خواهد آن‌را

فرو بدهد و چیزی بگوید. ولی غانم طاقت نیاورد و ادامه داد:
ـ منوچهری دامغانی می‌فرماید، و چه خوب می‌فرماید که:

هرکه را شعری بری یا مدحتی پیش آوری
گوید این یکسر دروغست ابتدا تا انتهی
گر مدیح و آفرین شاعران بودی دروغ
شعر حسّان بن ثابت کی شنیدی مصطفی

عبید، خنده در نگاه، دهان باز کرد که به‌سئوال او جوابی بدهد ولی سرهنگ سلطان مهلت نداد:

ـ من دامغانی و سمنانی نمی‌شناسم. اما وقتی به‌چشم شاعر، کسی که دیروز فرشتهٔ سفید بوده امروز دیو سیاه است، یا دیروز دروغ گفته یا امروز دروغ می‌گوید. بهرحال دروغگوست.

کلو فخرالدین کوشید با دادن حق به‌دو طرف، همراه با شعار «همه فرزندان این آب و خاکیم»، به‌بگو مگو خاتمه دهد. ولی توفیق نیافت. غانم که متوجه خندهٔ بی‌صدای جهان‌خاتون شده بود، برآشفته گفت:

بی هنر را دیدن صاحب هنر   نیش برجان می‌زند چون کژدمی

و سرهنگ بعد از یک پوزخند تمسخرگفت:

ـ شنیدی، حضرت مولانا؟ بشتاب و از صاحب هنر هرچه بیشتر هنر دروغگوئی و تملق بیاموز!

کلو فخرالدین با اشارهٔ سر و دست ما را که بی‌صدا می‌خندیدیم به‌خودداری و عبید را به‌وساطت دعوت کرد.

عبید خنده‌ای کرد و گفت:

ـ یک وقتی سلطان‌محمود را در حالت گرسنگی بادنجان‌بورانی پیش‌آوردند. خوشش آمد. گفت بادنجان طعامی است خوش. ندیمی در مدح بادنجان فصلی پرداخت چون سیرشد گفت: بادنجان سخت

مضر چیزی است. ندیم باز در مضرّت بادنجان مبالغتی تمام کرد. سلطان گفت: ای مردک، نه این زمان مدحش می‌گفتی؟ گفت: من ندیم توام نه ندیم بادنجان، مرا چیزی باید گفت که ترا خوش آید نه بادنجان را!

قهقهۀ شمس‌الدین و به‌دنبال آن خندۀ جهان‌خاتون و من و حتی صاحبخانه، به‌قال و مقال آزار دهندۀ غانم و سرهنگ پایان داد و هردو به‌تبسمی واقعی یا اجباری تن در دادند.

فغان بربط

وقتی صداها کمی فروکش کرد، جهان‌خاتون زبان به‌سخن گشود:

امشب به‌راستی شب ما روز روشن است

عید وصال دوست علی‌رغم دشمن است

به‌فتوای شیخ اجل دریغ است که در چنین جمعی از دوستانِ شاعر سخنی جز شعر به‌میان بیاید. هیچ‌کس نپرسید چرا شمس‌الدین غزلی برای ما نمی‌خواند!

عبید، خندان گفت:

ـ حافظ ناشنیده پند، بفرما! جواب سئوال را بده!

شمس‌الدین چند لحظه مردّد ماند. زیر لب گفت:

ـ در فکرم که چه بخوانم که مناسب حال باشد.

جهان‌خاتون کلام او را شنید. بعد از اشارۀ خفیفی به‌عبید و من با صدا و لحن دلنوازی گفت:

یکی است ترکی و تازی در این معامله حافظ

حدیث عشق بیان کن بدان زبان که تو دانی

اشارۀ او به‌پیام زندان بود که سخت به‌دل شمس‌الدین نشست.

چهره‌اش را روشن و لبش را به‌تبسم خوشدلی باز کرد. انگار ناگهان غزلی را که می‌جست یافت. از سلیمان خواست که مقام عراق را بگیرد و شروع به‌خواندن کرد:

روز هجران و شب فرقت یار آخر شد

زدم این فال و گذشت اختر و کار آخر شد

آن همه ناز و تنعّم که خزان می‌فرمود

عاقبت در قدم باد بهار آخر شد

شکر ایزد که به‌اقبال کله گوشهٔ گل

نخوت باد دی و شوکت‌خار آخر شد

صبح امید که شد معتکف پردهٔ غیب

گو برون آی که کار شب تار آخر شد

آن پریشانی شب‌های دراز و غم دل

همه در سایهٔ گیسوی نگار آخر شد

باورم نیست ز بد عهدی ایّام هنوز

قصّهٔ غصّه که در دولت یار آخر شد

ساقیا لطف نمودی قدحت پر می باد

که به‌تدبیر تو تشویش خمار آخر شد

در شمار ارچه نیاورد کسی حافظ را

شکر کان غصّهٔ بی‌حدّ و شمار آخر شد

لحظات شور و حالی استثنائی بود.

سلیمان تحت تأثیر غزل زیبا و شورانگیز، با آن چنان شور و حالی می‌نواخت که گمان نمی‌کنم هیچ‌گاه کسی، حتی خودش، توانسته باشد چنان نغمه‌های دلکش هوش ربائی از دل بربط برآورد. و از آن طرف شمس‌الدین با چنان حالی این غزل را خواند که حتی من -

مصاحب همه عمرش ـ هرگز نظیر آن را نشنیده بودم.
شمس‌الدین چهرهٔ به‌عرق نشستهٔ نوازنده را بوسید. جهان‌خاتون که معمولاً صدای آهستهٔ صحبتش را به‌زحمت می‌شنیدیم، بی‌اختیار فریاد زد:
ـ چه کردی، شمس‌الدین! چه غوغائی کردی، شمس‌الدین!
و پس از لحظه‌ای افزود:
ـ بی‌سبب نیست که:

به‌شعر حافظ شیراز می‌رقصند و می‌نازند

سیه چشمان کشمیری و ترکان سمرقندی

عبید نیز مکرّر در مکرّر احسنت و آفرین نثار او کرد. غانم و سرهنگ هم ناچار در این تحسین و تمجید عمومی شرکت کردند.
جهان‌خاتون گفت:
ـ به‌گمانم شمس‌الدین بهتر از همهٔ ما پنجه‌های زرین این استاد هنرمند را قدر می‌داند.
و بلافاصله رو به‌سلیمان کرد:
ـ برما منت گذاشتی استاد. هزار آفرین، هزاران آفرین!
نوازنده عرق از پیشانی پاک کرد و سری به‌امتنان فرود آورد.
شمس‌الدین گفت:

چه ره بود این که زد در پرده مطرب   که می‌رقصند با هم مست و هشیار

عبید جامی به‌شادی نوازنده بلند کرد و گفت:

ـ استاد، از شمس‌الدین شنیدم که در شحنه خانه بربط را برسرت شکسته‌اند.
سلیمان سری تکان داد و گفت:

ـ همین طور است. ولی برای بربط بیشتر دلم سوخت تا برای سرم.
عبید گفت:
ـ داشتیم یک حکایت شیخ اجل، که کسی بربط را برسر دیگری شکست...
بعد رو به شمس‌الدین کرد:
ـ چه بود آن حکایت بوستان که مرد سرشکسته سیم و زری به تاوان بربط شکسته، به نوازنده داد؟
شمس‌الدین بلاتأمل خواند:

یکی بربطی در بغل داشت مست	به شب در سر پارسائی شکست
چو روز آمد آن نیک مرد سلیم	بر سنگدل برد یک مشت سیم
که دوشینه معذور بودی و مست	ترا و مرا بربط و سر شکست
مرا به‌شد آن زخم و برخاست بیم	ترا به‌نخواهد شد الا به‌سیم

عبید سری تکان داد و گفت:
ـ جای آن نیک‌مردان در روزگار ما خالی است. اما جائی خواندم که یک وقتی پیری مست را به‌حضور هشام‌ابن عبدالملک آوردند. با او عودی بود. هشام گفت: دنبک را برسرش بشکنید و به‌خوردن نبید حدّش بزنید. شیخ نشست و بگریست. گفتند پیش از آنکه بزنیمت گریستن برای چیست؟ گفت مرا گریه از زدن نباشد. از آن می‌گریم که شما عود را خوار داشتید و دنبک نامیدید. والی را این سخن خوش آمد و از گناه او درگذشت. اما استاد سلیمان، در شحنه خانه از گناه تو نگذشته‌اند.
سلیمان خندید و گفت:
ـ همین‌قدر که توانستم جانی بدر ببرم خدا را شاکرم.
عبید گفت:

ـ اما، بگو ببینم، استاد، این ساز تازه را ازکجا آورده‌ای؟ این روزها که دیگرکسی از این جور چیزها نمی‌سازد.

چهرهٔ سلیمان شکفت. سازش را که زمین گذاشته بود، بلند کرد و نشان داد و گفت:

ـ این را خودم ساخته‌ام. آن یکی را هم که شکستند خودم ساخته بودم. من از منبت‌کاری و مشبک‌کاری سر رشته دارم.

مولانا عبید گفت:

ـ هزار آفرین، استاد هنرمند که چندین هنر داری.

شمس‌الدین با نگاه پر مهری به‌نوازنده، زیر لب گفت: تا بدانی که به‌چندین هنر آراسته‌ام.

در این موقع سرهنگ که تمام مدت مشغول خوردن بود، لقمه در دهان، خطاب به‌سلیمان گفت:

ـ عجب! از قضا من دنبال یک نجار منبت‌کار می‌گردم. ما یک پنجرهٔ ظریف در مطبخ منزلمان داریم که از باد تند زمستان پارسال صدمه دیده، اگر بتوانی یک روز سری تا منزل ما بیایی تعمیرش کنی، اجرت خوبی می‌دهم.

من احساس شرمندگی کردم. نگاهی بسوی شمس‌الدین و جهان‌خاتون انداختم. سکوت ناگهانی‌شان نشان می‌داد که در این احساس من شریکند. خجلت‌آور بود. مرد هنرمندی خطر بزرگی را به‌جان خریده بود تا به‌مجلس ما حال و هوائی بدهد و با هنرش وقت ما را خوش کرده بود. سرهنگ در او فقط یک نجّار تعمیرکار پنجرهٔ آشپزخانه‌اش می‌دید.

سلیمان با ملایمت به‌او جواب داد:

ـ از این خدمت معذورم. چون توانائی من از حدّ تعمیرسازم بیشتر

نیست.

نگاه من و شمس‌الدین در یک موقع بطرف عبید برگشت. مولاناکه به‌یقین ناراحتی ما را حدس زده بود، درحالیکه با موی ابروی خود بازی می‌کرد،گفت:

ـ شمس‌الدین، یادت هست آن کلام شیخ اجل دربارهٔ آن صوفی که زیر نعلینش میخ می‌کوبید؟

این دو بیت سعدی معروف تراز آنست که مولانا از یاد برده باشد. ولی به‌عادت همیشه، برای جلب توجه بیشتر به‌سخن، از شمس‌الدین می‌پرسید. چشم‌های شمس‌الدین برق زد. با نگاه پر خنده جواب داد:

آن شنیدم که صوفیی می‌کوفت   زیر نعلین خویش میخی چند
آستینش گرفت سرهنگی   که بیا نعل بر ستورم بند

از صدای ناگهانی قهقههٔ خندهٔ گوش‌خراش همه تکان خوردند. این قهقههٔ عمداً پر صدا، از غانم بود که گوئی می‌خواست انتقام نیش‌های ساعتی پیش را از سرهنگ بگیرد. از خندهٔ او ابتدا شمس‌الدین و جهان‌خاتون سپس صاحبخانه به‌خنده افتادند. من سعی در خودداری می‌کردم و مولانا عبید، بی‌اعتنا سر خود را به‌خوردن میوه گرم کرده بود.

سرهنگ که دندان‌ها را برهم می‌فشرد، وقتی متوجه شد که بربط نواز هم محجوبانه می‌خندد، نگاه غضب‌آلودی به‌او انداخت و خطاب به‌عبید گفت:

ـ مزاح و مطایبه در حضور غریبه بسیار نابجاست، حضرت مولانا. عبید میوه‌ای در دهان گذاشت و جواب داد:

ـ من کی مزاح کردم، حضرت سرهنگ عزیز؟ به‌مناسبتی یاد

مضمونی از سعدی افتادم. حافظه‌ام یاری نکرد. ناچار از شمس‌الدین کمک خواستم.
سرهنگ که می‌خواست انبانه غضبش را از این خندهٔ دسته جمعی حاضران خالی کند، به غانم پرید:
ـ حضرت غانم هم چون اجازه داده‌اند برود در دربار امیر یک تملقی بگوید، از این‌جا و آن‌جا ـ چه بسا از دیوان همان رفیق دامغانی‌اش ـ یک الفاظی سر هم کرده و خوانده، حالا خیال می‌کند واقعاً کسی شده است!
غانم خیز برداشت که جواب بدهد. ولی کلو فخرالدین با بلند کردن دست و اشارهٔ آمرانه‌ای او را مانع شد و گفت:
ـ استاد سلیمان خسته‌شده است. اگر دوستان موافق باشند، او را بگذاریم برود استراحت کند.
و بلاتأمل پیش از اینکه دیگران فرصت اظهار نظری بکنند، دستی برهم زد و بربط زن را به‌خوانسالار سپرد و تأکید کرد که او را با احترام و احتیاط به‌خانه‌اش برسانند.
خوانسالار گفت:
ـ بهتر است استاد سازش را این‌جا بگذارد که فردا به‌خانه‌اش برسانیم. چون موقع آمدن، نوکرها آن را در جعبه میوه آوردند. اما موقع برگشتن، چون هوا دارد رو به‌تاریکی می‌رود، دیگر جعبهٔ میوه هم در امان نیست. عسس شبگرد هرجعبه‌ای یا بسته‌ای دست عابرین ببیند برای وارسی باز می‌کند.
سلیمان به‌رضای خاطر پذیرفت. سازش را گذاشت و بلند شد.
وقتی شمس‌الدین برای وداع با بربط نواز از جا برخاست، جهان‌خاتون هم به‌عذر تاریک شدن هوا، عزم رفتن کرد. صدای

اعتراض، بخصوص از جانب غانم بلند شد. کارشکنی‌های سرهنگ تا آن موقع اجازهٔ خواندن غزلش برای دلبری از زن جوان، را نداده بود و به‌امید و انتظار وقت فرصت بود. ولی حتی با خواندن‌بیتی از منوچهری دامغانی نتوانست او را به‌فسخ عزیمت وا دارد. از طرف دیگر سرهنگ که امیدوار بود در نهایت بتواند غانم را به‌نحوی به‌خواندن قصیده‌اش مجبور کند، تا او را در چشم جهان‌خاتون خوار و بی‌مقدار سازد، به‌ادامه مجلس اصرار داشت.

کلو فخرالدین در برابر اصرار مهمانان، با اشارهٔ سر و دست از شمس‌الدین خواست که او هم چیزی بگوید. ولی جهان‌خاتون پیش‌دستی کرد و گفت:

ـ نه، عمو فخرالدین، با اینکه خانه نزدیک است و در راه هم تنها نیستم، اما شهر ناامن است. باید پیش از تاریک شدن هوا به‌خانه برسم.

شمس‌الدین، هم به‌خواست دل و هم اینکه خواهش کلو رابی جواب نگذاشته باشد، تبسم برلب گفت:

ـ به‌قول شیخ‌اجل:

اگـر پـیشم نشـینی دل نشـانی   اگر غایب شوی در دل نشان هست

جهان‌خاتون هم، متبسم، با بیتی از سعدی به‌او جواب گفت:

به‌قدم رفتم و ناچار به‌سر باز آیم   گر به‌دامن نرسد دست قضا و قدرم

و بعد از خداحافظی، از همان دری که آمده بود از تالار خارج شد و کلو فخرالدین به‌مشایعت او رفت.

غزل وداع

بعد از رفتن جهان‌خاتون چند لحظه سکوت برقرار شد. سپس

غانم، که انگار از طعنه‌های سرهنگ دل پُری داشت، با لحن پر معنائی گفت:
- چه می‌شود کرد؟ طبع لطیف و ظریف، خشونت‌های سرهنگی را طاقت نمی‌آورد.
سرهنگ لقمه‌ای را که در دهان داشت با عجله فرو برد و گفت:
- چطور آن خنده‌های جلف و گوشخراش را طاقت می‌آورد؟
شمس‌الدین با نگاه پر خنده و منتظر به‌شروع این بگومگوی تازهٔ آن دو چشم دوخته بود. از طرفی عبید که نمی‌خواست بگذارد جدال سرهنگ و غانم، که مایهٔ تفریح خودش و ما بود، فروکش کند، پیش از آنکه غانم جوابی بدهد، با لحن جدّی گفت:
- بگو ببینم، سرهنگ، آن رودخانه‌ای که گهگاه شاه‌شیخ اسمش را فراموش می‌کرد و از تو می‌پرسید، چه بود؟
سرهنگ با اخم جواب داد:
- مزاحی بود که شاه‌شیخ با من می‌کرد.
- حالا که غریبه‌ای اینجا نیست. بگو ببینم کدام رودخانه بود؟
سرهنگ بی حوصله جواب داد:
- من یک وقتی به مزاح گفته بودم که برای آسایش خلق خدا باید همهٔ شاعران را در رودخانهٔ کُر غرق کرد. شاه‌شیخ برای تفریح و خنده در مجلس هرچند وقت یکبار می‌پرسید: سرهنگ، اسم آن رودخانه‌ای که می‌خواستی شاعران را در آن غرق کنی چه بود؟ و با جواب من می‌خندید و همه می‌خندیدند.
عبید خندید و گفت:
- حالا پشیمان نیستی که چرا فقط به‌مزاح گفتی و واقعاً غانم و امثال او را به‌رود کُر نینداختی؟

سرهنگ با تبسم اجباری گفت:
- این را که حضرت مولانا مزاح می‌فرماید. من از مزاح، وقتی مثل حالا، بین خودمان باشد ناراحت نمی‌شوم. ولی باید بگویم از آن مزاح در حضور غریبه، آن هم یک مطرب غریبه، بسیار ناراحت شدم و رنجیدم.
عبید گفت:
- در حیرتم که سرهنگ سلطان چطور این‌قدر آزرده‌دل و نازک‌دل شده است! کجاست آن سرهنگ سلطان جنگاور همیشه تیغ برکف؟
و شمس‌الدین دنبال کلام او را گرفت و به لحن حماسی خواند:

درفش درافشــان پس پشت او   **یکی کــابلی تـیغ در مشت او**

سرهنگ گردن گرفت و گفت:
- من دل‌نازک نیستم و اگر آن موقع جوابی ندادم ملاحظه کـردم. نخواستم مولانا را در حضور غریبه، آن هم یک مطرب، کوچک کنم. وگرنه خودت می‌دانی که در میدان و مصاف از هیچ‌کس نمی‌مانم.
جواب سرهنگ به مولانا تند بود. شمس‌الدین و من نگاهی رد و بدل کردیم. هردو از این جسارت سرهنگ متعجب برجا مانده بودیم. زیرا کمتر دیده یا شنیده بودیم که از رجال، کسی بـه عبید ایـن‌طور جواب داده و ملاحظهٔ شیخوخیّت او و نیش گزندهٔ زبانش را نکرده باشد. حکایت‌هائی که از حاضرجوابی عبید، نقل کـرده‌انـد و دهـن به‌دهن گشته، برای درباریان وجه عبرتی شده است.
از جمله حکایتی است که به‌روایت شاهد واقعه چنین است: عبید شنیده بـود کـه سـلمان سـاوجی شـاعر و امیرالشـعرای پـادشاهان جلایری بغداد، ندیده او را با یک دو بیتی هجو کرده است:

جـــهنّمی هـــجاگـــو عـــبید زاکـــانی
مـــقرر است بـــه‌بی دولتـی و بـی دینی
اگرچه نیست ز قزوین و روستازاده است
ولیک مـــی‌شود انـــدر حـــدیث قـزوینی

این حملهٔ بی جهت سلمان را به‌دل داشت، تا در سفر بـغداد، یک روزی اتفاقاً به‌سلمان که با جلال و شکوه و خدمه و دستگاه، درکنار دجله مشغول تفرّج بود برخورد. سلمان با تکبر و تبختراز او پرسید اهل کجائی؟ و وقتی عبید گفت اهل قـزوینم، از او پـرسید کـه نـام سلمان‌ساوجی و اشعارش در قزوین معروف هست یا نه؟ مولاناگفت این قطعه از اشعارش مشهور است:

مـــن خـرابـاتیم و بـاده پـرست   در خرابات مغان عـاشق و مست
می‌کشندم چو سبو دوش به‌دوش   می‌برندم چو قدح دست به‌دست

بعد، بلافاصله گفت:البته سلمان شـاعر بـزرگی است. ولی آنـجا خیلی‌هاعقیده دارند که این قطعه از سروده‌های زن اوست. که سلمان او را شناخته، به‌دست و پایش افتاده و عذرخواهی کرده است.

با این سوابق، و آنچه از این‌طرف و آن‌طرف در این باب شـنیده بودیم، تعجبمان از جسارت سرهنگ بـی‌جهت نـبود. ولی بـخلاف انتظار، جواب مولانا تند نبود. تبسمی بر لب آورد و باملایمت گفت:

- ضرورتی ندارد این‌قدر میدان و مصاف به‌رخ مـن بکشـی. اولاً به‌قول فرخی سیستانی:

به‌مصاف اندر کم گرد کـه از گـرد سـپاه
زلف مشکین تو پرگرد شود ای سرهنگ

ثانیاً توکه با این هیبت و هیمنهٔ سرهنگی‌ات به‌من پرخاش می‌کنی برای اینست که گمان بردی با تو مزاح می‌کنم. در صورتی که...

سرهنگ سلطان به‌میان کلام او دوید و به‌لحن تعرض گفت:

ـ مزاح یا غیر مزاح، مقایسهٔ من که گفتم این مرد بیاید پنجرهٔ ما را تعمیر کند، با آن سرهنگ و نعل‌بند بی معنی است، موهن است.

عبید، خنده در نگاه دست بلند کرد و گفت:

ـ دست نگه‌دار، سرهنگ! به‌قول این جوان که: تیز می‌روی جانا ترسمت فرومانی. من مقایسه‌ای نکردم. چیزی از تو شنیدم که آن حکایت سرهنگ و صوفی در ذهنم تداعی شد. اما حالا که خودت می‌گوئی، می‌شود مقایسه کرد. یعنی سرهنگ را با سرهنگ مقایسه کرد. اولاً آن صوفی مشغول پینه‌دوزی در حکایت شیخ، میخ زیر نعلین خودش می‌کوبیده و کاری برای سرهنگ نمی‌کرده، درحالیکه این نوازندهٔ‌پینه‌دوز ما، زیر نعلین سرهنگمان میخ می‌کوبیده، یعنی برای سرهنگ عود می‌نواخته، پس بیشتر مستحق رعایت و احترام است. حالا اگر سرهنگ، از ضعف گرسنگی فرصت گوش کردن نداشته تقصیر او نیست. ثانیاً آن صوفی صاحب نعلین در این خطر نبوده که برسند و میخ را به‌سرش بکوبند. درحالیکه این یکی، که تو از او، بجای حق‌گزاری، با لحن تحقیر یاد می‌کنی، در این خطر بود که بریزند و عود را روی سرش بشکنند. من به‌این علت مقایسه نکردم که اگر می‌کردم، بُرد با آن سرهنگ سوار بود.

عبید که سر حال بود، فرصتی یافته بود که درسی به‌سرهنگ بدهد و وسیلهٔ انبساط خاطر ما را فراهم آورد. شمس‌الدین به‌زحمت خندهٔ خود را فرو می‌خورد و من دندان‌ها را برلب‌ها می‌فشردم که نخندم. غانم مشعوف می‌نمود. سرهنگ که فهمیده بود تند روی کرده، به‌قصد جبران آن به‌تلاش افتاد و سر تیغ زبان را بطرف غانم برگرداند. گفت:

ـ من می‌دانم که در فرمودهٔ مولانا سوءنیتی نیست. ولی همین شعر خواندن موجب خنده‌های جلف و بی معنی امیرالشعرای دربار مظفری شد.

کلو فخرالدین که از مشایعت جهان‌خاتون برمی‌گشت، چون سر و صدا را شنیده بود، از همان آستانهٔ در، به‌قصد پایان دادن به‌بحث گفت:

ـ دوستان، آماده باشید که کباب تذرو از راه می‌رسد.

ولی این مداخله اثری نبخشید. عبید در جواب سرهنگ گفت:

ـ مزاح لابد خنده می‌آورد. ولی هرخنده‌ای دلیل مزاح نیست. اگر امیرالشعراغانم به‌شعر سعدی خندیده به‌خودش مربوط است. باید از خودش پرسید که به‌چه خندیده! شخصی مهمانی را در زیر خانه، یا زیرزمین، خوابانید. نیمه‌شب صدای خندهٔ او را در بالا خانه شنید. پرسید در آن‌جا چه می‌کنی؟ گفت درخواب غلتیده‌ام. گفت مردم از بالا به‌پائین می‌غلتند، تو از پائین به‌بالا می‌غلتی؟ گفت من هم به‌همین می‌خندم.

شمس‌الدین و من نتواستیم بیش از این جلوی خندهٔ خود را بگیریم. خنده پر صدای شمس‌الدین حتی صاحبخانه را به‌خنده انداخت. ولی غانم و سرهنگ خشمگین‌تر از آن بودند که بخندند.

کلو فخرالدین چون دید غانم گردن راست کرده که جواب تندی به‌سرهنگ بدهد، با شعار همیشگی «ما همه فرزندان این آب و خاکیم» کوشید میانه را بگیرد، ولی غانم کوتاه نیامد. با پوزخندی گفت:

ـ هرلحظه روشن‌تر می‌شود که سرهنگ چه دردی دارد. قصیدهٔ من نباید مورد پسند سلطان قرار می‌گرفت. بیماری حسادت است.

منوچهری دامغانی بهترین شناسای این بیماری است که می‌فرماید:

حاسدم گوید چرا در پیشگاه مهتران
ما ذلیلیم و حقیر و تو امینی و مهین
حاسدا، تا من بدین درگاه سلطان آمدم
برفتادت غلغل و برخاستت ویل و حنین

خندهٔ فرو خوردهٔ شمس‌الدین مرا هم به‌خنده می‌انداخت. به‌این ملاحظه از نگاه او پرهیز می‌کردم.

اشاره و حتی پرخاش کلو فخرالدین‌هم نتوانست سرهنگ را از پاسخگوئی مانع شود. سری تکان داد و گفت:

ـ این همان سلطانی است که چند ماه پیش به‌چشمت سگ گرسنه بود. یادت رفته، حضرت امیرالشعرا، که وقتی شیراز در محاصرهٔ امیر مبارز بود، در آن قصیده‌ات که قافیه‌اش نورانی و پنهانی و روحانی و این‌جور چیزها بود، خطاب به‌شاه‌شیخ گفته بودی که ای شاهنشاها، یک سگی پشت دیوار خانه‌ات زوزه می‌کشد، یک استخوانی جلویش بینداز. کلماتش یادم مانده: کرم کن بدو پارهٔ استخوانی. خوب یادم مانده، باریابی عید بود. مولا عبید هم حضور داشت.

سرهنگ رو به‌عبید کرد:

ـ خلاف می‌گویم، حضرت مولانا؟

عبید، آرام جواب داد:

ـ من، اگر هم بوده‌ام، نشنیده‌ام. آخر، می‌دانی که من گوش درستی ندارم. اگر هم شنیده‌باشم، فراموش کرده‌ام. پیری است و هزار درد! به‌قول نظامی گنجوی:

زپیری دگرگون شود رای نغز ‌ ‌ ‌ ‌ فراموشکاری در آید به‌مغز

غانم که در برابر این حملهٔ خطرناک سرهنگ لحظه‌ای مبهوت مانده

بود، براثر حرف مولانا، قوت قلبی یافت و فریاد زد:
- چرا مهمل می‌گوئی، سرهنگ آن ربطی به‌امیر مبارز نداشت.
سرهنگ هم با همان لحن تند تعرض گفت:
- پس چند ماه پیش سلطان‌محمود غزنوی بود که شیراز را محاصره کرده بود؟
شمس‌الدین، خنده در گلو، با نگاه علاقه‌مند این صحنهٔ بگو و مگوی مضحک و دست و پا زدن صاحبخانه برای آرام کردن آن‌ها را دنبال می‌کرد. چیزی نمانده بود که دو طرف با رگ‌های برآمدهٔ گردن با یکدیگر دست به گریبان بشوند.

اتفاق غیرمنتظره

در این موقع اتفاق تازه‌ای آن‌ها را برجا میخکوب کرد. و دهان سایرین از تعجب باز ماند. این اتفاق، ورود ناگهانی خواجه‌شهاب به‌تالار بود.
اولین کسی که سکوت سنگین را شکست خود خواجه‌شهاب بود، که خندید و گفت:
- می‌دانم که بسیار تعجب کرده‌اید. حق هم دارید. چون با واقعه دیروز کسی منتظر من نبود. ولی موضوع ساده است. گزارش خلافی به‌حضرت امیر مبارز رسیده بود که ذهنش را مشوب کرده بود. بعد از تحقیق وقتی دانست که خلاف واقع به‌او گفته‌اند، گوینده را سیاست کرد و به‌من نهایت محبت را فرمود.
خواجه‌شهاب خنجری را که به‌کمر داشت نشان داد و افزود:
- برای ابراز عواطف ملکانه، این خنجر مرصع را هم به‌من عنایت فرمود.

اولین عکس‌العمل از جانب کلو فخرالدین بود که خواجه را در آغوش فشرد و گفت:
ـ خدا را هزاربار شکر که دعای من و همهٔ دوستداران ترا مستجاب کرد. این دو روزه برما جهنم گذشت.
عبید به‌تازه وارد سلامی گفت و عذرخواست که نمی‌تواند از جا برخیزد. سرهنگ، که به‌زحمت و مرارتی از جا برخاسته بود، و پشت سر او غانم، بطرف خواجه شهاب رفتند. با هیجان او را بوسیدند و اظهار شادمانی کردند. سرهنگ در حالی که دست خواجه را همچنان در دست داشت گفت:
ـ این دو روزه ما از ناراحتی و غصه صد بار مردیم و زنده شدیم.
شمس‌الدین زیر گوش من گفت:
ـ سرهنگ با این دل نازک آخر اشک ما را در می‌آورد.
خواجه شهاب گفت:
ـ می‌دانستم که دوستان من تا چه حد نگران حالم هستند. به‌همین جهت، بعد از آنکه سری به‌خانه و اهل و عیال زدم، با عجله اینجا آمدم که خیال کلو فخرالدین و شما دوستان عزیز را راحت کنم.
کلو فخرالدین و غانم و سرهنگ خواجه شهاب را در میان گرفته و می‌کوشیدند نهایت شادمانی خود را از آزادی او بروز بدهند. یکی جامش را پر می‌کرد. یکی برایش لقمه می‌گرفت.
برای من و شمس‌الدین، که در کنار عبید، از آنها دور افتاده بودیم، فرصتی بود که به‌فراغت خاطر با تماشای این صحنهٔ مبادلهٔ دروغ تفریح کنیم.
غانم جام خواجه را پر کرد و گفت:
ـ مجلس امروز ما از دغدغه گرفتاری تو تیره و تار بود. با اینکه حتم

داشتیم آفتاب پشت ابر نمی‌ماند و حقیقت بروز می‌کند، باز دلمشغول بودیم. کلو فخرالدین که جای خود دارد، من و سرهنگ و بقیهٔ دوستان زیر بار غصه حال خودمان را نمی‌فهمیدیم.
عبید، زیرلب به‌طوری که فقط ما شنیدیم، گفت:
ـ سینه خواهم شرحه شرحه از فراق!
سرهنگ گفت:
ـ همان دیروز وقتی خبر را شنیدم، به‌غانم گفتم سبحان‌الله، باز کدام نامردی فتنه و فساد کرده که بزرگ مردی به‌پاکی و پاکیزگی خواجه شهاب باید تاوانش را بدهد!
شمس‌الدین که خنده درگلو، شاهد این تظاهرات مهر و محبت دروغین بود، آهسته گفت:
ـ دِ نفهمیدی، کاکو! همدلی و همنفسی در دروغ و دوروئی، سرهنگ و غانم را آشتی داده است.
در این موقع خواجه شهاب متوجه حضور شمس‌الدین شد. به‌سوی او آمد و گفت:
ـ این هم شمس‌الدین حافظ شاعر شیرین‌سخن است. خدا را شکر که تلاش ما به‌نتیجه رسید و آزادت کردند.
کلو فخرالدین گفت:
ـ از قضا، یک ساعت پیش شمس‌الدین از اینکه در زندان شکنجه‌اش نکرده‌اند اظهار خوشوقتی می‌کرد. به‌او گفتم که اگر دخالت خواجه شهاب نبود، عملهٔ عذاب شحنه‌خانه جگرت را از حلقت بیرون می‌کشیدند.
شمس‌الدین از دخالت خواجه دوباره ابراز امتنان کرد. خواجه شهاب بعد از حق‌گزاری از احساسات رقیق و بی‌شائبه کلو و سرهنگ

و غانم به‌اندرون رفت. عبید در حالیکه با سیم‌های بربط سلیمان که کنار دستش بود بازی می‌کرد، گفت:
- خوب شد خواجه شهاب به‌یادمان آورد که حافظ شیرین‌سخن در مجلس ماست و چون شنیده‌ام...

کلو فخرالدین به‌میان کلام او دوید:
- و مشتاق شنیدن غزلش هستیم.

عبید دنباله سخنش را گرفت:
- چون شنیده‌ام که برای آوردن مادر و خواهرش به کازرون می‌رود و شاید تا دو سه هفته‌ای از مصاحبتش محروم شویم، حق این است که به‌محفل امروزمان با یک غزل خداحافظی حسن ختامی ببخشد. هان، چه می‌گوئی شمس‌الدین؟

شمس‌الدین سری فرود آورد، ساز سلیمان را برداشت و شروع کرد:

نفس بــرآمــد و کـام از تـو بـرنمی‌آیـد
فغان که بخت مـن از خـواب در نـمی‌آیـد

صبا به‌چشم من انداخت خاکی از کـویش
کــه آب زنــدگی‌ام در نـظر نـمی‌آیـد

قــد بــلند تــرا تــا بــه‌بر نــمی‌گیرم
درخت کــام و مــرادم بــه‌برنمی‌آید

مگــر بــه‌روی دلارای یــار مــاور نی
بــه‌هیچ وجه دگــر کــار بــرنمی‌آید

مقیم زلف تو شد دل که خوش سوادی دید
وزان غــریب بــلاکش خبر نـمی‌آیـد

ز شست صدق گشادم هزار تیر دعا
ولی چه سود یکی کارگر نمی‌آید
کمینه شرط وفا ترک سر بود حافظ
برو برو ز تو این کار اگر نمی‌آید

وقتی عبید زبان به‌تحسین گشود، شمس‌الدین ساز را زمین گذاشت و گفت:

ـ من به‌فرمودهٔ مولانا اطاعت کردم. ولی انصافاً اگر در پی حسن ختامی برای مجلس امروزمان باشیم...

عبید کلام او را قطع کرد:

ـ فهمیدم. خبر از همشهری‌هایم می‌خواهی. بسیارخوب. قزوینی تابستان از بغداد می‌آمد گفتند آنجا چه می‌کردی؟ گفت عرق.

بعد با اشاره دست شمس‌الدین را که می‌خندید آرام کرد و گفت:

ـ اما این قزوینی در بغداد برخوردی با جعفر برمکی داشته که مورخین به‌نام او ثبت نکرده‌اند ولی من به‌قرینه و اماره کشف کرده‌ام. یک روز هارون‌الرشید با جعفر برمکی به‌گردش بستان می‌رفت. قزوینی پیر را سوار برخری دیدند که چشمش آب می‌داد. هارون جعفر را برانگیخت ـ او هم مثل تو برای خنده مردم را آزار می‌داد ـ جعفر جلو رفت و گفت: ای پیرمرد، کجا می‌روی؟ گفت به‌کاری که تو را نشاید دانستن. گفت من راهی به‌تو می‌نمایم که به‌آن چشم خود علاج کنی. گفت برو مرا نیازی به‌داروی تو نیست. گفت نه، نیاز داری. شاخه‌های هوا و گرد آب و برگ قارچ را بگیر و در پوست جوزی کن و در چشم بکش که این رطوبت را علاج کند. پیر برپشت خر خود تکیه بداد و بادی طویل رها کرد و گفت: این مزد صنعت تو و اگر نسخه‌ات

سودمند افتد، بیش از اینت می‌دهم. هارون‌الرشید که جعفر را به‌این مزاح برانگیخته بود، سخت بخندید.

همه خندیدند. ولی شمس‌الدین از خنده دوتا شد.

عبید گفت:

ـ حالا پسرم، کمکم کن که از جا برخیزم.

سرهنگ سلطان و غانم را که دوستانه به‌کباب تذرو مشغول شده بودند، گذاشتیم و به‌راه افتادیم. کلو فخرالدین اصرار داشت که شمس‌الدین را کمی بعد از ما نگه دارد. ولی شمس‌الدین که حدس می‌زد باز حکایت نصایح پدرانهٔ او در باب سرسپردن به‌بارگاه سلطان جدید باشد، به‌بهانه‌ای عذر خواست و با وعدهٔ دیدار در مراجعت از کازرون، از زیر بار آن شانه خالی کرد.

در آستانهٔ سفر

دو روز بعد از مهمانی کلو فخرالدین، مولانا به‌وسیلهٔ پسرش اسحق، خبر عزیمت جهان خاتون را به‌ما رساند. حرکت شمس‌الدین برای پیوستن به‌کاروان، به‌صبح روز بعد موکول شده بود. عبید خواسته بود بعد از نیمروز به‌دیدنش برویم. آخرین وسائل سفر را فراهم کردیم و عازم دیدار او شدیم.

شمس‌الدین به‌دیدار یکی از بستگان مادرش که نزدیک خانهٔ عبید منزل داشت رفت که بعد به‌من بپیوندد. مولانا که در خانه تنها بود، به‌روغن‌مالی زانوها مشغول بود. وقتی از حالش پرسیدم، سری تکان داد و دوبیتی از یکی از قطعاتش را خواند:

ز من چرخ کهن بستد جوانی — برآن ایام و دوران می‌برم رشک
عبید از درد پا نالد شب و روز — برآن کو یافت درمان می‌برم رشک

بعد خنده‌ای کرد و گفت:

- قدر زانوهای بی‌دردت را بدان! اگر امروز از من بخواهند که گنج سعادت را که شعرا در اشعارشان می‌آورند معنی کنم، می‌گویم یعنی زانوی بی‌درد! حالا، بگو ببینم، شمس‌الدین را کجا گذاشتی؟

توضیح دادم که کمی بعد می‌رسد. از عکس‌العمل کلو فخرالدین نسبت به‌سفر جهان خاتون پرسیدم جواب داد:

- چون خیال می‌کند که سفر چندروزه برای گردش است، زیاد غصه‌دار نشده است. بگو ببینم، شمس‌الدین این دوروزه چه‌کرد؟ چه می‌گفت؟

گفتم:

- پریشب و دیشب او را پیش خودم نگه داشتم. دیشب تا دیروقت بیدار بود. شعر می‌ساخت.

- لابد شعر به‌شادمانی دیدار نزدیک محبوب؟

گفتم:

- نه، حضرت مولانا. امروز غزلش را برایم خواند. از قضا صحبت از غم هجران محبوب است.

عبید خندید و گفت:

- بچهٔ پُرروئی است! وصال از این آماده‌تر و دم دست‌تر نمی‌شود. سوار می‌شود، دو سه فرسخ می‌رود و به‌کاروان محبوب می‌رسد. حتی لازم نیست مثل شیخ اجل به‌ساربان التماس کند که آهسته برود کارام جانش می‌رود.

رفتم که چیزی بگویم، ولی مولانا دنبال کلامش را گرفت:

- گرچه از شاعر غزلسرا جز این توقعی نمی‌شود داشت. همهٔ زیبائی شعر عاشقانه در همین ناله و زاری عاشق از درد هجر و تمنای

وصال محبوب است. اگر عاشق و معشوق فوراً به‌هم می‌رسیدند، باید فاتحهٔ حکایت‌های لیلی و مجنون و شیرین و فرهاد را می‌خواندیم. حکایت رودابه و زال تا وقتی شنیدنی است که در تب و تاب مخالفت‌ها و موانع وصالند. وگرنه بعد از تولد رستم، می‌شوند یک زن و شوهر، مثل سرهنگ سلطان و عیالش و پسرش ـ که شنیده‌ام یک برابر و نیم سرهنگ وزن دارد ـ حالا بگو ببینم غزل دیشب چه بود؟
گفتم:
ـ خودش باید بیاید بخواند. فقط شروعش یادم مانده: دلبر برفت و دلشدگان را خبر نکرد.
عبید به قهقهه خندید و گفت:
ـ پس من این دو روزه چند بار با پای چلاق رفته‌ام و آمده‌ام و پیغام برده‌ام و آورده‌ام، اینها اسمش خبر کردن نبوده است؟
گفتم:
ـ خود مولانا بهتر می‌داند که در زبان شمس‌الدین رفتن و آمدن و خبر کردن و خبر نکردن معنای خاص خودش را دارد.
عبید نگاهی به این طرف و آن طرف انداخت. و چون گوش نامحرمی در نزدیکی ندید با لحن محرمانه‌ای گفت:
ـ یک خبر ناگواری برای شمس‌الدین دارم. ولی فعلاً به او نمی‌دهم.
با نگرانی پرسیدم:
ـ چه خبری، حضرت مولانا؟
عبید چند لحظه خاموش ماند سپس شروع به خواندن ابیاتی از حکایت موش و گربه کرد:

گربه‌های براق شیر شکار   از صفاهان و یزد و کرمانا

لشکر گربه چون مهیا شد	داد فرمان به‌سوی میدانا
لشکر موش‌ها ز راه کویر	لشکر گربه از کهستانا
در بیابان فارس هردو سپاه	رزم دادند چون دلیرانا
آنقدر موش و گربه کشته شدند	که نیاید حساب آسانا
غرض از موش و گربه برخواندن	مدعا فهم کن پسر جانا

بیش از پیش نگران پرسیدم:

ـ گربهٔ شمس‌الدین؟ گربه‌اش مرده؟

عبید سری به‌انکار تکان داد و گفت:

ـ نه، اما گم و گور شده. چی گذاشته بود اسمش را آن بی‌بی؟

ـ کلپاسو. ولی بفرما چطور گم شده؟

عبید گفت:

ـ جهان خاتون صبح پیش از حرکتش، کسی پی من فرستاد و خواست که فوراً به‌دیدنش بروم. وقتی دیدمش، پریشان و آشفته و اشک در چشم، گفت که گربه ناپدید شده است. بعد حکایت کرد که حیوان از باغ یک گنجشک گرفته و به‌خانه برده است. جهان خاتون از جیغ و فریاد گنجشک در پوزهٔ گربه ناراحت شده و دهن حیوان را به‌زور باز کرده تا گنجشک فرار کند. گربه هم قهر کرده و به‌گوشه‌ای خزیده است. اما بعد وقتی خواسته‌اند برای حرکت او را در سبدش بگذارند و با اثاثه ببرند، هرچه هرجا را گشته‌اند اثری از گربه ندیده‌اند، ظاهراً خانه را ترک کرده و رفته است. بیچاره دختر با چشم گریان از من می‌پرسید که چه کند و جواب شمس‌الدین را چه بدهد. گفتم که حیوان را فراموش کند و راه بیفتد. جواب شمس‌الدین را من می‌دهم.

پرسیدم:

ـ حضرت مولانا به‌شمس‌الدین چه می‌خواهد بگوید؟

ـ حالا که چیزی نمی‌گویم تا موقع مناسب خودش بفهمد. وانگهی طوطی شکرشکن که نبود. گربهٔ خرابه بود دوباره به‌خرابه‌اش برگشت. اگر هم دیدم زیاد غصه می‌خورد، یکی از آن گربه‌های براق شیرشکار از صفاهان و یزد و کرمانا، برایش فراهم می‌کنم. به‌آن بی‌بی هم تا شمس‌الدین هست نگو که یک وقت از دهنش نپرد.

در این موقع رسیدن شمس‌الدین به‌صحبت ما راجع به‌گربه پایان داد.

عبید نامه‌هائی را که برای کسانی در یزد و اصفهان نوشته بود به‌شمس‌الدین داد و گفت:

ـ البته شهرت شاعری تو به‌اقصای روم و چین رسیده و اهل ادب همه جا مقدمت را گرامی خواهند داشت. اما این نامه‌ها برای وقتی است که اگر تصادفاً لنگ ماندی و ضمناً خواستی عطای مشوقین ادب را به‌لقایشان ببخشی، این افراد که از بستگان خانوادگی منند، می‌توانند بی‌منّت کارت را کمی راه بیندازند؛ برای وقتی است که نخواهی ـ به‌قول خودت ـ «منّت سدره و طوبی ز پی سایه» بکشی!

مولانا سپس قرار مداری که با جهان خاتون برای تماس آنها در آبادی‌های مسیر معین شده بود، به‌یاد او آورد و درباره نحوهٔ برخورد او با زن جوان در منازل سر راه تا مقصد، به‌طوری که سر و صدائی را موجب نشود، توصیه‌هائی کرد. آنگاه از او خواست که غزل تازه‌اش را بخواند.

شمس‌الدین بلاتأمل شروع به‌خواندن کرد:

دلبر برفت و دلشدگان را خبر نکرد

یاد حریف شهر و رفیق سفر نکرد

یا بخت من طریق مروّت فرو گذاشت
یا او به شاهراه طریقت گذر نکرد
من ایستاده تا کنمش جان فدا چو شمع
او خود گذر به ما چو نسیم سحر نکرد
گفتم مگر به گریه دلش مهربان کنم
در سنگ خاره قطرهٔ باران اثر نکرد
دل را اگرچه بال و پر از غم شکسته شد
سودای دام عاشقی از سر به در نکرد
هرکس که دید روی تو بوسید چشم من
کاری که کرد دیدهٔ من بی‌نظر نکرد

عبید که با علاقه غزل را گوش کرده بود، بعد از کلمات تحسین‌آمیز مکرّر، گفت:

- بیا که من هم چشم تو را که مدتی نخواهم دید ببوسم.

او را بوسید و رو به اسحق کرد:

- بابا جان، ببین بنفشه کجاست که یک تنقلی و آب و شربتی برای شمس‌الدین و گلندام بیاورد.

اسحق بیرون رفت.

عبید خطاب به شمس‌الدین گفت:

- اما فراموش نکن که بنفشه به گردن تو و جهان خاتون حق بزرگی دارد. اگر حکایت کارد و گزلیک او نبود، امروز حال و روز دیگری داشتید.

شمس‌الدین پرسید:

- حضرت مولانا، قصهٔ کارد و گزلیک نجات‌بخش را چطور برای

جهان خاتون نقل فرمودی؟

عبید خندید و گفت:

ـ به‌همان صورت که شنیده بودم. وقتی شنید آنقدر خندید که نزدیک بود نفسش درگلو بگیرد.

بی‌بی‌زلیخا بندانداز دربار

بنفشه که از خانه بیرون رفته بود، در این موقع از راه رسید. عبید تا او را دید گفت:

ـ بنفشه، یک نقل و حلوائی به‌ما نمی‌دهی که دهنی شیرین کنیم؟

بنفشه با لحن قاطعی جواب داد:

ـ حلوا، بی‌حلوا! برای راه شمس‌الدین حلوای مسقطی توی سفره بسته‌ام. وقتی خواست برود به‌دست خودش می‌دهم.

ـ یعنی ما حق شیرین کردن دهن نداریم؟ این چه حکایتی است، بنفشه؟ تو ما را از نقل و حلوای عروسی که انداختی، اینجا هم شیرینی از ما دریغ می‌کنی؟

پیدا بود که عبید می‌خواست برای تفریح، بنفشه را به‌حرف بکشد. بنفشه، اخم‌آلوده پرسید:

ـ کدام عروسی؟

ـ عروسی شحنه کلو عمر با جهان خاتون.

ـ به‌من چه ربطی داشت؟

عبید، خنده در نگاه، گفت:

ـ اگر تو آن حکایت کارد و گزلیک توی حجله را نمی‌گفتی، ما شیرینی عروسی می‌خوردیم. چون گمانم این قصهٔ کارد و گزلیک تو بود که به‌گوش داماد رسید و از عروسی منصرفش کرد.

ـ موضوع کارد و گزلیک را از کجا شنیده؟ مرا از کجا دیده؟ خودش سرعقل آمده فهمیده که دختر جادوگر به‌درد زندگی نمی‌خورد. از کارد و گزلیک هم جان به‌در برده. اما شکرخدا که شرّ این جادوگر از سرِ شیرازی‌های بیچاره کنده شد. برود تبریز پیش خویش و قوم مادری‌اش هرکاری می‌خواهد بکند. یعنی راستش را بخواهی، خواجه امین را خدا به‌دل من انداخت که جلوی بدبختی‌اش را بگیرم. کلو عمر را خدا یکراست به‌دل خودش انداخت.

عبید زیرلب گفت:

ـ آن قدرها یکراست هم نبود.

شمس‌الدین برای اینکه خنده را سر ندهد به‌خودش سخت فشار می‌آورد. عبید ادامه داد:

ـ اما، خودمانیم بنفشه خاتون، تو از کجا از قول و قسم جهان خاتون بالای سر خواهرش خبر داشتی که آن طور بین امین‌الدین و زنش جدائی انداختی؟

بنفشه برآشفته جواب داد:

ـ من از کجا خبر داشتم؟ بی‌بی زلیخا خبرش را به‌من داده بود. از بی‌بی زلیخا خاطرجمع ترکسی هست؟

ـ بی‌بی زلیخا را دیگر از کجا آوردی، بنفشه؟

ـ بی‌بی زلیخا را از کجا آوردم؟ یعنی بی‌بی زلیخا بنداندازِ خاصهٔ خدابیامرز طاش خاتون، مادر شاه شیخ راکه همه دنیا می‌شناسند، تو نمی‌شناسی؟ بی‌بی زلیخا بنداندازِ خاصه، کسی بود که امیر و وزیر و سردار تملقش را می‌گفتند. چون کار همه را راه می‌انداخت. هرکس حاجتی داشت، شغلی یا مقامی می‌خواست، یک هل و گلی به‌بی‌بی زلیخا می‌داد، که موقع بند انداختن زیرگوش طاش خاتون می‌گفت. او

هم به‌پسرش می‌گفت، کار درست می‌شد.

عبید با بلند کردن دست برای آرام کردن هیجان بنفشه، گفت:

ـ بسیارخوب، بی‌بی زلیخا شهرهٔ عالم ـ که من بداقبال نمی‌شناختم ـ چطور و ازکجا از قول و قسم جهان خاتون بالای سر خواهر بیمارش خبر داشت؟

ـ به‌گوش خودش شنیده بود.

عبید گفت:

ـ یعنی جهان خاتون جلوی بی‌بی زلیخا یک همچو قراری با خواهرش گذاشته بود؟

ـ نه، از سوراخ کلید شنیده بود.

شمس‌الدین خندهٔ خود را جمع کرد و برای تاباندن آتش بحث، شنیده‌ای از خود ساخت و گفت:

ـ اما، بنفشه، من شنیده‌ام که بی‌بی زلیخا کر بود.

بنفشه سخت اعتراض کرد:

ـ چی؟ کر بود؟ ابدا! این را آن بی‌بی زهرا، بندانداز اولی طاش خاتون، از حسودی برایش درآورده. اصلاً کر نبود. گوشش یک کمی سنگین بود اما بلند که حرف می‌زدی می‌شنید.

بنفشه رضایت نمی‌داد که در صحت روایتش تردید بشود. عبید که نمی‌خواست این موضوع تفریح را از دست بدهد، گفت:

ـ بسیارخوب! بی‌بی زلیخا قول و قسم را از سوراخ کلید شنیده بود. اما چطور شد به‌تو خبر داد؟

ـ چطور شد؟ مفت که نداد. یک النگوی نقره گرفت تا بروز داد.

عبید گفت:

ـ رشوه گرفت خبر را به‌تو داد. اما تو روز عروسی‌اش با خواجه

امین ازکجا فهمیدی که گزلیک توی حجله برده؟

ـ من ازکجا فهمیدم؟ همان روزی که عروس را آوردند خانهٔ خواجه امین، که عصری شاه شیخ خودش بیاید دست به‌دستشان بدهد، نیّتش را فهمیدم. وقتی رفته بود سر سفرهٔ ناهار، من جعبه زینت و بغچه حمامش را پنهانی وارسیدم. دیدم، پناه برخدا! وسط سفیداب و سرخاب و وسمه و غازه، یک سنگ فسان هست. سنگ فسان که مال تیزکردن کارد و گزلیک است. شستم خبردار شد. البته شنیدم که گفتند سنگ شستن کف پا بوده، اما من سنگ فسان را با سنگ پا عوضی نمی‌گیرم. فوری اربابم را خبرکردم. اول باور نمی‌کرد تا یکی را فرستاد حجله را وارسیدند. زیر بالش عروس یک گزلیک پیدا کردند. خواجه که ملاحظهٔ شاه شیخ را داشت به‌روی خودش نیاورد. بعد از دست به‌دست دادن هم حجله نرفت. شب دوم هم زیر تشک یک کارد پیدا کردند و...

عبید گفت:

ـ شب سوم هم یک ساطور!

شمس‌الدین که بسیار کوشیده بود خندهٔ خود را نگه دارد، دیگر طاقت نیاورد و قهقههٔ پرصدائی را سرداد. طوری که از خندهٔ او و من و اسحق هم به‌خنده افتادیم.

بنفشه به‌دفاع از صحت روایت خود ادامه داد:

ـ می‌خندید؟ باور نمی‌کنید؟ یک کاردش را هنوز دارم. می‌خواهی بیاورم ببینی؟ همان موقع چون جنسش خوب بود برداشتم بردم مطبخ، برای گوشت بریدن خیلی به‌درد خورد...

عبید به‌میان حرفش دوید:

ـ آهای، بنفشه! تو با همان کارد اخته‌گری برای ما آشپزی می‌کنی؟

خجالت نمی‌کشی؟
بنفشه بی‌تأمل جواب داد:
- تقصیر من است که نگذاشتم به‌خون ناحق آلوده بشود! حالا جای مشتلق قر هم می‌زنی؟
عبید خندید و گفت:
- مُشتلق را باید از عیالات کلو عمر بگیری.
- از همهٔ شیرازی‌ها باید بگیرم که نگذاشتم بی‌داروغه بمانند. چون این جادوگر، اگر من نبودم، بهش رحم نمی‌کرد. بلائی بدتر از خواجه امین سرش می‌آورد. آخر، شنیده‌ام از او هم پیرتر است.
شمس‌الدین خندهٔ خود را جمع کرد و با قیافهٔ جدّی پرسید:
- پس اگر جوان‌تر بود بخت این را داشت که...؟
بنفشه کلام او را برید:
- آن هم معلوم نیست. تا نامزدش چی می‌گفت!
- بنفشه، تا حالا نگفته بودی که جهان خاتون نامزد هم دارد.
بنفشه جواب داد:
- آن هم چه نامزدی! پناه برخدا! نامزدش امیرلشکر اجنّه است.
عبید دخالت کرد:
- بنفشه معلوم می‌شود تو با اجنه رفت و آمد داری که این طور از اسرار خانوادگی‌شان خبر داری.
بنفشه گفت:
- نه، همان وقتی که این دختر جادو کرد و مرا از چشم شاه شیخ انداخت، رفتم پیش سعادت خان هندی که جادویش را باطل کند. چند ماه بیچاره هرکاری کرد نتوانست. آخرش فهمید که این دختر نظرکردهٔ اجنه است. از آن بدتر، نامزد امیرلشکر اجنه است.

اسحق، خندان پرسید:

ـ این امیرلشکر چطور رضایت داده بود که زن کلو عمر بشود؟

بنفشه جواب داد:

ـ چه می‌دانم. لابد جادوگر او را هم جادو کرده بود. اما عمر کلو عمر به‌دنیا بود که از کارد و گزلیک این جادوگر جان به‌در برد.

ـ یعنی خیال می‌کنی که غیر از بریدن قصد جانش را هم داشت؟

ـ نه، اما این دختر خل و چل، چه بسا روی نابلدی با گزلیک دل و روده‌اش را هم پاره می‌کرد. آن وقت جای پائین تنه‌اش باید همهٔ تنه‌اش را از حجله می‌بردند.

عبید گفت:

ـ این هم تقصر خود توست.

بنفشه به‌تندی پرسید:

ـ به‌من چه؟ من چه کاره بودم؟

ـ اگر تو خواجه امین را خبر نکرده بودی و گذاشته بودی این بیچاره کارش را بکند، حالا تجربه پیدا کرده بود و بلد بود. چون اگر بلد باشند، درست ببرند و درست دوا درمان کنند، خطر مرگ ندارد.

و رو به‌شمس‌الدین که از خنده به‌خود می‌پیچید، کرد و پرسید:

ـ کی بود آن وزیر در حکایت شاهنامه که خودش برید و خودش درست دوا درمان کرد و بعد از آن یک عمر هم به‌نیکنامی زندگی کرد؟

شمس‌الدین به‌زحمت خندهٔ خود را جمع کرد و جواب داد:

ـ وزیر اردشیر بابکان بود. اردشیر دستور داده بود که زن حامله‌اش را که دختر اردوان بود بکشند. چون در غذای او به‌تحریک برادرانش زهر ریخته بود. وزیر که فکر می‌کرد پادشاه بعد پشیمان می‌شود، زن را در خانهٔ خودش پنهان کرد که بچه را به‌دنیا بیاورد و اردشیر

بی‌ولیعهد نماند. ولی برای پرهیز از کج‌خیالی و زبان بد مردم، خودش برید و دوا درمان کرد. و امانت را به‌خزانه شاه سپرد. تا بعداً، از آن زن شاپور به‌دنیا آمد و بقیهٔ حکایت.

به‌جائی شد و خایه ببرید پست براو داغ و دارو نهاد و ببست

بنفشه، در برابر خندهٔ ما، به‌لحن اعتراض گفت:

ـ هیچ شوخی و خنده ندارد! کارد و گزلیک و سنگ فسان سرجهازی این دختر است.

در این موقع اسحق، که به‌خلاف پدرش اهل مزاح و خنده نیست، گفت:

ـ بنفشه، من این جهان خاتون را هیچ وقت ندیده‌ام. چه شکل و شمایلی دارد؟

بنفشه با هیجان گفت:

ـ بختت بلند بوده، پسرا! بهتر که ندیدی! به‌سر و زلف و بر و رو و چشم و ابرویش نگاه نکن! جادوگر باید هم صورت ظاهر یک آب و رنگی داشته باشد که مردم نفهمند چه کاره است. اما پناه برخدا وقتی که آن سحرش را باطل کنند که آن قیافهٔ جادوگرش پیدا بشود، با آن چشم وسط پیشانی و گوش‌های بنفش و دندان‌های زهری‌اش!

عبید خندید و گفت:

ـ باید از نسل آن زن جادوگر پریچهرهٔ هفت خان رستم در شاهنامه باشد. خان چندم بود، شمس‌الدین؟

شمس‌الدین خندان جواب داد:

ـ گمانم خان چهارم.

ـ بله، خان چهارم بود. رستم چه کرد با آن زن جادوگر؟ یادت هست؟

ـ میانش به‌خنجر به‌دو نیم کرد دل جادوان را پـر از بـیم کـرد

عبید سری تکان داد و گفت:

ـ کار درستی کرد! چه بسا آن جادوگر هم، مثل این یکی، کارد و گـــزلیک داشت و چه بسا، خدای نخواسته یک بلائی سر رستم می‌آورد و ما از تمام حکایت زیبا و پرآب چشم سهراب در شاهنامه محروم می‌شدیم.

خندهٔ دسته‌جمعی من و شـمس‌الدیـن و اسـحق انگـار بـه‌بنفشه برخورد. با چهرهٔ درهم کشیده گفت:

ـ حالا هی بخندید تا یک روزی به‌حرف مـن بـرسید. تـا کـارد و گزلیک و سنگ فسان که سرجهازی این دختر است، نـصیب کـدام فلک‌زده‌ای بشود!

مولانا در حالیکه نگاه خندان خود را به‌شمس‌الدین دوخته بود، تکرار کرد:

ـ تا نصیب کدام فلک‌زده‌ای بشود!

بعد، به‌طرف بنفشه برگشت و گفت:

ـ اما، بنفشه خاتون، هیچ نگران نباش! با این زبان و سق سیاه تو از یک طرف و آن قشون جرّار امیرلشکر اجنه، این دختر پیر می‌شود و شوهر پیدا نمی‌کند. حالا بلند شو، آن دو تای مرا بـیاور بـده دست شمس‌الدین که می‌خواهد برای قدردانـی از تـو کـه بـرای زادراهش حلوای مسقطی پخته‌ای، یک غزل بخواند.

و خطاب به‌شمس‌الدین گفت:

ـ تو یک غزل به‌بنفشه بدهکاری. یک غزل دلگشا باب دل بنفشه، که خستگی حلوا پختن را از تنش در بیاورد، که ما هم لذت بـبریم. چون تا برگشتن ازکازرون دیگر صدایت را نمی‌شنویم.

بنفشه با چهرهٔ شکفته و خندان برای آوردن ساز بیرون رفت. شمس‌الدین گفت:
ـ من هم مدتی از شنیدن خبر همشهری‌های حضرت مولانا محروم می‌شوم. بنابراین اگر...
عبید نگذاشت او کلامش را به پایان ببرد. گفت:
ـ جایز نباشد، چه قبا تنگ شود.
شمس‌الدین نگاه پرسش‌کن خود را به او دوخت. مولانا دنبالهٔ سخن را گرفت:
ـ خیاطی برای همشهری قبا می‌برید. همشهری چنان ملتفت بود که خیاط نمی‌توانست پارچه‌ای از قماش بدزدد. ناگاه تیزی بداد. همشهری را خنده گرفت و به پشت بیفتاد. خیاط کار خود را کرد. همشهری برخاست و گفت: ای استاد درزی، تیزی دیگر بده. گفت جایز نباشد که قبا تنگ گردد.
بنفشه برگشت و ساز را به دست شمس‌الدین، که بدتر از همشهری قصه، از خنده به پشت افتاده بود، داد.
شمس‌الدین زخمه‌ای چند به ساز زد و شروع به خواندن کرد. صدای گوشنواز او را که نمی‌دانستم چه مدت از شنیدنش محروم خواهم بود، گوش کردم.

گفتم غم تو دارم گفتا غمت سرآید
گفتم که ماه من شو گفتا اگر برآید
گفتم ز مهرورزان رسم وفا بیاموز
گفتا ز ماه‌رویان این کار کمتر آید
گفتم که بر خیالت راه نظر ببندم
گفتا که شبرو است او از راه دیگر آید

گفتم که بوی زلفت گمراه عالم کرد
گفتا اگر بدانی هم اوت رهبر آید
گفتم خوشا هوائی کز باغ حسن خیزد
گفتا خنک نسیمی کز کوی دلبر آید
گفتم که نوش لعلت ما را به‌آرزو کشت
گفتا تو بندگی کن کاو بنده‌پرور آید
گفتم دل رحیمت کی عزم صلح دارد
گفتا مگوی با کس تا وقت آن برآید
گفتم زمان عشرت دیدی که چون سرآمد
گفتا خموش حافظ کاین غصّه هم سرآید

خداحافظی به‌رغم مزاح و مطایبهٔ عبید و خنده‌های شمس‌الدین ته مزهٔ تلخ غم‌انگیزی داشت. مولانا شمس‌الدین را بوسید و آخرین کلامی که بدرقهٔ راه او کرد این بود:

ـ آرزو می‌کنم که بتوانی این روحیهٔ شاد و طربناک را همیشه حفظ کنی. هرچند در این دوران واژگونهٔ بلاخیز عجب و بوالعجب خواهد بود که بتوانی!

بازگشت به‌خانه

به‌توصیهٔ عبید، برای اینکه ظاهر سفر کوتاه شمس‌الدین حفظ شده باشد، تنها من از دوستان او، بدرقه‌اش کردم. تا دم دروازه با او رفتم. آخرین سفارشش این بود که اگر از مراجعت صاحب‌عیار به‌شیراز خبری به‌دستم برسد، به‌هروسیله و به‌هرقیمتی هست، به‌او برسانم.

متحیر، پرسیدم که اگر چنین خبری به‌او برسد آیا از نیمه راه برمی‌گردد؟ جهان خاتون را که، با بی‌رغبتی، شیراز را درواقع برای نجات او از مهلکه، ترک کرده، چه می‌کند؟
خندید و گفت:
ـ دِ نه، گوش نکردی، کاکو! نمی‌خواهم برگردم. می‌خواهم یک نامه‌ای به صاحب‌عیار بنویسم برای بعد.
وقتی رفت به‌این سفارش دم آخرش می‌اندیشیدم. اگر خبری از بازگشت حامی فرضی خود به‌دست بیاورد، آیا به‌شیراز برمی‌گردد؟
یک وقتی متوجه شدم که این سؤال، همراه با جواب مثبت آن هرچند نامعقول، به‌پیروی از آرزوی قلبی‌ام، به‌ذهنم خطور کرده بود. آری، خودخواهی بر وجودم مسلط شده بود. بی‌توجه به‌عاقبت کار شمس‌الدین، آرزوی بازگشت او را داشتم. زیرا شیراز و آب رکنی و آن باد خوش نسیم، یکباره در چشمم به‌شهری تاریک و غم‌گرفته مبدل شده بود.
مدتی دراز در کوچه‌ها بی‌مقصد راه رفتم. تصمیم گرفتم دیدنی از بی‌بی خاور بکنم. زن بیچاره تا مرا دید به‌گریه افتاد و اشک‌ریزان گفت:
ـ بچه‌ام رفت. دیگر برای کی غذا بپزم؟
او را تا می‌توانستم دلداری دادم و گفتم که باید شادمانی کند که بچه از خطر دور شده است و برایش توضیح دادم که جاذبهٔ جهان خاتون چقدر در راضی کردن شمس‌الدین به‌ترک شیراز مؤثر بوده است.
بی‌بی گفت:
ـ خدا عمرش بدهد این خاتون را که دست بچهٔ ما را گرفت.
بعد در میان اشک خنده‌ای کرد:

ـ خدا عوضش هم بدهد که شرّ آن کلپاسو را از سر من کند.

و وقتی گفتم که گربه پیش از حرکت جهان خاتون گم و گور شده، گفت:

ـ به‌جهنم! برود وردست آن کلپاسوهای دیگر توی خرابه‌های بیرون دروازهٔ سعادت‌آباد!

وقتی پیش از رفتن به‌عنوان دلداری او گفتم که با فکر راحتی و خوشی شمس‌الدین، باید سعی کند زیاد غصهٔ دوری او را نخورد، باز به‌گریه افتاد و گفت:

ـ کی دیگر توی خانه سر و صدا بکند؟ بچه‌ام وقتی می‌آمد از دم در داد می‌زد: بی‌بی، شام باز شوربا داریم یا کشکاب؟ یا یک موقع دیگر، نرسیده و ندیده، برای خنده جیغ می‌زد: بی‌بی، ناهار نپختی، باز رخت داشتی، نرسیدی؟

*

چهار روز از عزیمت شمس‌الدین می‌گذشت. در این روزها پدرم آن قدر کارهای خسته کننده برعهدهٔ من گذاشته بود که وقتی به‌خانه می‌رسیدم، غالباً از فرط خستگی تاب تحمل نشستن برسر سفره را نمی‌آوردم و خوابم می‌برد. هرچند با دلیل و برهان ضرورت و فوریت این کارها را توضیح می‌داد، حس می‌کردم و بعد دانستم که به‌منظوری مرا به‌این حد از خستگی جسمانی می‌رساند. او احساسات مرا نسبت به‌شمس‌الدین می‌دانست. می‌خواست در گیرودار این اشتغالات روزمره، سنگینی بار غمی که جدائی از این رفیق قدیم و ندیم بسیار عزیز برسینه‌ام می‌گذاشت، کمتر احساس کنم و تا حدّی در این کار موفق بود.

اما در چهارمین روز، یکی از آشنایان پدرم از راه سفر رسید و

نامه‌ای از شمس‌الدین برایم آورد. نامه‌ای کوتاه بود که فردای روز حرکتش از شیراز نوشته بود. و با این بیت سعدی شروع می‌شد:

گر به‌صد منزل فراق افتد میان ما و دوست
همچنانش در میان جان شیرین منزل است

توضیح داده بود که خود را در منزل اول به‌قافلهٔ عازم اصفهان رسانده است. و همه با جدّیت مشغول تدارک آخرین وسائل سفر هستند. باید صبح روز بعد به‌راه بیفتند. نوشته بود جهان خاتون را که با همراهان و سوسن در کاروانسرای دیگری منزل دارد، ندیده ولی به‌وسیله یکی از خدمه‌اش شعری مبادله کرده‌اند. یادآوری کرده بود که چشم به‌راه خبر مراجعت صاحب‌عیار به‌شیراز است. از من به‌تأکید خواسته بود که تا رسیدن مادرش به‌بی‌بی خاور زیاد سر بزنم و غصهٔ تنهائی او را دلداری بدهم.

نامه، خوشبختانه، به‌خلاف انتظارم غم‌انگیز نبود. می‌دانم که نخواسته بود برزخم من نمک بپاشد. زیرا آن طور که او را می‌شناسم تردید نداشتم که دور از ریشه‌های احساسی‌اش با بزرگ‌ترین آشوب و تلاطم روحی دست به‌گریبان است.

اما، به‌هرحال دیدن خط او آشوبی در وجودم به‌پا کرد. تمام درد دوری او را یکجا احساس کردم. بعد از مدتی بی‌هدف این طرف و آن طرف رفتن، سری به‌دکه شاه عاشق قناد زدم که به‌توصیهٔ عبید، برسفر شمس‌الدین به کازرون برای بازگرداندن مادر و خواهرش، تأکید کنم. مولانا معتقد است که تا شمس‌الدین از حوزهٔ اقتدار امیرمبارز و کلو عمر کاملاً دور نشده، خطر همچنان موجود است و نباید قصد و مقصد سفرش دانسته شود.

دیدار جای خالی شمس‌الدین در دکّه شاه عاشق و صحبت از او با

قناد، آشفته‌ترم کرد. به‌خانه برگشتم و به‌سراغ یادگارهای شمس‌الدین رفتم. از جمله این یادگارها، چند برگ دستنوشتهٔ شمس‌الدین است. که به‌خواهش من، چند غزلش راکه در آنها ازگل سخن رفته، به‌خط خوش خودش برایم نوشته است. به‌یاد او یک برگ از میان آنها را به‌تصادف بیرون کشیدم و خواندم. هرچند آرامم نکرد و به‌ملال خاطرم از دوری وجود عزیز او افزود، آن را برای حسن ختام این یادداشت‌ها نقل می‌کنم:

چو گل هردم به‌بویت جامه در تن — کنم چاک از گریبان تا به‌دامن
تنت را دید گل گوئی که در باغ — چو مستان جامه را بدرید برتن
من از دست غمت مشکل برم جان — ولی دل را تو آسان بردی از من
به‌قول دشمنان برگشتی از دوست — نگردد هیچ کس با دوست دشمن
تنت در جامه چون در جام باده — دلت در سینه چون در سیم آهن
ببار ای شمع اشک از چشم خونین — که سوز دل شود برخلق روشن
مکن کز سینه‌ام آه جگرسوز — برآید همچو دود از راه روزن
دلم را مشکن و در پا مینداز — که دارد در سر زلف تو مسکن
چو دل در زلف تو بسته‌ست حافظ — بدینسان کار او در پا میفکن

به‌امید بازیافتن آرامش خاطر، دوباره از خانه بیرون زدم. گردش در باغ و بستان هم‌دردی را دوا نکرد. انگار غباری فضای شهر را گرفته بودکه درخت وگل وگیاه را تیره کرده بود. هوائی که تنفس می‌کردم سنگین شده بود. بغض گلویم را می‌فشرد.

یک وقت متوجه شدم که بدون آنکه خواسته باشم، نزدیک خانهٔ شمس‌الدین رسیده‌ام. فرصتی بود که سری به‌بی‌بی خاور بزنم.

سایهٔ بی‌بی راکه پشت بام رخت شسته پهن می‌کرد دیدم.

به‌شنیدن دق‌الباب، از لب بام به کوچه سرکشید. تا مرا دید با هیجان فریاد زد:
- برگشت، آمد، برگشت به خانه.
برجا خشکم زد. متحیر و شاید ذوق‌زده، پرسیدم:
- کو؟ کجاست، بی‌بی؟
به طرف پله برای پائین آمدن دوید. صدایش را از دور شنیدم که گفت:
- اینجا. همین جا! صبر کن، آمدم!
در لحظاتی که در انتظار رسیدن بی‌بی به در خانه، ماندم، انگار مغزم از کار افتاده بود. مات و مبهوت و گیج بودم. خدایا! چه شنیده بودم؟ آیا ممکن است؟
بی‌بی خاور در را بازکرد و دوباره با هیجان گفت:
- برگشت.
- کو؟ کجاست، بی‌بی؟
- اینجا، همین جا، بیا ببین!
و به داخل خانه دوید. من هم به دنبالش دویدم. در آستانه مطبخ توقف کرد و گفت:
- ببین! ببین حرامزاده کلپاسو را! امروز برگشت.
سوسن با اشتهای تمام مشغول خوردن غذائی بود که بی‌بی جلویش گذاشته بود.
بی‌بی ادامه داد:
- انگار حرامزاده صد سال گرسنه مانده. ببین چطور نان و ماست را می‌بلعد!
من بی‌حرکت برجا مانده بودم و گربه را تماشا می‌کردم. از تصور

بی‌جایم که با هیچ حسابی و منطقی نمی‌خواند خنده ا م گرفته بود. چطور گمان برده بودم که شمس‌الدین به‌خانه برگشته است؟

اما بعد از آنکه اثر این تعجب از ضعف و فتور محاسبهٔ یک آدم ظاهراً عاقل گذشت، به‌شگفتی دیگری توجه کردم و آن، تغییر احساسات بی‌بی خاور نسبت به گربه بود: نگاه همیشه متنفر و منزجر بی‌بی به‌سوسن، به‌یاد شمس‌الدین، به‌نگاهی نوازشگر و مادرانه بدل شده بود.

*

شرح واقعه را در اینجا به‌پایان می‌برم.

اما با خود عهد کرده‌ام که اگر عمری باشد و شمس‌الدین به‌سلامت و شادمانی به‌شیراز برگردد، همان گونه که از مدت‌ها پیش نیّتش را داشته‌ام، در نوشتن شرح احوال این نادرهٔ روزگار و اعجوبهٔ قرون و اعصار، شمس‌الدین محمد حافظ شیرازی، مسامحه نکنم.

پایان

مصالح تاریخی، جغرافیائی و ادبی این حکایت برگرفته از منابع زیر است:

- تاریخ عصر حافظ در قرن هشتم، تألیف دکتر قاسم غنی
- نزهة‌القلوب، تألیف حمدالله مستوفی قزوینی
- دیوان حافظ، به‌تصحیح پرویز ناتل خانلری (متن و حاشیه)
- کلیات سعدی، به‌اهتمام محمدعلی فروغی
- کلیات عبید زاکانی، به‌اهتمام پرویز اتابکی